〈CEO 인간학〉을 펴내며

〈CEO 인간학〉은 시대를 꿰뚫는 통찰의 힘으로
역사적 격변기를 살았던 사람들의 삶의 무늬紋를 찾아 떠나는 인문人紋 여행이다.
인문 여행은 역사를 이끌었던 사람들의 지혜·용인用人·처세의 자취를 읽어내는 여정이다.

이 시리즈에는 역사를 뛰어넘는 동서양의 사상을 통해
인간에 대한 깊은 이해와 사유, 그리고 인간 중심의 경영철학이 녹아 있다.
〈CEO 인간학〉은 매력적인 리더의 조건, 경쟁에서 성공을 이끌어내는 방법,
그리고 개인과 기업의 성공을 위한 전략을 담았다.

인간의 본질에서 출발해 인간관계 그리고 용인술에 이르기까지
다양한 스펙트럼을 통해 천하경영의 답을 찾고,
리더를 꿈꾸는 사람들과 인간중심의 조직을 꿈꾸는
CEO들을 위한 인간경영의 나침반이 될 것이다.

도가 인간학

CEO를 위한 인간학 시리즈는

시대의 격변기를 이겨낸 역사적 인물들의 치열했던 삶과 사상 속에서
사람과 시대를 움직이는 경영의 지혜를 찾아 떠나는 인문학 여행입니다.

《智源》

冷成金 著

Copyright ⓒ 1998 by LengChengJin

Korean Translation Copyright ⓒ 2008 by Book21 Publishing Group

이 책의 한국어판 저작권은 漢聲文化硏究所를 통해 저자와 독점 계약한 (주)북이십일에 있습니다.
저작권법에 의해 한국 내에서 보호를 받는 저작물이므로 무단 전재와 복제를 금합니다.

■ **일러두기**

이 책의 '해제'는 렁청진의 '유가 · 도가 · 법가 · 병가 · 종횡가 인간학' 전체를 아우른 것으로
각 권에 동일하게 실려 있습니다.

CEO 인간학

도가 인간학

다스리지 않고 다스리다

렁청진 지음 ― 김태성 옮김

21세기북스

왜 중국인은 지략에 강한가

경험이 중요하다는 것은 아무리 강조해도 지나치지 않다. 실제로 현대의 위인들은 하나같이 역사를 통해 중요한 교훈을 얻었다. 역사에 등장하는 저명한 정치가나 군사 전문가들은 지략에 대한 연구와 평가를 게을리 하지 않았다. 이렇게 하지 않고서는 그 누구도 성공할 수 없기 때문이다.

현대의 인문·사회과학적인 연구 결과를 종합해보면, 몇몇 고대 민족의 문화에는 철학이 획기적으로 발전하는 시기가 있었음을 알 수 있다. 다시 말해, 일정한 시기에 철학자와 과학자 같은 문화 거인들이 집중적으로 나타났고, 이들의 사상이 민족 문화의 기초가 됐다는 것이다. 중국에서는 이러한 시기가 가장 혼란스러웠던 춘추전국시대였다는 데에 이론의 여지가 없다. 그리고 이 시기의 가장 큰 문화적·사상적 특징은 한마디로 표현하면 '지략'이다. 지략형 문화의 급속한 발전과 지략형 사유 방식이 중국 민족의 성격에 미친 영향은 크게 세 가지로 요약할 수 있다.

춘추전국시대에는 노자, 공자, 장자, 묵자, 맹자, 순자, 한비자 등 수많은 문화적 거인들이 출현하면서 이른바 '백가쟁명'의 국면을 이루었다. 유가, 도가, 법가, 병가, 묵가, 종횡가, 농가, 음양가, 명가 등 주요 학파들은 이 시기에 형성되어 후대로 이어지면서 점차 튼튼한 토대를 마련했다. 수천 년을 흘러온 고대 중국의 사상과 문화, 민족적 성격은 이러한 학파들이 영향을 주고받으면서 발전과 변화를 통해 완성되었다. 따라서 중국 문화가 급속하게 발전한 시기의 시대적 특징을 고찰하고 중국 전통문화의 특징과 민족의 성격을 이해하는 것은 오늘날의 중국과 중국인을 이해하는 데 있어서 중요한 수단이 될 것이다.

여러 학파들을 자세히 고찰해보면 각 학파 사이에는 분명한 차이가 있고 완전히 상치되는 부분도 있지만, 모두를 아우르는 한 가지 공통점이 있다는 것을 발견할 수 있다. 이 학파들이 하나같이 정치에 대한 관심을 드러내고 있고, 심지어 일부 학파는 그 사상의 출발점과 귀착점이 정치로 귀결된다. 유가는 덕치의 아름다운 기초 위에 이상적인 국가를 건설할 것을 요구하고 있으므로, 정치를 기초로 하여 세워진 전형적인 학파라 할 수 있다. 세상사에 대한 무관심을 표방한 도가도 이른바 '무위지치無爲之治'를 주장하고 있는데, '무위'의 목적이 바로 '치'에 있는 것이고 '치'는 곧 사회 정치의 안정을 의미한다. 따라서 도가도 기본적으로는 현실의 정치를 무시하지 않는다는 사실을 알 수 있다. 이와 마찬가지로 다른 학파들도 제각기 다른 시각과 관점에서 현실을 살펴고, 그에 기초하여 그 나름대로의 정치적 주장을 제시했다.

물론 중국 철학이 지략형 문화로 자리 잡게 된 가장 중요한 원인은 이들 학파들이 정치에 커다란 관심을 나타냈고, 철학자들의 정치관이 주로 '치인治人'에 집중되었기 때문이다. 다시 말해, '치인'에서 출발하여 자신의 정치적 주장을 실현하려 했던 것이다. '치인'에는 일정한 방법이 필요했고, 이러한 방법을 추구하는 과정에서 지략이 형성되었다. 그러나 이와 함께 고려해야 할 것은 당시에 지략이 구체적인 수단으로 존재했더라도 이것만으로는 지략형 철학으로 발전할 수 없었을 것이라는 점이다.

당시의 상황에서는 지략이 체계화와 사회화, 규약화를 통해 사회 제도로서의 규범과 원리로 작용했다. 학자이건 제왕이건 평민이건 간에, 이러한 규범과 원칙에 대해서는 이의를 제기할 수 없었다. 당시의 현실에 대해 가장 격분했던 도가조차도 실제로는 일반적인 지략에 반대하는 방식으로 깊이 있는 정치 및 문화의 전략을 추진했다. 이런 식으로 각종 학파와 문화가 전체적인 지략의 부분을 구성함으로써 중국의 지략형 문화가 형성되었다.

중국의 철학이 획기적인 발전을 이루는 동안 학문의 목적은 위정爲政에 있었고, 학자들의 이상도 정치를 통해 관직과 봉록을 얻는 데 있었다. 이는 대부분 학파들의 공통된 인식이었다. 사마담은 일찍이 이를 가리켜 "무릇 음양가와 유가, 묵가, 명가, 법가 등은 모두 정치에 힘쓴 무리들이었다"고 지적한 바 있다. 인간과 주변 세계 사이에 발생하는 관계는 두 가지이다. 하나는 자연적 관계이고, 다른 하나는 대인관계다. 서양의 문화 발전은 전자에 편중되어 있어서 인간과 자연의 관계를 탐구하는 데 주력했다. 그런 의미에서는 과학형 문화라고 할 수 있다. 이에 비해 중국 문화의 발전은 인간의 관계에 초점이 맞춰져 있다. 사실 이는 춘추전국시대에 우연히 발생한 현상이 아니라 역사적, 문화적 근원과 현실적 근원을 동시에 가지고 있다.

중국 민족은 형성 초기부터 하늘과 사람이 하나라는 기본적인 철학과 문화 관념을 가지고 있었다. 하늘의 운행에는 항상성이 있어서 변화가 없지만, 인간은 자신을 조절하여 하늘에 순응하는 능력을 가지고 있다. 이리하여 사람들은 점차 인간 사회 내부로 주의를 돌리기 시작했고, '치인'을 핵심으로 하는 문화 관념을 형성하게 되었다. 이것이 지략형 문화 발전의 기본 전제이다. 또한 춘추전국시대의 구체적 역사 현실은 지략형 문화 발전에 중요한 계기를 마련해주었다. 이 계기란 '왕관王官의 학문이 백가로 분산되고' 제후들이 패권을 다투면서 지모를 절실히 필요로 했기 때문이다.

주周 왕실이 쇠락하면서 제후들을 통제할 능력을 상실하자, 서주 말기부터는 예악禮樂이 무너지기 시작했다. 그러나 주 왕실과 수많은 제후들이 몰락함에따라 그때까지 문화(주로 예악문화)를 장악하고 있던 사람들이 민간으로 퍼져나갔다. 그 결과 왕관의 학문이 백가로 분산되었고, 문화가 크게 발전할 수 있는 조건이 조성될 수 있었다. 또한 춘추전국시대에는 통치 계층이 정치력을 상실하면서 이를 기초로 '백가쟁명'이 이루어지게 되었다. 서주 이래 수백 년 동안 통일된 문화가 발전하는 역사 단계를 거쳐 마침내 '도술이 천하에 흩어지는' 결과를 낳은 것이다. 각 학파들이 제각기 다른 관점과 주장을 가지고 있기는 했지만, 기본적으로는 하나같이 당시의 문화적 수요에 부합하면서 여러 제후들이 스스로 패자를 자칭하는 데 기여했다. 결국 중국의 지략 문화가 크게 발전했던 것은 역사적인 필연이었던 셈이다.

이 시기의 제후들에게는 인재 집단을 보유하는 것이 흥망을 결정하는 관건이었다. 그러므로 '선비를 하나 잃어 나라가 망하고, 선비를 하나 얻어 나라가 흥하는 상황'이 비일비재했다. 각 학파는 모략에 있어서도 큰 차이를 나타냈다.

춘추전국시대의 지략형 문화는 사인土人들에 대한 제후의 요구와 결합하여 독특한 사유 방식을 형성했다. 이러한 사유 방식의 가장 큰 특징은 '실용이성'이다. 통속적으로 실용이성의 특징은 일의 수단이나 목적에 있어서 정의를 추구하는 것이 아니라 이익을 우선으로 하는 것이다.

서양의 '도덕 이성(또는 실천 이성, 즉 칸트의 kritik der praktischen Vernunft)'이 근거로 삼는 것은 일정하고도 통일된 정의에 관한 인식과 가치의 경향으로서 현실적 이익과는 별로 관계가 없다. 이와는 달리 실용이성은 현실적 가치에 대한 인식이 일정치 않고 이해관계와 밀접히 연관되어 있기 때문에 이에 따라 수시로 변화한다. 심지어 이해관계가 실용이성의 가치 관념의 출발점이라고 해도 과언이 아니다. 사실 춘추전국시대에 종횡가들이 가장 무게를 둔 부분도 이해관계였다. 한 제후국의 군주는 이해관계를 분명히 인식하게 되면 새로운 선택을 하게 되는데, 이러한 선택이 도의에 부합하느냐의 여부는 고려의 대상이 되지 않았다. 도의를 고려한다 해도 좀더 원대한 이익을 위한 것이지, 결코 도의만을 위한 것이 아니었다. 이러한 사례는 셀 수 없이 많았고, 춘추전국시대에만 그랬던 것이 아니라 중국 역사를 통틀어 똑같은 경향을 보였다.

이러한 기본적 특징과 관련하여 지략형 문화의 사유 방식은 경험성과 민첩성이라는 특징을 가지고 있다. 이러한 사유 방식은 이론적인 사고나 가치를 논증하지 않고 주로 '역사를 귀감으로 삼으면서' 과거의 경험에 따라 방침과 전략을 확정한다. 그래서 간명함과 신속함 그리고 '기둥을 세워 그림자를 보는' 실용성 등은 필요로 했지만, 이론적 근거나 완비된 이론 형태 따위는 추구하지 않았다. 이러한 기본적 요구들이 서로 적용된 것이 바로 민첩성이다.

문제를 처리할 때는 천차만별의 다양한 상황을 만나게 되는데, 이해관계의 원칙(사실 이는 원칙이라고 할 수도 없다)을 제외하고는 다른 원칙의 제약을 받지 않기 때문에 자유를 충분히 발휘할 수 있는 공간이 확보된다. 그러므로 지략형 문화의 사유 방식은 이 세상에서 가장 민첩한 사유 방식 가운데 하나다. 그런 의미에서 중화 민족은 구체적인 문제에 대한 구체적인 분석에 가장 뛰어난 민족 가운데 하나라 할 수 있다. 예컨대 병가의 가장 큰 금기는 종이 위에서 가상의 병법을 논하는 지상담병紙上談兵인데, 아무리 자세히 상황을 분석하더라도 싸움에 이기는 것보다는 중요하지 않기 때문이다.

지략형 문화는 중국 민족의 성격 형성에 지대한 영향을 미쳤고 심지어 어떤 의미에서는 민족의 성격적 특징을 결정했다고 할 수도 있다. 물론 여기에는 긍정적 영향도 있지만 부정적 영향도 없지 않다. 반드시 설명하고 넘어가야 할 사실은 이 두 가지 영향이 시기와 상황에 따라 각기 달리 나타났을 뿐만 아니라, 상호 전환의 양태까지 보이곤 했다는 점이다. 특히 각 개인들에게 있어서는 위에 있는 자가 아래로 내려오고 아래에 있는 자가 위로 올라가는 일이 비일비재했다. 따라서 뒤에서 얘기하게 될 몇 가지 영향도 대략적인 논술에 그칠 수밖에 없다.

중국의 지략 문화는 중국인들이 취하고 사용했던 지혜의 보고로서, 무엇보다도 중화 민족의 실사구시적 성격과 심리 태도를 형성했다. 길고 긴 역사 발전의 과정 속에서 무수한 역경과 시련을 경험했지만 끝까지 멸망하지 않고 오늘날까지 이어져 내려온 것처럼, 중국은 부단히 힘을 키우면서 발전해왔다. 중국 민족과 동시에 나타난 다른 고대의 민족들은 문화와 함께 종족이 사라졌거나, 문화의 영향만을 남기고 민족 자체는 바람과 구름처럼 흩어져버렸다. 중국만이 문화와 민족 모두 사라지지 않고 일관되게 발전해오고 있다. 인류 문명사를 볼 때 이는 일종의 기적이다. 중국인들을 비판하면서 민족적 결점을 제기하는 사람들도 없지 않지만, 지속하면서 발전하고 있다는 사실만은 반박할 수 없을 것이다. 여기서는 단지 다른 민족과 비교하여 중국의 문화가 보다 완전하게 보전되고 있고 발전해나가고 있다는 점을 강조하고 싶을 뿐이다.

지략형 문화는 중국 민족이 실용적이고 이지적인 생존 태도를 형성함으로써 공허함을 추구하지 않고 귀신을 숭상하지 않으며 극단으로 나가지 않고 두 발을 항상 현실에 붙이고 사는 기질을 갖게 했다. 그 결과 중국 민족은 고난과 시련에 굴하지 않는 강인한 인내력과 생기를 되찾는 회복력을 갖게 되었다. 또한 지략형 문화의 실사구시 사상은 중국인들에게 정치적으로 항상 아름다운 이상인 지혜로운 군주와 현명한 재상을 추구하도록 했다. 이처럼 현실에 기초한 사회적 이상은 천당에서 내려온 것, 지옥에서 솟아난 것도 아닌 중국인들 스스로 삶의 현실에서 창조해낸 것이다. 이러한 이상이 완전하게 실현된 시대는 없었지만 이것을 추구하는 힘이 있었기 때문에 중국 민족은 온갖 고난을 이겨내고 지금까지 생존, 발전할 수 있었다.

오늘날의 구체적 역사 조건에서 바라볼 때 지략형 문화는 중국인의 성격에 부정적인 영향을 미친 것도 사실이다. 실용이성을 중시하는 이러한 사유 방식은 진리를 말살하고 진리에 대한 추구를 제한하기 십상이었다. 그래서 중국의 전통 사회는 수천 년에 이르는 장구한 발전 과정을 거쳤으면서도 문화 관념과 사회 제도에 있어서는 실질적인 변화가 없었다. 그로 인해 진정한 민주의 길을 열지 못했다. 또 한 가지 중요한 사실은 지략형 문화가 '치인'에 치중하다보니 인간과 자연의 조화와 공존만 추구하여 과학이성의 분야에서는 심각한 한계에 부딪혔고, 결국 근대 과학의 길을 걷지 못했다는 점이다.

또 한 가지 언급하지 않을 수 없는 부정적 영향은 중국인들이 천성적으로 모두 정치인이라는 것이다. 전통 정치의 운용 방식이 '인치人治'고 전통문화의 정수도 '인치'다보니 모든 사람이 모략가가 되지 않을 수 없었다. 사실 어떤 의미에서 중국인의 학문은 '모략'으로 귀결되기도 한다. 이른바 "세상사에 밝으면 그것이 곧 학문이고, 인정에 정통하면 모두 훌륭한 글이다"라는 속담이 이러한 경향을 극명하게 보여준다. 수많은 중국인들이 일생을 다른 사람을 대상으로 한 모략과 계산에 허비함으로써 사회적으로 큰 손실을 초래했다. 더 심각한 것은 모략과 계산이 기나긴 역사 발전 과정에서 이미 뿌리 깊은 처세의 태도와 인생관으로 자리 잡게 되었다는 것이다. 이는 이미 일종의 '술術'이 아니라 인생의 '도道', 즉 중국인들의 내재적 처세 철학이자 문화 정신이 된 셈이다. 흔히 말하는 "중국인들은 둥지 안 싸움에 능하다"라는 말은 이런 상황에서 연유한 것이다.

앞에서 설명한 바와 같이 긍정적인 면과 부정적인 면의 경계가 절대적이지 않은 가운데 실용이성은 중국 민족에게 지속적으로 존재와 발전을 위한 활력을 제공해주었다. 그러나 이와 동시에 중국인들에게 '둥지 안 싸움에 능한' 성품을 갖게 했고 현대로 접어들면서 민족의 발전을 저해하는 저열한 요소로 자리 잡았다. 마찬가지로 하늘과 인간의 조화를 추구하는 관념도 중국의 발전에 결코 무시할 수 없는 역할을 했지만, 현대화로 신속하게 나아가는 데에는 커다란 장애 요소가 되기도 했다.

전통은 죽었지만 인간은 살아 있다. 죽은 전통이 살아 있는 인간을 속박하고 인간을 전통의 지게미로 만들 것인지, 아니면 살아 있는 사람들이 죽은 전통을 되살려 다시 청춘의 활력을 발산하게 할 것인지는 전적으로 오늘을 살고 있는 우리의 자세에 달려 있다.

마지막으로 설명하고 넘어가야 할 것은 유가와 법가, 도가, 병가, 종횡가 등의 철학 내지 문화 개념으로 중국의 전통 지모를 분류하는 것은 실험적인 것으로서, 이러한 실험은 두 가지 근거를 가지고 있다.

첫째, 중국 전통 정치의 운용 방식은 '인치'이고 중국 전통문화의 정수 역시 '인치'에 있는 만큼 각 학파의 사상과 지혜가 각기 다르다 해도 '인치'에 있어서는 일치하고 있다. 중국 전통의 지혜가 하나의 근본으로 귀납되고 있는 것이다.

둘째, 한대 이후로 유가와 도가, 법가와 종횡가 등 여러 학파가 하나로 융합하면서 유가의 왕도를 빌어 법가와 병가의 패도覇道가 행해졌다. 이는 이미 중국 정치 운용 방식의 뿌리 깊은 전통으로 굳어졌다. 사실 이는 일종의 사기성 정치이자 '음모 정치'라 할 수 있다. 이렇게 분류할 경우, 사실에 대한 폭로가 중국인들에게는 계몽적인 기능을 할 수도 있을 것이다. 물론 이러한 분류에도 불편한 점이 없지 않다. 예컨 대 중국의 유가와 도가, 법가가 아주 강한 상호성을 가지고 있기 때문에 칼로 두부를 자르는 것 같은 확연한 구분은 불가능하며, 구체적 역사 사건 역시 복잡한 양상을 띠기 때문에 한 학파에 해당하는 것으로 규정하기가 쉽지 않기 때문이다.

렁청진

다스리지 않고 다스리는 법

중국의 전통적인 치국의 방략에서 도가는 일정한 작용을 하지 못하고 항상 잠재적인 상태였던 것으로 평가된다. 그러나 실제로 중국 역사의 내면을 깊이 살펴보면 도가 사상이 근본적으로 작용했음을 알 수 있다. 그러므로 도가 지혜의 핵심이 무엇인지 알아두는 것은 매우 중요하다.

도가의 지혜를 구체적으로 기술하기에 앞서 설명해야 할 문제가 노자와 장자의 차이점이다. 일반적으로 노자와 장자는 '노장老莊'으로 같이 묶여 도가의 시조로 간주되지만, 실제로는 커다란 차이점을 보인다. 『노자老子』에서는 하늘의 도리가 아닌 사람의 도리를 이야기하는데, 핵심은 인간 세계의 화복을 파악하고 이에 대응하는 것이다. 다시 말해 인간의 총명한 지혜를 최대한 발휘하여 화를 줄이고 최소한의 대가로 최대의 이익을 얻는 방법을 찾는 것이다. 반면에 『장자莊子』는 현실의 속박에서 벗어나 철저한 정신적 해탈과 자유를 획득하는 방법을 추구하고 있다. 『노자』에서 시작된 황노黃老의 도술은 점차 세속에 집착하는 '군인남면지술君人南面之術'(도가에서 제시하는 통치술—역자주)로 발전했고, 『장자』에서 발원한 유파는 현학玄學으로 발전했다. 여기서 우리가 논하고자 하는 것은 황노의 도술이다.

황노 도술의 가장 두드러진 특징은 마음과 지혜로 천하를 다스리는 것이다. 황노의 담론에서는 곳곳에서 지혜의 우월성과 다른 학파의 학설이나 주장에 대한 폄하와 질시를 찾아볼 수 있다. 황노 도술에서는 자신의 학설을 최고의 지혜라고 자부하는데, 그 내용은 크게 세 가지로 분류할 수 있다.

첫째, 천지만물이 겉으로 드러나지 않는 도道에 의해 지배된다는 것이다. 도는 절대적이고 영원하며 불변하는 것으로서 감각으로는 지각할 수 없기 때문에 몸으로 느끼면서 이를 존중하고 따라야 한다. 도를 체득하지 못하면 '지상知常'(불변의 본질을 인식함—역자주)할 수 없기 때문에 화를 초래하기 쉽다. 실제로 황노의 도는 대단히 추상적이고, 일정한 기준이 없다. '성인聖人에겐 마음이 없어 천지의 마음으로 마음을 꾸민다'는 말이 이 같은 특징을 대변한다. 따라서 황노의 도술이 현실에 적용되는 과정에도 구체적인 가치 기준이 없다. 황노의 유일한 가치 기준은 현존하는 구체적 가치 기준을 준수하지 않으면서 최대의 세속적 이익을 얻는 것이다.

그러나 황노의 구체적인 사회적 효용은 정의감을 없애고 현실적 이익에 대한 기대를 제외하고는 인간적인 정서를 포함하지 않기 때문에 암흑과 냉담함만이 남게 된다. 사실 중국 역사상 가장 어두운 기록을 남겼던 법가의 지략은 황노 도술의 영향을 받아 발전한 것이었다. 법가의 사상가들도 법가의 지략 가운데 불합리하고 정의를 거스르는 요소가 많다는 점을 인식하고 있었다. 하지만 사회가 통치를 필요로 했고 통치 계층으로서는 성인이 '마음'을 가져야 할 필요가 없었기 때문에 천지의 마음으로 마음을 대신하기만 하면 되는 것이었다.

이처럼 법가에는 깊이 있는 철학적 이론이 없었기 때문에 황노 사상에서 근거를 찾아 사상을 신성화한 것이었다. 또한 황노 도술은 자연에 순응할 것을 주장했지만 실제로 현실에서 운용할 때에는 자연에 순응할 수가 없었다. 그래서 엄격하고 완비된 법률을 제정한 다음 천하를 이 법률로 통제함으로써 군주는 아무것도 하지 않고 천하를 다스릴 수 있었다. 이것이 법가가 발생하게 된 주요 요인이다.

둘째, '득도得道'다. 즉, 천지만물 길흉화복의 변화에 대해 철저하고 명쾌하게 인식해야 한다. 그러나 도를 얻는 것만으로는 부족하므로 정신 수양과 도를 결합해야 한다. 이는 도에 순응하는 것으로서 실제로는 자연에 순응하는 셈이 된다.(여기에서 자연은 혼돈의 개념으로, 천지의 자연과 사회적 자연의 변화 규율을 말하며 양자는 서로 불가분의 상태로 결합되어 있다.)

그렇다면 어떻게 해야 이런 경지에 도달할 수 있는가? 황노 도술이 제시하는 방법은 주로 허虛, 정靜, 일一, 수守 등 네 가지 요소에 집중되어 있다.

『노자』에서는 먼저 자신을 '비우게虛' 하면 이로부터 '고요함靜'이 발생하고, 이를 통해 천지간을 순환하는 '하나의 법칙一'을 체득하게 된다고 말한다. 마지막으로 이러한 規律에 순응해야 하는데, 이것이 바로 '지키는守' 것이다.

'허' 라는 것은 개인의 갖가지 욕심을 없애 이것이 마음을 가로막아 득도의 길에 이르지 못하게 하는 일이 없도록 예방하는 것을 말한다. 천하 만물이 복잡하고 어지러워 혼돈스럽기는 하지만, 허의 극치에 이르러 마음이 청명해지면 만물이 변화하는 규칙을 비로소 체득하게 된다는 것이다.

'정' 이란 정관묵수靜觀墨守(고요히 바라보며 침묵을 지킨다는 뜻－역자주)하는 것으로서 조급하고 들뜬 마음과 상대되는 개념이다. 따라서 깊이 침잠하지 못하면 정 역시 불가능하다. 허는 정의 기초이고 정은 '관觀' 의 기초이다. 정관이란, 자신의 감성적 본바탕으로 길흉화복의 법칙을 명확하게 인식하는 것이다. 이때, 만물은 개인의 득도를 통해 원래의 자리로 회귀하게 되고, 개인의 정신은 성명成命(임금이 신하의 신상에 관해 결정적으로 내리는 명령－역자주)의 경지에 이르게 된다. 사실 유가와 마찬가지로 이 역시 일종의 수신修身에 해당하지만, 다른 점이 있다면 유가의 수신이 높은 정의의 인격 단계에 이르는 것을 목적으로 하는 데 비해 황노의 수신은 내면을 정화하고 천지를 통찰함으로써 자신을 천지(현실) 속으로 잃어버리는 것을 목적으로 한다는 점이다.

'일' 이라는 것은 마음에 흔들림이 없이 도에 따라 행동하는 것이고, '수' 라는 것은 이러한 정신의 경지에 도달한 후에 그 본심을 지키면서 천하를 이끌어가는 것이다. 이 네 가지가 하나로 융합해야 황노 도술에서 최고의 이상으로 여기는 '원덕元德'(어느 특정한 문화의 바탕을 이루는 가장 근본적인 덕–역자주)의 경지에 이를 수 있다.

셋째, 득도한 후에 이를 잘 운용하여 행동해야 하는데, 이는 도의 구체적 실천 또는 적용으로서 응용의 범주에 속하는 도술이다. 『노자』는 백성들을 잘 다스리려면 먼저 백성들에게 봉사해야 한다고 했다. 그 취지는 백성들의 요구에 순응함으로써 백성들 스스로 순종하도록 하는 데 있다. 이것이 바로 노자의 '취여지도取予之道'인 것이다. 『노자』에서는 "성인은 자신을 뒤에 두지만 남보다 앞에 있게 되고 자신의 몸을 밖에 두려 하지만 오히려 안에 있게 되는데, 이는 자신의 이익을 추구하지 않기 때문에 저절로 이익이 생기는 것"이며 "사익을 추구하지 않기 때문에 하늘이 이익을 가져다주는 것이고, 무엇인가를 차지하려 애쓰지 않기 때문에 저절로 큰 천하를 차지하게 되는 것이다"라고 했다. 사실 성인도 결코 욕망이 없거나 사익을 추구하지 않는 것이 아니라 더 큰 사익을 추구하고 있는 것이다.

이처럼 백성들에 대한 사상 통치에 있어서 황노 도술이 채택한 방법은 철저한 우민 정책이었다. 즉, 부드러움으로 강인함을 이기고, 지혜로움을 우둔함으로 여김으로써 다스리지 않아도 저절로 다스려지게 하는 것이었다. 이러한 방략에 기초하여 도가에서는 '자慈'와 '인忍'을 강조했다. '자'는 자애로서, 자식에 대한 부모의 사랑과 마찬가지로 아무런 이해관계나 원칙이 없는 사랑의 형태이다. 이러한 태도는 사람들의 마음을 사로잡는 데 정의의 원칙을 중시하고 덕을 본위로 하는 유가에 비해 훨씬 효과적이라 할 수 있다. 이는 마음에서 우러나오는 의지를 이용하는 전략으로서, 외재적인 굴복이 아니라 굴복되는 사람 스스로 충분한 자애를 느끼면서 만족스럽게 받아들이는 내재적 굴복이다. 이러한 방략方略은 이치로써 사람을 굴복시키는 외재적인 전략과는 달리 굴복당하는 사람의 마음속에 감정적인 박탈감이나 소외감을 유발하지 않으면서 자발적인 보답과 충성을 이끌어내는 보이지 않는 힘인 것이다.

이러한 '자애'를 뒷받침하는 것이 '인내'다. 도가에서 말하는 인내는 일반적 의미와 달리 먼저 세상사의 변화와 법칙을 통찰한 후에 마음속에서 솟아나오는 지혜이자 의지이다. 이러한 인내에는 역경과 고난, 굴욕 등 부정적인 심리 요소들을 극복하는 것뿐만 아니라 쾌락과 부귀, 권력과 안락 등 긍정적인 심리 요소의 극복도 포함한다.

요컨대 도가의 인내는 수양된 인내로서 인간의 길흉을 마음대로 조절하는 처세의 지혜라 할 수 있다. 유가의 인내가 큰 정의를 위한 행동이라면, 도가의 인내는 일정한 원칙이 없는 융화의 지략이라고 할 수 있다.

황노의 도술은 중국인의 지략뿐 아니라 중국 문화 전체에 커다란 영향을 미치면서 사람을 다스리는 기술을 더욱 풍부하고 은밀하며 받아들이기 쉬운 것으로 만들었다. 아울러 법가의 지모와 표리 관계를 이루면서 중국인의 사유를 사로잡았다.

물론 황노의 도술에는 충분히 취할 만한 것이 있고, 어느 정도 인성과 인도에 부합하는 부분도 있으며, 때때로 인간의 존엄성을 강조하기도 했다. 또한 일정한 시기에 사회가 비교적 각박하지 않은 환경 속에서 발전할 수 있도록 기여했다. 이 점은 누구도 부인하지 못할 것이다.

이런 원리와 규칙들을 영혼과 행동에 내면화할 수만 있다면 군사나 상업, 정치에 이르기까지 이루지 못할 일이 없을 것이다.

차 례

1장 | 지혜로움과 어리석음

1 | 무위로 천하를 다스리다

중국에는 역사에서 유래한 "소하가 정한 규정을 조참이 따르다蕭規曹隨"라는 고사성어가 있다. 일반적인 의미는 '인습을 그대로 따르면서 새로운 창조는 전혀 없는 것'으로서, 결코 좋은 뜻은 아니었다. 그러나 이 고사성어의 유래에는 깊은 문화적 함의가 담겨 있다.

한漢 혜제惠帝 2년(기원전 193년) 7월에 승상인 소하가 병으로 세상을 떠났다. 여呂 태후와 혜제는 고조의 유언에 따라 제齊나라의 승상 조참曹參을 조정으로 불러들여 소하의 뒤를 이어 승상의 자리에 오르게 했다. 조정에 들어온 조참은 여 태후와 혜제를 알현한 다음 승상부로 들어갔다.

소하와 조참은 유방과 함께 일하던 인물들로, 패 땅의 관리 출신이었다. 두 사람은 매우 친한 사이였지만, 조참이 자신의 공로가 큰데도 소하보다 포상이 못한 것에 불만을 품게 되면서 사이가 벌어졌다. 그런 이유로 당시의 대신들은 승상이 된 조참이 소하가 등용한 사람을 모두 교체할 것이라고 예측했다. 그래서 승상부의 여러 관리들은 앞날을 걱정하며 뒤숭숭한 마음으로 초조해하고 있었다.

그러나 며칠이 지났는데도 아무런 변화가 없었고, 모든 정무와 인원을 옛 승상이 정한 관례대로 처리한다는 포고문까지 나붙었다. 관리들도 비로소 마음을 놓고 각자의 직무를 충실히 수행할 수 있었다.

몇 달이 지나 조참이 부하 관리들의 실상을 자세히 파악하게 되면서, 실질적인 공적이 없이 붓으로 장난만 치는 관리들을 일률적으로 혁직革職하는 동시에 지방의 문관들 가운데 충직하고 성실한 사람들을 등용했다. 이런 조치를 단행한 뒤로 그는 승상부에 틀어박혀 밤낮으로 술을 마시며 정무를 돌보지 않았다.

조참과 친분이 있는 관리와 문객들은 걱정스러운 나머지 그를 찾아가서 이유를 물어보기로 했다. 그러나 조참을 만나면 말을 하기도 전에 끌려가서 술상을 마주하게 되었고, 연이어 부어주는 술은 만취할 때까지 끊이지 않았다. 결국 어느 누구도 조참의 속내를 알아낼 수가 없었다.

속담에 "윗사람이 행하는 일은 아랫사람들도 따라 하기 마련이다"라는 말이 있다. 조참이 이처럼 술을 좋아하자, 밑에 있는 관리들도 앞다투어 음주를 즐기기 시작했다. 승상부에는 널찍한 뒤뜰이 하나 있었다. 조참의 부하들은 항상 이곳에 모여 술을 마시며 즐기곤 했다. 술이 거나해지면 춤과 음악이 어우러져 그 소리가 멀리까지 들리게 되었다. 조참은 이런 사실을 뻔히 알면서도 일부러 모른 척하고 귀와 입을 닫은 채 아무 반응도 보이지 않았다.

이런 상황을 더 이상 두고 볼 수 없었던 시리侍吏 두 사람은 조참이 몰라서 가만히 있는 줄로 알고는 조참에게 후원으로 놀러 나가자며 청했다. 후원에 도착한 조참은 부하들이 술을 마시며 노는 광경과 음악에 취해 점점 흥이 올라 시리들에게 명하여 술을 더 내오게 한 다음 자신도 술을 마시고 부하들과 어울려 함께 노래를 부르며 신나게 놀았다. 뜻밖의 반응을 보고 시리들은 영문을 몰라 어리둥절했지만, 굳이 이유를 따져 물을 수도 없었다.

조참은 술 마시는 것을 금하지 않았을 뿐만 아니라 부하가 일을 잘못 처리해도 질책하지 않고 감싸주었다. 부하들은 모두 그의 넉넉한 덕성에 감격했으나, 조정의 대신들은 이를 전혀 이해하지 못했다. 심지어 혜제에게 조참의 행동을 고자질하는 사람까지 있었다.

혜제는 모친인 여후가 전권을 휘두르며 척희를 잔인하게 살해하고 그녀의 아들 여의마저 잔혹하게 독살하자, 분노와 절망감에 빠져 궁중에 틀어박힌 채 조정의 대사를 돌보지 않고 술에 의지하여 우울한 나날을 보내고 있었다. 그러다가 조참의 행동을 보고받게 되자 서글픈 생각이 들었다.

'승상은 어찌하여 나랑 똑같이 세월을 보내고 있는 것일까? 혹시 내가 나이가 어리다고 업신여기는 것은 아닌가?'

혜제가 이런 생각을 하고 있을 때 마침 중대부 조굴이 찾아왔다. 조참의 아들인 조굴에게 혜제가 말했다.

"집에 돌아가면 그대의 부친에게 이렇게 물어보도록 하시오. '고조께서 세상을 떠나신 데다 황제는 약관도 안 된 어린 나이라 모든 정무를 승상인 아버님의 보필에 의지하고 있는 형편입니다. 그런데도 아버님께서는 한 나라의 승상으로서 술만 드시면서 아무 일도 하지 않고 계시니, 어찌 천하가 제대로 다스려질 수 있겠습니까?' 단, 내가 물어보게 했다고는 하지 마시오."

조굴은 혜제의 처소에서 나와 곧장 집으로 돌아가서는 황제의 말을 그대로 부친에게 전했다. 아들의 말을 다 듣고 난 조참은 몹시 화를 내면서 시비를 따지지 않고 아들을 200대나 때렸다. 조참이 매질을 하면서 아들을 꾸짖었다.

"천하의 일을 네가 얼마나 안다고 감히 그런 소릴 하느냐? 어서 돌아가 황상 폐하나 잘 모시도록 해라!"

호되게 매를 맞은 조굴은 억울하기도 하고 의아한 생각에 입궐하자마자 곧장 혜제를 찾아가 자초지종을 설명했다. 조굴의 말을 듣고도 혜제는 도무지 조참의 행동을 이해할 수 없었다. 이튿날 조회를 마치고 혜제가 조참을 불러 물었다.

"그대는 무엇 때문에 아들에게 매질을 했소? 사실 그가 전한 말은 모두 과인의 뜻이었소."

조참은 혜제의 말에 황급히 바닥에 엎드려 머리를 조아리며 사죄했다. 그러고 나서 혜제에게 물었다.

"폐하께서는 자신의 영명함이 고조에 비견할 수 있다고 생각하십니까?"

"과인을 어찌 선제先帝와 비견할 수 있겠소!"

"폐하께서 보시기에, 이미 세상을 떠난 소하와 소신을 견줄 때 누가 더 유능하다고 생각하십니까?"

혜제는 솔직하게 대답하는 수밖에 없었다.

"그대가 소하 승상에는 미치지 못할 것 같소."

조참은 그제야 혜제에게 진정으로 하고 싶었던 마음속 이야기를 꺼내놓았다.

"지당하신 말씀이십니다. 사실이 그렇습니다. 과거 고조와 승상 소하가 천하를 다스리면서 제정했던 법령과 제도는 완벽했지요. 지금 폐하께서 나라를 다스리는 데 있어서 대신들로서는 직무를 잘 수행하고 이미 정한 법을 그대로 따르면서 한 치도 어긋남이 없도록 하는 것이 과오를 범하지 않는 일이고 선인들의 업적을 계승하는 일입니다. 어찌 그 이상을 바랄 수 있겠습니까?"

혜제는 그 말을 듣고서야 조참의 진심을 이해할 수 있었다.

"과인은 그대의 뜻을 알 것 같구려. 이만 돌아가 쉬도록 하시오!"

승상부로 돌아온 조참은 여전히 전과 다름없이 행동했다. 대란을 겪은 백성들은 하나같이 다시는 나라에 큰일이 없기를 바랐다. 부역이 가벼워진 것만으로도 백성들은 충분히 만족했고, 당시의 세상이 그들에게는 최고의 태평성대였다. 조참이 정사를 주관하던 시기에는 그를 칭송하는 노래까지 나오게 되었다.

소하는 승상이 되어서 법령을 통일하고
조참은 그 뜻을 지키면서 버리지 않으니
백성들은 그 속에서 평안하게 살고 있네.

한 혜제 5년(기원전 190년) 8월, 조참은 병으로 죽기까지 3년 동안 승상의 직무를 충실히 수행했다.

원래 황노의 학문에 능했던 조참은 무위로 천하를 다스릴 것을 주장했다. 한대 초기는 오랜 전란을 겪은 뒤라 휴식과 정돈이 가장 절실했던 시기였다. 따라서 조참은 소하가 이미 정해놓은 정책에 따랐다. 이는 당시의 사회 상황에 가장 적합한 처사였다. 동시에 여후가 전횡을 부리고 황제가 무능했던 당시 조정의 상황에도 부합하는 것이었다. 그러나 이 모든 것을 조참의 공로로만 돌릴 수는 없을 것이다. 그 가운데 상당 부분은 유방과 소하의 명철한 지혜의 결과였다.

2 │ 시대의 흐름을 읽다

중국의 옛 속담에 "화는 복에 의지하고 복에는 화가 숨어 있다"는 말이 있다. 화와 복은 서로의 조건이 되면서 쉽게 전환될 수 있다는 의미다. 실제로 중국 역사에서는 이러한 사례를 무수히 찾아볼 수 있다. 그래서 옛 성인들은 사람이라면 시대의 흐름에 따라 변할 줄 알아야 한다고 지적했던 것이다. 그러나 시대의 흐름에 따라 변할 수 있으려면 장기간의 역사 과정이 필요하고, 적당한 역사적 조건을 만나야 한다. 현실적으로는 때와 장소에 따라 상황에 맞게 자신의 장점을 발휘하고 정확한 결정을 내리는 것은 매우 중요하다. 그런 관점에서 객관적으로 대단히 불리한 상황에서도 커다란 성공을 거둔 사례를 살펴보도록 하자.

춘추전국시대 조趙나라 대왕代王 6년(기원전 222년), 진秦나라는 왕분을 대장군으로 임명하여 대군을 이끌고 대왕인 조가를 공격했다. 원래 조가는 조왕 천의 아들이었다. 기원전 228년, 진나라 장군 왕전 등이 군대를 거느리고 조나라를 공격하여 조군을 대파하고 장군인 조총의 목을 벴다. 조나라 장군인 안취는 패주하여 도성인 한단을 빼앗기고, 조왕 천은 포로가 되었다. 이로써 조나라는 멸망 직전의 상황으로 내몰리게 되었다. 그러자 조가는 100여 명의 병사를 이끌고 대代로 도피하였고, 조나라 대부들에 의해 대왕으로 옹립되었다. 그 뒤로 조가는 연燕나라와 연합하여 진에 대항했지만, 군왕이 된 지 6년째 되던 해에 진나라 장군인 왕분의 포로가 되면서 마침내 멸망하고 말았다.

진나라는 조를 공격한 다음 진나라에 대한 현지 군민들의 반항을 방지하기 위해 중대한 결정을 내렸다. 전쟁 포로들을 황량한 변경 지역으로 이주시키는 것이었다. 이주 대상자 가운데는 탁卓씨 부부도 포함되어 있었다. 조나라가 망하자 탁씨 일가는 진나라 병사들에게 약탈을 당해 남은 재산이 아무것도 없었다. 남루한 옷차림에 낡고 부서진 수레를 밀고서 끝없이 이어진 이주 행렬에 섞여 힘든 걸음으로 변방 지역을 향했다. 탁씨 부부는 장차 자신들의 운명이 어떻게 될지 전혀 예상하지 못하고 있었다.

당시 사람들은 이주민이 되는 것이 두려워 재산의 일부를 관리들에게 뇌물로 바치면서 자신들을 이주 대상에서 제외시키거나 비교적 가까운 곳으로 이주할 수 있도록 청탁하기도 했다. 뇌물을 받은 관리들은 뜻밖의 '은덕'을 베풀어 이들을 조나라에서 비교적 가까운 가맹葭萌 지구로 배정해주었다.

탁씨 부부도 남몰래 거취를 상의했다. 탁씨가 아내에게 말했다.

"가맹 지역은 땅이 협소하고 척박하기 때문에 생존이 어려운 곳이오. 듣자 하니 문산 지역은 땅이 넓고 비옥한 데다 엄청난 양의 토란이 자라고 있다 하오. 그곳으로 가면 사지에 몰린다 해도 굶어 죽진 않을 것 같소. 또한 그곳의 풍속은 교역을 중시하기 때문에 장사하기에도 좋으니 그곳으로 보내달라고 합시다."

부부는 상의 끝에 관리에게 자신들을 가급적 먼 곳으로 보내달라고 간청했다. 관리들이 놀란 것은 당연했다. 남들은 가까운 곳으로 보내달라면서 뇌물을 바치고 있는 판국에 먼 곳으로 보내달라고 간청하는 것은 정말 납득하기 어려운 일이었다. 관리들은 고심 끝에 부부를 변방 끝에 있는 임공臨邛으로 보내기로 결정했다.

임공에 도착한 부부는 생계를 위해 이리저리 고심하다가 황무지를 개간하는 것은 전망이 희박하다고 판단하고, 철을 제련하여 부자가 되기로 마음먹었다. 탁씨의 조상들은 일찍이 조나라에서 철을 제련하여 부자가 된 데다 이 지역에는 철광이 풍부하여 철을 제련하는 데 안성맞춤이었다. 두 사람은 생각이 일치하자 재빨리 계획을 세워 깊은 산속에 움막을 짓고 일을 시작했다. 조상들이 물려준 기술 덕분에 부부는 뛰어난 품질의 철을 가공할 수 있었다. 그리고 이를 집시集市에 내다 팔기 시작했다. 한참 경기가 좋을 때라 광산은 갈수록 규모가 커져 갔다. 게다가 먼 지역에서 철을 사려는 상인들의 발길이 이어지면서 공급이 달릴 지경이 되었다. 금세 큰 부자가 된 부부는 호화로운 저택을 짓고 엄청난 재산을 비축했다. 부리는 사람만도 1,000명이 넘었다. 부부는 비단옷을 입고 진수성찬을 먹으며 준마를 타게 되었다. 전촉 지역의 주민들을 다스리면서 자신이 소유한 땅에서 사냥을 즐기는 등

일국의 군주와 같은 생활을 누리게 되었다.

이와 관련하여 위대한 역사가인 사마천司馬遷은 일찍이 "부자가 되는 데는 일정한 직업이 없고, 재물에는 정해진 주인이 없으며, 능력이 있는 자는 흥하고 무능한 자는 무너질 것이다. 천금을 가진 자는 일국의 제후보다 낫고, 만금을 가진 자는 군주와 즐거움을 같이 할 것이다"라고 말한 바 있다.

한편 월越나라 출신인 범려范蠡가 정치를 버리고 장사를 택해 성공한 이야기도 있다. 월왕인 구천은 회계에서 오왕吳王 부차에게 당한 망국의 치욕을 씻기 위해 와신상담했다. 10년 생육과 10년 훈련이라는 전략에 따라 범려와 문종 등 유능한 신하들을 기용하여 국정을 정돈하고 생산에 힘쓴 결과, 마침내 강대국으로 발전하면서 오나라를 멸망시킬 수 있었다. 부차는 충신 오자서의 간언을 무시하고 간신들의 참언에 귀를 기울였다가, 나라가 망하자 참괴함과 울분을 이기지 못하고 스스로 목숨을 끊고 말았다. 범려는 구천을 모시면서 온갖 어려움을 이겨내고 각고의 노력을 기울여 무려 22년 동안이나 탁월한 지모를 제공했고, 마침내 오나라를 멸망시켰다. 나중에는 북쪽으로 군대를 이끌고 제나라와 진晉나라를 압박함으로써 구천이 패주의 자리에 오르게 했다. 이로써 중원 각국에 명령을 내릴 수 있게 된 구천은 범려를 상장군에 봉했다.

본국으로 돌아온 범려는 구천의 사람됨이 환난은 함께할 수 있어도 기쁨은 함께할 수 없다는 것을 간파하고 구천에게 사직을 청했다.

"군주는 자신의 명령을 집행하고, 신하는 자신의 뜻을 실행하는 법입니다. 저의 역할을 다한 것 같으니 떠나야 할 것 같습니다."

얼마 후 그는 재산을 정리하여 아내 서시와 친신親臣들 몇 명을 거느리고 배에 올라 멀리 떠났다.

바다 위를 떠돌던 범려는 제나라로 가서 성을 바꾸고 자신을 '치이자피鴟夷子皮'[1]라 칭하며 해변에서 농사를 짓기 시작했다. 그는 힘든 노동도 마다하지 않고 열심히 노력하여 가산을 늘렸다. 범려와 그의 아들이 열심히 재산을 경영한 결과 곧 엄청난 재산을 모으게 되었다. 제나라 군주는 범려가 지략과 능력을 겸비한 인물이라는 소문을 듣고 그를 재상으로 모시려 했다. 그러자 범려가 길게 탄식하며 말했다.

"벼슬을 하면 경상의 지위에 오를 수 있지만, 평민으로 살고 있는 것만으로도 이미 정점에 이르렀으니 굳이 이름을 날려 상서롭지 못한 일을 자처할 필요가 있겠습니까!"

범려는 재상의 인수印綬를 돌려보내고 재산을 마을 사람들에게 골고루 나눠준 다음, 중요한 재산만 챙겨 조용히 제나라를 떠나 도읍陶邑으로 가서는 자신을 '주공朱公'이라 칭하며 살았다.

도읍에 거하기 시작하면서 범려는 문득 현명한 신하 계연이 구천을 위해 제정했던 7개조의 치국방략을 떠올리게 되었다. 계연의 치국방략이란 '양곡의 가격을 낮추고 물가를 조정하여 시장의 공급과 관아의 세수에 부족함이 없게 하고, 물자를 비축하되 품질을 완벽하게 하여 유통이 정체되는 병폐가 없게 하며, 교역을 증진시키되 부패하거나 상한 물건을 남기지 않고, 가격 상승을 노려 사재기하는 모험을 지양

---

1 말가죽으로 만든 주머니로, 술을 담는 데 사용됨. 모양이 올빼미 배처럼 불룩하게 생겼다 하여 붙여진 이름.

하며, 물품의 부족과 잉여를 잘 살피고 연구하여 품귀와 가격 폭락의 원인을 해소하고, 물가의 상승이 극점에 이르면 반대로 내리게 하고 물가의 하락이 극점에 이르면 반대로 오르게 하며, 가격이 올랐을 때는 물건을 팔되 분토粉土와 같이 여기고 가격이 내렸을 때는 사들이되 금은보석을 대하듯이 하며, 재화와 금전의 유통을 물 흐르듯이 한다'는 것이었다.

한참을 생각하던 범려가 탄식하며 말했다.

"계연이 제시한 부국의 책략은 일곱 가지였는데 구천은 이 가운데 다섯 가지만 사용하고도 나라를 부강하게 하고 원한을 씻으려는 목적을 실현했다. 이 책략을 국가를 상대로 시행하여 큰 효과를 보았다면, 이를 집안을 다스리는 데 활용해도 똑같은 효과를 거둘 수 있을 것이다. 그렇다면 나도 이제부터 이러한 책략으로 가업을 일으켜야 할 것이다."

그리하여 그는 계연의 책략에 따라 재산을 경영하기로 결심했다.

범려는 도읍이 천하 교역의 중심지라 각국의 물산이 사방팔방에서 몰려오기 때문에 물건을 사고파는데 편리하다고 판단했다. 그는 이곳에 터를 잡고 장사를 시작하여 뛰어난 지모와 경영 전략으로 돈을 벌되, 모든 것을 인력에 의지하지는 않았다. 교역의 비법을 통달한 그는 오래지 않아 천하 최고의 거부가 되었다. 범려가 늙자 자손들이 기업을 이어받아 재산을 더욱 불렸다. 이리하여 사람들은 가업을 일으켜 거부가 된 사람에 대해 언급할 때마다 가장 먼저 '도주공陶朱公'을 입에 올렸다.

문종과 범려는 월왕을 보좌했지만 문종은 시세의 흐름을 알지 못해 구천에게서 사약을 받았던 반면, 범려는 공을 이루고 나서 조용히 물러나와 집안을 다스리고 기업을 경영하면서 시기의 변화에 임기응변으로 대응하여 천하의 거부가 될 수 있었다.

"시대의 흐름을 아는 자가 호걸이다"라는 말처럼 범려는 어리석음을 지혜로 바꾸고 물러남을 나아감으로 전환시키면서 때의 흐름에 따라 옮기고 변화할 줄 알았으니, 지혜로운 사람의 전범이라 하기에 부족함이 없다.

3 | 지혜와 어리석음을 구별하라

대부분의 경우 지혜로움과 어리석음은 구별하기가 쉽지 않다. 자신의 행동이 대단히 총명하다고 생각하는 사람도 사태의 변화와 발전에 의해 실제로는 우둔하고 어리석기 짝이 없는 모습을 보이기 일쑤이다. 반대로 남들이 행하는 어리석고 우스꽝스러운 일들이 오히려 지혜의 산물일 때가 많다. 어리석음과 지혜로움의 변화는 사람들의 예상을 넘어설 때가 많다.

장반張磐은 자字가 자석으로 단양 출신이었다. 그는 성정이 강직하고 겸허하여 후한後漢 환제桓帝 시기에 교지交趾 자사刺史[2]를 지낸 바 있다.

---

2 군郡과 국國을 감독하기 위해 각 주에 둔 검찰관.

후한 환제 연희延熹 8년(165년)에 형주에 있던 병사들은 복무기간이 기한을 넘겨 너무 오래 지속하는데다 군량마저 지급되지 않아 점점 불만이 쌓여가던 끝에, 마침내 주개를 우두머리로 하여 반란을 일으키게 되었다. 이들은 계양의 호란과 합세하여 3,000여 명의 병력을 모은 다음 계양을 공격하고 주변의 군현들을 불태워버렸다. 반란군의 수는 급격히 늘어나 순식간에 수만 명에 이르렀고, 그 기세도 대단했다. 이에 후한 조정에서 도상 등을 보내 호란과 주개를 진압하고 나서자, 잔여 세력이 창오로 도주했다.

당시 도상은 형주 자사로 있었기 때문에 그 지역에서 반란이 일어난 이상 책임을 지지 않을 수 없었다. 문책이 두려웠던 도상은 반란군이 창오로 도주하자, 형주에서 반란이 일어난 것이 아니라 창오의 반란군들이 형주에 와서 잠시 소란을 떤 것에 불과하다고 거짓으로 보고했다. 창오는 교지의 관할 지역이어서, 도상의 거짓 보고로 교지 자사인 장반이 대신 죄명을 쓰고 감옥에 갇히게 되었다. 장반은 투옥된 후 억울한 누명을 벗기 위해 상소했고, 조정은 자세한 조사도 없이 그를 사면했다. 그러나 장반은 사면을 거부했다. 그는 옥졸이 형구를 벗기는 것조차 거부했다. 옥졸이 의아해하며 물었다.

"지금 황제의 은덕으로 죄수들이 모두 사면을 받았는데, 그대는 어째서 유독 출옥을 스스로 거부하는 것이오? 이러면 안 될 것이오!"

그러나 장반은 끝까지 출옥을 거부했고, 이 사건은 당시 화젯거리가 되어 도처에 소문이 자자했다. 장반은 이런 기회를 놓치지 않고 조정에 상소하여 자신의 행동을 설명했다.

"처음에 장사長沙의 반란군 두목 호란이 형주에서 난을 일으켰을 때, 그 잔여 세력이 교지의 경내로 들어왔습니다. 저는 갑옷을 입고 나가 위험을 무릅쓰고서 반란군을 토벌했지요. 그리하여 반란군 두령의 목이 떨어지자 나머지 졸개들은 다시 형주로 도망쳤습니다. 형주 자사 도상은 제가 사실을 밝힐까 봐 두려워 자신의 죄를 감추기 위해 저를 모함한 것입니다. 그래서 저는 도상의 모함으로 옥중에서 억울한 고생을 하게 되었던 것이지요.

이 사건에는 거짓과 진실이 있습니다. 이를 법에 의거하여 따져보자면 저는 아무 죄도 없기 때문에 사면도 사실 저에게는 적용될 수 없는 것입니다. 제가 사면되어 출옥하게 된다면 스스로 죄가 있음을 인정하는 것이나 다름없는 것이니까요. 이렇게 되면 저는 평생을 수모 속에서 살아야 할 뿐만 아니라, 생전에는 사악했던 관리였고 죽은 후에도 죄인이라는 누명을 벗지 못하게 됩니다.

청컨대 조정에서는 도상을 잡아다가 저와 대질시켜 반드시 진위를 가려주시기 바랍니다. 도상이 오지 않는다면 저는 차라리 감옥에서 죽음을 택할지언정 절대로 감옥에서 나와 억울한 누명을 쓰지는 않겠습니다."

이런 사연을 듣게 된 조정에서는 도상을 도성으로 부르지 않을 수 없었다. 그리고 대질 심문을 거쳐 마침내 장반의 무죄가 입증될 수 있었다.

도상은 지혜롭다는 평을 얻었지만 결국에는 스스로 제 무덤을 판 꼴이 되고 말았다. 반면 장반은 사람들에게 어리석다는 지적을 받았지만 결국에는 결백을 증명할 수 있었다. 지혜로움이 어리석음이 되고 어리석음이 지혜로움이 된 것이다. 그래서 노자는 "뒤집는 것이 도의 움직임이다"라고 말했던 것인지도 모른다.

중국 전통 사회에서 신하의 도리는 여러 가지가 있다. 그 가운데 가장 중요한 것은 군주보다 더 큰 권력을 누리지 않고, 군주보다 더 큰 공업을 자랑하지 않으며, 군주보다 더 많은 재능을 과시하지 않는 것이다.

천하를 경영할 뛰어난 능력과 세상을 구제할 지략을 지녔던 관중은 제나라의 환공桓公이라는 천추에 만나기 어려운 명군을 만나 자신의 크나큰 재능을 마음껏 펼칠 수 있었다. 중요한 점은 그가 내정권과 외교권, 특히 군권을 장악하지 못했기 때문에 유종의 미를 거둘 수 있었다는 것이다. 그렇지 않았더라면 개혁이 제대로 시행되지 못했을 것은 물론이요, 환공을 도와 제후들을 규합하고 천하를 재편성하는 일도 불가능했을 것이고, 목숨조차 보전하기 어려웠을 것이다. 그런 점에서 환공도 결코 평범한 인물은 아니었다.

환공은 관중을 특히 신뢰했다. 하루는 환공이 조당에서 대신들에게 말했다.

"관중을 작은아버지로 모시려 하는데, 그대들의 생각은 어떤지 모르겠소. 이 문제를 표결에 부치고자 하니 찬성하는 사람은 왼쪽으로 서고, 반대하는 사람은 오른쪽에 서도록 하시오."

모든 대신들이 좌우로 자리를 잡았으나 유일하게 동곽아만은 어느 쪽에도 서지 않고 조당 한가운데 섰다. 이를 이상하게 여긴 환공이 물었다.

"그대는 왜 가운데 서 있는 것이오? 내 말을 제대로 듣지 못한 모양이구려."

그러자 동곽아가 되물었다.

"관중의 능력으로 천하의 대사를 도모할 수 있을까요?"

"물론이오."

"그의 결단력이 대사를 추진하는 데 부족함이 없습니까?"

"그렇소!"

"좋습니다. 관중의 지모가 천하를 도모하기에 족하고 그의 결단력이 대사를 추진하는 데 부족함이 없는데, 그에게 폐하의 권위에 기대 제나라를 다스리게 한다면 폐하의 정권이 위험해지지 않겠습니까?"

이 말에 환공은 소스라치게 놀랐다.

"그대의 말에도 일리가 있는 것 같구려!"

결국 환공은 관중을 작은아버지로 세우는 문제를 더 이상 거론하지 않았고, 그에게 모든 대권을 넘겨주지도 않았다. 대신 습붕에게 내정의 치리를 맡기고 관중에게는 외교를 전담하게 함으로써 권력을 분립시켰다.

지혜로 화를 면하다

한나라의 개국 공신이었던 소하蕭何는 유방이 사수정의 정장으로 있을 때 처음 알게 된 인물이었다. 당시 정장은 비교적 작은 소송을 처리하는 직책이어서 큰일이 있을 때는 현으로 상세한 보고를 올려야 했다. 때문에 현의 관리들과 잘 알고 지내는 사이였다. 소하는 패현의 관리로서 유방과는 같은 고향 사람인데다 법률을 잘 알고 있었기 때문에, 유방은 그에게 각별히 존중과 신의를 표했고 소하도 유방이 처리하기 힘든 일을 맡게 될 때마다 기꺼이 나서서 도와주곤 했다.

그러다 보니 두 사람의 관계는 날이 갈수록 친밀해졌다. 유방이 참 사에서 의병을 일으킨 이후에 소하는 줄곧 유방을 수행했고, 유방은 그의 말과 계책을 무조건 받아들였다. 초한楚漢 전쟁은 물론이고, 한 조 개국의 중요한 정책과 방략은 대부분 소하의 머리에서 나온 것이었다. 물론 유방에게 소하를 경계하는 마음이 전혀 없었던 것은 아니지만, 두 사람은 모든 일을 비교적 원만하게 처리해나갔다. 초한 전쟁 시기에 유방이 한중을 떠나 관동으로 가서 항우와 4년에 걸쳐 전쟁을 벌이는 동안, 소하는 한중에 남아서 유방을 대신하여 본국을 지키면서 전장의 병사들에게 군량을 공급하는 일을 맡았다.

소하는 국가를 잘 다스렸고 오래지 않아 한중을 크게 발전시켰으며, 백성들은 하나같이 소하의 성실한 노력을 칭송해 마지않았다. 또한 소하는 유방의 군대에 필요한 군량을 적절한 시기에 맞춰 충분히 공급했다. 『사기史記』에는 소하의 이런 치적을 이렇게 기록하고 있다.

초한 전쟁이 시작되자 한왕 유방은 승상 소하에게 관중을 맡겼고, 태자 유영을 잘 보좌하여 군현을 통치하며, 병사들의 군향을 순조롭게 징발하도록 했다. 그리고 자신은 대군을 통솔하여 항우의 군대를 토벌했다.

한 왕조 3년(기원전 204년), 초와 한의 군사는 형양滎陽과 성고成皐 전선에서 대치했고, 전투는 극도로 격렬하고 참혹했다. 이런 와중에도 유방은 수십 명의 사신을 연달아 관중으로 파견해 진심으로 소하의 노고를 치하하고 위로했다. 이에 소하는 별다른 감회가 없었으나, 문객인 포생이 그를 찾아가 말했다.

"지금 대왕께서는 밖에서 병력을 통솔하고 계시는데, 상황이 아주 위급하여 고충이 이만저만이 아닙니다. 그런데도 몇 번이나 사람을 보내 승상을 위로하셨습니다. 이를 보니 승상에 대해 의심을 품고 계신 것이 분명합니다.

화를 피하기 위해서는 승상의 친족 중에서 젊고 건강한 사람을 뽑아 대왕께 전달할 군량을 호송하여 형양의 군영으로 가게 하는 것이 좋을 것 같습니다. 그러면 더 이상 대왕께서 의심을 품는 일은 없으실 것입니다."

포생의 말에 소하는 깨달은 바가 있었다. 그는 포생의 말대로, 즉시 수많은 형제 조카들을 시켜 형양으로 군량을 호송하게 했다. 유방은 승상이 군량을 보내면서 자신의 형제들을 군영에 포함시켰다는 소식을 듣고는 매우 흐뭇해하며 직접 나가서 이들을 맞았다. 유방이 소하의 근황을 묻자 그의 형제들은 이구동성으로 대답했다.

"승상은 대왕께 천복이 내려 모든 일이 뜻대로 이루어지길 바란다고 말하시면서, 대왕과 동행하여 항상 거친 벌판과 모래밭을 질주하시는 대왕의 노고를 함께 나누고 싶은 마음이 간절하다고 하셨습니다. 아울러 지금 군영에 파견한 사람들을 대왕께서 기쁘게 받아들여주시길 바란다고 하셨습니다."

유방은 기쁨을 감추지 못하며 대답했다.

"승상이 나라를 위해 가정까지 버리다니 충성스럽기 그지없구나!"

말을 마친 유방은 곧장 소하 집안의 자제들을 모두 군영에 배치하라고 명했다. 이리하여 유방이 소하에게 품었던 의심은 말끔히 해소되었다. 그 후로도 유방은 여러 차례 소하에게 의심을 품은 적이 있었지만 매번 소하의 절묘한 지모로 해결되었다.

한편 소평도 견식見識이 매우 뛰어난 인물이었다. 진陳나라 때 낙릉후를 지냈던 그는 진의 멸망과 함께 몰락하여, 평민으로 지내면서 장안 동쪽 황무지에 오이를 심어 겨우 생계를 꾸려나가고 있었다. 그가 생산한 오이는 맛이 달콤해서 사람들은 이를 낙릉과라 불렀다. 관중으로 들어온 소하는 소평이 현명하고 능력 있는 인물이라는 소문을 듣고, 그를 자신의 본영으로 불러들였다.

한 왕조 10년(기원전 197년) 9월에 유방은 군대를 이끌고 진희를 치기 위해 북정에 나섰고, 한신은 이 기회를 틈타 모반을 준비했다. 여후는 이 소문을 듣고 소하의 도움을 받아 한신을 붙잡아 죽이려는 계획을 세웠다. 이 소식을 접한 유방은 즉시 장안으로 사람을 보내 소하를 상국相國(영의정, 좌의정, 우의정을 통틀어 이르는 말-역자주)으로 세우고 식읍 5,000호를 봉하는 동시에 500명의 병력을 호위대로 하사했다. 수많은 사람들이 이 소식을 듣고 찾아와 축하 인사를 건네는 가운데 소평 한 사람만이 오히려 애석한 마음을 전하는 것이었다. 소평이 소하를 찾아와 말했다.

"장차 공에게 큰 화가 닥칠 것입니다!"

소하가 놀라움을 금치 못하며 그 이유를 묻자 소평이 대답했다.

"주상께서는 몇 년째 계속 출정하셔서 화살과 돌을 맞으며 적과 싸우는데, 공께서는 위험에 맞서지 않고 도성만 지키고 계시지 않습니까? 지금 한신이 장안을 전복하려 하고 있으니 주상께서는 또다시 공을 의심하시게 될 것입니다. 주상께서 공에게 봉작을 내리시고 호위 병력까지 보내신 것은 겉으로 보기엔 공을 총애하시는 것 같지만 실은 공을 의심하시기 때문입니다. 이것이 장차 큰 화가 미칠 징조가 아니고 무엇이겠습니까?"

소평의 설명에 소하는 몹시 불안해하며, 어떻게 하면 이런 화를 면할 수 있는지 물었다.

"공께서는 일단 봉작을 사양하시고 오히려 사재를 털어 군량으로 보내십시오. 그러면 화를 면할 수 있을 것입니다."

소하는 고개를 끄덕여 소평의 충고를 받아들였다. 그리하여 그는 상국의 직책만 받아들이고 봉읍은 반납했다. 아울러 자신의 재산을 털어 군량에 보탰다. 이런 소식을 들은 유방은 다시 한 번 소하에 대한 의심을 거두었다.

한 왕조 11년(기원전 196년) 7월, 회남왕 영포가 모반을 일으키자 유방은 또다시 병력을 이동시켜 남정에 나섰다. 그 사이에 여러 번 장안으로 사신을 보내 근황을 살피게 했다. 소하의 근황을 살피고 돌아온 사신이 유방에게 말했다.

"폐하께서 군무로 바쁘신 동안 장안에서는 소 상국이 백성들을 위로하고 구휼에 힘쓰면서 군량의 조달에 만전을 기하는 등 매사에 최선을 다하고 있는 것 같습니다."

한 문객이 이런 사실을 전해 듣고는 소하를 찾아가 말했다.

"공께서 멸족의 화를 당하게 될 날이 멀지 않은 것 같습니다."

소하가 대경실색하며 그 이유를 묻자 문객이 대답했다.

"공께서는 직위가 재상에 이르러 최고의 공적을 세우고 있기 때문에 더 이상 올라갈 데가 없습니다. 주상께서 자주 공의 행동거지를 살피시는 것은 공께서 오랫동안 관중에 있으면서 민심을 얻어 기회가 오면 기병할지도 모른다는 두려움 때문이지요. 지금 공께서 주상의 마음을 살피지 않고 여전히 백성을 위해 열심히 일만 하신다면 주상의 의심을 더할 것입니다. 이처럼 계속 의심을 사다 보면 큰 화를 당할 수밖에 없지요.

제 생각으로는 공께서 강제로 백성들의 땅을 헐값에 사들이고 일부러 어진 재상으로서의 풍모를 깨뜨려 백성들 사이에 공에 대한 험담이 퍼지게 하는 것이 좋을 것 같습니다. 주상께서 그런 소식을 듣게 되면 공께서도 목숨을 보전할 수 있을 것이고 가족들에게도 별 탈이 없을 것입니다."

소하는 문객의 생각에 그대로 따랐고, 유방은 그제야 소하에 대한 의심을 풀고 마음을 놓게 되었다. 유방이 영포의 모반을 평정하고 장안으로 돌아오는 길에 수많은 백성이 노상에서 증서를 내밀며 길을 가로막았다. 증서의 내용은 소하가 강제로 농민들의 땅을 헐값에 사들였다는 것이었다. 소하가 입궁하여 황급히 배알하러 달려가자, 유방은 농민들에게 받은 증서를 펼쳐 보이며 웃는 낯으로 말했다.

"일국의 상국이 이런 식으로 백성들의 땅을 가로채 이익을 챙겨서야 되겠소? 어서 백성들에게 사죄하도록 하시오!"

소하는 유방이 자신을 크게 꾸짖을 마음이 없음을 알고는 곧장 자리에서 물러나와, 백성들에게 강제로 산 땅을 원래 가격으로 되돌려주었다. 이리하여 소하에 대한 백성들의 험담은 잦아들었고, 이로 인해 유방은 민심을 얻으면서 명성을 얻게 되었다.

한신은 용감하기만 했지 앞으로 나갈 줄 몰랐고, 시작과 끝을 아름답게 마무리하지 못했다. 반면에 소하는 공로도 한신만 못했고, 지혜가 뛰어난 것도 아니었지만 자신을 훌륭하게 보전할 수 있었다. 소하는 스스로를 낮출 줄 알았으며, 자신을 둘러싼 환경의 변화에 민감하게 대처하는 지혜를 보여주었다. 반면 한신은 무술과 병법에는 능했으나, 사람을 보는 혜안이 부족했다. 이런 역사의 사실이 우리에게 무엇을 말하는지 생각해보지 않을 수 없다.

4 | 역사의 흐름을 읽고 행동하라

시대의 흐름을 아는 자를 호걸이라 한다. 사실 사람들이 시대의 흐름을 알려고 하지 않은 적은 없었다. 단지 능력과 식견, 담력과 지략이 따르지 않았을 뿐이다. 기나긴 중국 역사에서 시대의 흐름을 아는 자는 결코 적지 않았고, 제각기 특색이 있었다. 당나라 무주武周 시기의 길욱吉頊은 능력과 식견, 담력과 지모가 남달랐다. 그는 진정으로 시대를 아는 위인이었다.

길욱은 무측천 시기의 인물로, 하남성 낙주가 고향이었다. 그는 키가 7척이나 됐고, 가슴에 뛰어난 지략을 품고 있었으며, 과감하게 대사를 논했다. 그는 우숙정대중승의 관직에 중용되면서 무측천에게 두터운 신임을 얻게 되었다.

698년, 북방의 돌궐이 남침하여 무주의 조주趙州와 정주定州 등지를 공격했다. 무측천은 국가의 안전을 고려하여 뛰어난 능력을 지닌 인물이라 평가했던 길욱을 상주 자사로 임명했다. 무측천은 그로하여금 현지에 가서 각 주의 병사들을 징발하여 돌궐을 토벌하게 했다. 길욱이 임지로 가서 무주의 이름을 내세워 병사를 모았지만 응하는 사람이 거의 없었다. 이 일은 그에게 매우 커다란 자극이 되었다. 무측천은 달리 방법이 없자 이씨의 후예인 이현을 원수로 삼아 이씨 정권의 이름으로 직접 병사를 모으게 했다. 그 결과 응하는 사람이 하루에 1,000명이 넘었다.

돌궐을 물리치고 조정으로 돌아온 길욱은 이미 대세의 방향을 가늠할 수 있었다. 그는 자신의 미래를 고려하여 무측천에게 민심의 향방을 설명했다. 민심은 당 왕조를 향하고 무주 정권을 외면하고 있으니, 무주의 깃발을 내려놓고 정권을 다시 당조로 귀속시키라는 것이었다. 당시에 이러한 직언은 엄청난 용기와 담략膽略을 필요로 하는 일이었다. 무씨 일가의 불만을 샀다가는 죽을 수도 있었기 때문이었다.

무측천의 친척들은 정권을 당 왕조에 돌려주면 자신들의 지위를 잃을까 두려워 길욱에게 매우 불만스러운 태도를 보였다. 그들은 즉시 길욱 형제의 과실과 약점을 찾아내 길욱을 안고위로 폄직貶職시켰다. 그러나 길욱은 이에 굴하지 않고 더욱 자신감을 갖게 되었고, 임지로 떠나기 전에 궁으로 찾아가 무측천에게 작별 인사를 올렸다. 아울러 그는 이 기회를 이용하여 다시 한 번 당 왕조를 회복시키려 노력했다. 그가 눈물을 흘리며 무측천에게 말했다.

"신이 이번에 폐하와 작별하면 다시는 폐하와 마주하여 정무를 논할 기회가 없을 것입니다. 청컨대 저에게 폐하와 길게 대담할 수 있는 기회를 한 번만 더 주시기 바랍니다."

그를 신임하고 있던 무측천은 그 자리에서 승낙했고, 길욱은 자리를 잡고 앉아 단도직입적으로 정권을 당 왕조로 귀속시키는 문제를 거론하는 대신 한 가지 문제를 냈다.

"물 한 대야와 흙 한 대야가 있다면 이들 사이에 다툼이 있을 수 있겠습니까?"

"당연히 없을 것이오."

"그럼 이 둘을 함께 섞어 진흙을 만든다면 이들 사이에 다툼이 있겠습니까?"

"역시 없을 것이오."

"그렇다면 이 진흙으로 불상을 빚어 하나는 불가의 석가모니를 만들고, 하나는 도교의 원시 천존을 만든다고 가정해보십시오. 이들 사이에 다툼이 있겠습니까?"

"당연히 다툼이 있을 것이오."

"지금 나라의 일이 이와 같습니다. 저는 황족과 외척 사이에는 반드시 구분이 있어야 한다고 생각합니다. 그래야만 이씨 황족과 무씨 외척들 모두 안전을 보전할 수 있지요. 지금 폐하께서는 황제를 자처하시면서 황족과 외척에 구분을 두지 않으시는데, 폐하께서는 그 존비와 귀천을 어떻게 조화시키려 하십니까? 그래서 저는 황족과 외척 양쪽이 모두 불안해진다고 생각하는 것입니다."

"그대의 뜻은 짐도 깊이 이해하고 있소. 그러나 일이 이 지경에 이르렀으니 먼저 장기적인 계획을 세워 사태를 신중하게 처리해야 할 것 같소."

길욱은 무측천의 마음이 움직이기 시작한 것을 확인하고는 이런 기회를 놓치지 않고 재빨리 권고했다. 무측천에게는 장창종이라 불리는 총신寵臣이 하나 있었는데, 길욱과 마찬가지로 공학부에서 일하고 있었다. 장창종도 민심이 이씨의 당 왕조로 향하고 있다는 것을 잘 알고 있는 터라, 무씨의 총애를 받고 있는 자신의 안전을 보장받을 수 없을 것 같아 길욱에게 몸을 보전할 수 있는 방법을 마련해줄 것을 부탁했다. 길욱이 말했다.

"공의 형제들은 무씨의 지극한 은택을 받아 그 지위와 신분이 매우 높고 귀합니다. 따라서 당 왕조에 큰 공을 세우지 못한다면 몸을 보전할 방법이 없겠지요. 몸을 보전하고자 하신다면 한 가지 방법밖에 없을 것입니다. 제 말을 따르신다면 온 집안이 안전하고 무사할 뿐만 아니라 봉토와 작위까지 누리실 수 있게 되실 것입니다."

"무조건 경의 계책에 따르도록 하겠소."

"지금 천하의 모든 사람들이 당 왕조의 덕을 그리워한 지 오래입니다. 주상의 연세가 이미 많으신데다 무씨의 여러 제후왕 가운데는 제왕의 중임을 맡을 만한 인물이 없는 상황이지요. 공께서는 폐하의 총애를 입고 계시니 지금이라도 폐하께 정권을 이씨 왕조로 반환하도록 간언을 올리셔서 천하 백성들의 기대를 만족시켜주십시오. 이 일이 성공하면 천하에 공을 세우는 일이 될 것입니다."

길욱의 말에 장창종은 매우 일리가 있다고 생각하고는 자신의 지위를 이용하여 적당한 기회를 잡아 무측천에게 간언을 올렸다. 그의 간언에 마침내 무측천의 마음이 움직여 자신의 아들 이현을 황제로 세우게 되었다. 그가 바로 당 중종이다.

길욱의 일생을 살펴보면 칭송할 만한 것이 전혀 없는 것 같지만, 이처럼 무측천의 마음을 움직인 지혜는 사람들의 감탄을 자아내기에 충분했다. 위의 이야기를 현대적 관점에서 보자면 그다지 놀라운 점이 없는 것 같다. 하지만 스스로를 당시의 주인공으로 설정해보면 당시 무측천의 '백색白色테러'[3] 시기에 이런 일을 해낸다는 것이 얼마나 큰 담력과 용기를 필요로 하는 일인지 충분히 실감할 수 있을 것이다.

길욱의 행동은 수많은 사람들에게 매우 위대한 공적으로 인식되었고, 실제로 대단히 현명하고 합리적인 선택이었다. 그는 역사의 흐름을 정확히 판단하여 움직임으로써 남의 목숨을 보전해주었을 뿐만 아니라 자신을 지키는데도 능했다. 그는 이처럼 실무를 아는 특출한 인재였다.

---

3 권력자나 지배계급이 반정부 세력이나 혁명 운동에 대하여 행하는 탄압.

5 | 싸우지 않고 이기다

자산子産은 정鄭나라의 유명한 인물이자 춘추전국시대의 뛰어난 정치가로, 공자도 그를 추앙할 정도였다.

자산이 향교를 폐지하지 않았던 일은 중국 역사상 대단한 쾌거로 평가되고 있다. 자산이 집정하던 시기에 향교는 사람들에게 학습의 장소로 제공되었고, 나중에는 사람들이 이곳에 모여 국정을 의논하기도 했다. 누군가가 수많은 사람들이 이곳에 모여 의론을 제시하고 정부와 국가에 해가 되는 말도 서슴지 않는다며 향교를 폐지할 것을 건의했다. 향교가 국가에 나쁜 여론을 조성하고 민심을 흐리게 하여 국가의 안정과 단결을 해친다는 것이었다. 그러나 자산의 생각은 달랐다. 모든 사람이 자유롭게 자신의 생각을 말할 수 있다는 것은 정치가 발달했다는 증거이고, 모든 사람들이 국가에 대해 관심과 열정, 신뢰감을 가지고 있다는 표현이라고 생각했다. 더욱 중요한 것은 사람들의 의론을 통해 국가 정치의 결함과 부족을 이해할 수 있어 나라의 정치를 바로잡는 데 큰 도움이 된다는 점이었다. 자산은 결국 향교의 폐지에 동의하지 않았고, 자산의 치리하에 정나라는 오랜 기간 동안 번영을 구가할 수 있었다. 자산의 이러한 도량과 조치는 중국 역사 전체를 통틀어도 찾아보기 어려운 것이었다.

사실 이는 자산의 일관된 성격 덕분이었다. 기원전 563년, 정나라는 자사와 자국, 자이, 자공 등이 권력을 장악하고 있었다. 그해 10월, 정나라에 반란이 발생했다. 위지와 사신, 후진 등이 병사를 이끌고 반란을 일으켜 궁에 쳐들어와 자사와 자국, 자이 등을 살해하고 정나라 군주인 간공을 납치한 것이었다. 자공은 이 일에 대해 미리 소문을 들어서 다행히 재난을 피할 수 있었다. 자사의 아들 자서는 반란이 일어났다는 소식을 듣고 재빨리 궁으로 달려가 부친의 시신을 수습했고, 집으로 돌아오자마자 사람을 모아 반군을 토벌하려 했다. 그러나 그의 가신들이 움직이려 하지 않아 뜻을 이루지 못했다.

자국의 아들 자산은 반란이 일어났다는 소식을 듣고서 마음을 차분히 가라앉혔다. 대문에 경비병을 세우고 모든 관원들을 배치하여 문서창고를 굳게 잠근 다음, 사병들을 소집하고 전차를 준비하여 반군을 진압하기 위해 북궁을 공격하기 시작했다. 반군은 쉽게 진압되었고, 반군의 장수인 위지와 자사복은 주살誅殺되었다. 후진은 진晉나라로 도주했고 도여부와 사신, 위편, 사제 등은 송宋나라로 도주했다.

반란이 진압된 후, 자공은 자사의 지위를 이어받아 국가의 대권을 장악하게 되었다. 그는 이러한 일이 다시 일어나는 것을 막기 위해 권력을 중앙에 집권시키기로 마음먹었다. 그는 한 통의 서약서를 준비하고 모든 관원들에게 서명하게 하여 각자의 위치를 굳게 지키면서 자신의 명령에 복종하겠다는 맹세를 받아내려 했다. 물론 관원들은 이것이 대단히 치욕적인 처사라고 생각하여 받아들이려 하지 않았다. 이 때문에 조정에서는 소란이 일게 되었고, 대부와 관원 및 그들의 가족들은 모두 맹세하기를 거부했다. 그러자 자공은 크게 노하여 이들에게 모반의 혐의가 있다고 여겼고, 자신의 명령에 복종하지 않는 사람들을 전부 죽이려 했다.

이 소식을 들은 자산은 놀라움을 금치 못했다. 정말로 그렇게 했다가는 사방에 적을 만드는 일이 되어 멸망을 자초할 수도 있다는 생각 때문이었다. 그는 황급히 자공을 찾아가 그렇게 해서는 안 된다며 그를 말렸다.

"모두 그 맹세에 대해 그들 나름대로의 견해가 있을 테니 차라리 서약서를 태워버리는 것이 좋을 것 같습니다."

자공은 자산의 생각에 동의하지 않았다.

"내가 이런 서약서를 제정하려 하는 것은 권력을 집중시켜 국가가 안정되게 함으로써 다시는 반란이 일어나지 않도록 예방하려는 것이오. 이 서약에 동의하지 않는다고 해서 이를 태워버린다면 저들의 생각에 순종하는 셈이 될 것이고, 결국 여러 사람에게 정치를 맡기는 꼴이 될 텐데 내가 어떻게 국가를 관리할 수 있겠소?"

"공께서는 지금 두 가지 어려운 일에 봉착해 있습니다. 하나는 여러 사람의 분노를 잠재우기 어렵다는 것이고, 다른 하나는 개인으로서는 권력을 집중시키기 어렵다는 것이지요. 두 가지 난제가 하나로 합쳐지면 일은 더욱 어려워지게 됩니다. 이는 국가를 안정시키지 못할 뿐만 아니라 오히려 더 큰 위험을 키우는 일이 될 것입니다. 차라리 서약서를 태워버림으로써 모든 사람들을 안심시키는 것이 바람직할 것 같습니다. 그래야 나라가 안정될 것입니다. 마음대로 권력을 휘두르는 것은 오래가지 못할 뿐만 아니라 결국엔 성공하지 못할 것입니다. 오히려 군중의 분노를 키워 소란을 유발하게 되지요. 부디 이런 이치를 깊이 생각해보시기 바랍니다."

자공은 그의 말을 듣고 일리가 있다고 판단하여 서약서를 불태워버렸다. 그제야 여러 관리들이 분노를 가라앉히고 나라도 안정을 찾게 되었다.

오늘날의 관점에서 볼 때, 자산은 정치가로서 충분한 자질과 도량을 갖고 있었다고 평가할 수 있다. 강한 권력으로는 사람들의 마음을 굴복시킬 수 없고 단지 사람들로 하여금 들고일어나게 할 뿐이다. 게다가 당시에는 이처럼 극단적인 방법과 조치를 취할 필요가 전혀 없었다. 여기에서 관리들이 반란을 일으켜 자사 등을 살해했던 이유를 유추해볼 수 있을 것이다. 이들이 반란을 일으킨 이유는 당시의 정사가 자공의 태도와 크게 다르지 않았기 때문일 것이다. 자사와 자국 등이 민심을 얻지 못했기 때문에 반란이 일어났으므로, 결국 화를 스스로 자초한 셈이다. 그러나 자산은 이들과 전혀 다른 정책과 조치를 취하면서 사람들을 사랑으로 대했고, 점차적으로 사회의 질서를 잡았다. 그는 타인의 견해를 받아들이는 데 인색하지 않았고, 자신의 결점을 발견하여 개선하는 것도 주저하지 않았다. 이처럼 싸우지 않는 싸움이 자산이 성공을 거둘 수 있었던 비결이다.

중국 역사에 이러한 사례는 무수히 많다. 예컨대 동한東漢 시기의 구람仇覽은 교화를 통한 정치에 능한 인물이었다. 구람은 자가 계지로 진류 고성현 출신이었다. 그는 어려서부터 책 읽기를 좋아했지만 벼슬 길에 나가는 것을 싫어하여 40세가 되어서야 현의 하급 관리가 되었다. 나중에는 정장亭長까지 올랐다. 정장 역시 하급 관직이긴 했지만 구람은 모든 일을 소홀히 하지 않았다. 항상 신중하고 겸허한 자세로 주도면밀하게 지역을 관리해나갔다. 농번기로 바쁠 때에는 직접 농사에 참여하면서 백성들의 과수 재배와 가축 돌보기 등을 격려했다. 농한기에는 학교를 개설하여 백성들의 교화에 힘썼다.

구람이 처음 정장을 맡았을 때 우연히 한 가지 사건에 부딪치게 되었다. 진원이라는 사람이 있었는데, 어려서 부친을 잃고 모친과 의지하여 어렵사리 생계를 유지하고 있었다. 하루는 진원의 모친이 갑자기 구람을 찾아와 아들을 불효죄로 고발하면서 벌해달라고 호소했다. 의아한 생각에 구람이 말했다.

"제가 얼마 전 아주머니 댁 앞을 우연히 지나가다가 뜰 안이 깔끔하게 정리된 것을 보았습니다. 또한 아드님은 열심히 농사를 짓고 있어 전혀 불효한 사람처럼 보이지 않았습니다. 단지 교화가 부족하여 잠시 어리석어진 것일 뿐입니다. 아주머니께서는 반평생을 과부로 지내오시면서 어렵사리 아들을 키우셨는데, 잠시 화가 났다고 아드님을 불효한 사람으로 내모는 것은 바람직하지 못한 것 같습니다."

진원의 모친은 구람의 말에 마음이 움직여 자신의 경솔한 행동을 뉘우치고 고발장을 가지고 집으로 돌아갔다. 구람은 진원의 집을 찾아가 모자와 함께 밥을 먹고 술을 마시며, 그 자리에서 진원에게 부모를 모시는 도리와 효성에 대해 가르침을 주었다. 진원도 자신이 모친에게 소홀했던 점을 깨닫고 모친에게 사죄했다.

"어려서 아버님을 잃고 어머님의 사랑을 독차지하며 자랐는데도, 교만하고 어리석어 그만 어머님께 아들로서 도리를 다하지 못했습니다. 앞으로는 절대 그런 일이 없을 것이며 어머님을 잘 모시도록 하겠습니다."

나중에 진원은 향리에서 이름난 효자가 되었다.

6 | 기대하는 바를 버려라

장자는 중국 역사상 뛰어난 사상가로서, 도가 학파의 창시자이기도 하다. 그의 사상은 공자가 창시한 유가 학파와 더불어 중국 문화의 가장 중요한 원류로 자리 잡고 있다. 또한 그의 사상은 유가 사상과 상호 보완적인 관계를 유지하면서 중국 문화의 기초를 이루고 있다.

장자는 정치사상의 분야에서는 '무위지치無爲之治'를 주장했고 인생의 태도에 있어서는 세속의 모든 잡념을 제거하는 '소요유逍遙遊'를 주장하면서 지인무기至人無己, 신인무공神人無功, 성인무명聖人無名[4]을 제창했다.

---

4 인품 수양이 지극한 경지에 이른 사람은 자기를 내세우지 아니하며, 신의 경지에 이른 사람은 공을 내세우지 아니하고, 성인은 자기 이름 그 자체가 없다.

『장자』의 첫 번째 장인 「소요유」에는 장자의 사상과 도가 사유의 원형이 아래와 같은 아름다운 우화로 기술되어 있다.

북쪽 바다에 물고기가 한 마리 있는데, 이름을 곤鯤이라 했다. 곤의 크기는 몇 천 리나 되는지 알 수가 없었다. 이것이 변하여 새가 되면 그 이름을 붕鵬이라 했다. 붕의 등도 그 길이가 몇 천 리인지 알 수가 없었다. 붕이 한 번 날아오르면 그 날개가 하늘에 드리운 구름과 같았다. 이 새는 바다에 태풍이 불면 남쪽 바다로 이동하게 된다. 남쪽 바다란 천지를 말한다. 『제해齊諧』라는 책에서는 "대붕大鵬이 남쪽 바다로 날아갈 때는 물을 쳐 올리게 되는데, 그 높이가 3,000리나 되고 회오리바람을 타고 9만 리나 높이 올라가 6월의 거센 바람을 안고 날아간다"라고 기록하고 있다. 아지랑이나 먼지 같은 것은 생명체가 숨을 쉬면서 서로 불어낸 것이다. 하늘이 파란 것은 그 본래의 색깔이 그러한 것일까? 또 그 거리에는 다함이 없는 것일까? 그곳에서 아래를 내려다보아도 역시 그러할 것이리라.

또한 물이 깊지 않다면 큰 배를 띄울 수 없을 것이다. 한 잔의 물을 작은 웅덩이에 부으면 배가 땅에 닿는데, 이는 물은 얕은데 배는 크기 때문이다. 바람이 쌓이되 두텁지 않다면, 그 역시 큰 날개를 떠받칠 힘이 없게 된다. 따라서 9만 리 정도는 올라가야 바람이 날개 밑에 쌓이게 되어, 거리낄 것이 없어진 뒤에야 붕은 남쪽으로 날아가게 된다.

매미와 작은 새가 그것을 보고 웃으며 말한다. "우리는 있는 힘을 다해 팔짝 뛰어 날아야 겨우 느릅나무 위에 올라 머물 수 있다. 때로는 거기에도 닿지 못하고 땅에 떨어지는데, 무엇 때문에 9만 리를 날아 남쪽으로 가는 것일까?" 가까운 교외로 나가는 사람은 세 끼 밥을 먹고 돌아와도 여전히 배가 부르겠지만 100리 길을 가는 사람은 전날 밤에 양식을 절구에 찧어 준비해야 하고, 1,000리 길을 가는 사람은 석 달 동안 양식을 모아 준비해야 한다. 그 작은 벌레가 그러한 사실을 어찌 알겠는가!

작은 지혜는 큰 지혜에 미치지 못하고, 수명이 짧은 것은 수명이 긴 것에 미치지 못한다. 하루살이는 새벽과 밤을 모르고, 쓰르라미는 봄과 가을을 모른다. 이것들은 수명이 짧기 때문이다. 초楚나라 남쪽에 장수하는 영험한 거북이 살았는데, 이 거북은 500년을 봄으로 삼고 또다시 500년을 겨울로 삼았다. 상고 시대에는 큰 참죽나무가 있었는데, 이 나무는 8,000년을 가을로 삼았다. 이것들은 수명이 긴 것들이다. 또한 팽조는 지금도 오래 사는 것으로 유명한데, 세상 사람들이 그와 견주려 한다면 그 또한 슬픈 일이 아니겠는가?

탕문자가 했던 말이 바로 이것이다.

"전하는 이야기에 따르면 극도로 황폐한 불모의 땅 북쪽에 바다가 하나 있는데, 이는 천연의 거대한 땅이다. 그곳에 물고기가 한 마리 살고 있는데 그 너비가 수천 리에 달하고 길이는 너무 길어 얼마인지 알 수 없다. 그 물고기의 이름은 곤이라 한다. 또 붕이라 불리는 새가 있는데 그 등이 태산만큼이나 크고 날개를 늘어뜨리면 하늘가에 색색의 구름이 드리워진 것 같다. 양 뿔을 두드리며 회오리바람을 일으켜 9만 리 높은 곳까지 날아가고 구름을 뚫고 올라가 푸른 하늘을 등에 지게 되는데 그런 다음에야 남쪽으로 날아 내려와 남해로 날아가게 된다."

척안(메추라기와 비슷한 새-역자주)이 이를 비웃으며 말하길, "너는 어디로 날아갈 생각이냐? 우리는 잔뜩 몸을 움츠렸다가 날아봤자 몇 자 안 되는 곳밖에 가지 못하고, 항상 풀 사이에 있게 되지만 이것이 우리가 날 수 있

는 가장 높은 수준이다. 그런데 너는 대체 어디로 날아갈 생각이냐?"라고
했다.

이것이 바로 크고 작음의 구별이다.

그러므로 지혜는 하나의 관직을 맡기에 족하고, 행동은 한 고을을 다스리
는 정도에 적당하며, 덕은 한 군주를 모시기에 알맞고, 능력은 한 나라의
신임을 받을 정도인 사람이 그 자신을 보는 것 역시 그러하다. 그러나 송영
자 같은 인물은 그런 것에 빙긋이 웃을 뿐이다. 그는 세상이 전부 들고일어
나 자신을 칭찬해도 우쭐하지 않고, 천하가 들고일어나 자신을 비난해도
상심하지 않는다.

그는 자신의 안팎의 구분이 명확하게 정립되어 있고, 영욕의 경계가 확연
히 구분되어 있기 때문에 그럴 수 있는 것이다. 그는 어떤 일에도 급급해하
지 않지만 최고의 경지에 이르렀다고는 할 수 없다.

열자列子[5]는 바람을 타고 표표히 돌아다니는데, 그 가벼운 모습이 얼마나
훌륭한지 모른다. 그는 천하를 주유하다가 보름이 지나면 돌아오곤 했다.
그는 복을 구하는 일에 급급해하지 않았고, 바람을 타고 다니기 때문에 걸
어 다니는 일은 면할 수 있었지만, 여전히 바람이라는 것에 의지해야 했다.
천지만물의 본성에 순응하고 음양의 기운의 변화를 타면서 드넓은 세계를
주유할 수 있다면 그가 무엇에 의지할 필요가 있겠는가? 그런 까닭에 품덕
이 가장 높은 지인至人은 외물에 의지하여 자기 자신을 잊을 수 있고, 신인
神人은 어떠한 공적도 추구하지 않으며, 성인은 아무런 공명功名도 기대하

---

5 전국시대 도가道家의 사상가로 전설의 인물이다. 『장자莊子』「소요유」편에 "열자는 바람을 타
고 하늘을 날았다"고 한 것으로 미루어 보아 장자가 허구로 가정한 인물로 추정된다.

지 않는 것이다.

혜자가 장자에게 말했다.

"위왕이 내게 큰 박씨를 주기에 그것을 심었더니 자라서 다섯 섬들이의 열매가 열리더군요. 하지만 그 열매는 도무지 사용할 수 없었습니다. 물을 담자니 무거워서 혼자 들 수가 없고, 쪼개서 바가지를 만들자니 펑퍼짐하고 얕아서 쓸모가 없었습니다. 크기만 컸지 아무 데도 쓸모가 없다는 생각이 들어 그것을 부숴버리고 말았습니다그려."

"선생께서는 큰 것을 쓰는 방법을 모르시는군요. 송나라에 손 안 트는 데 잘 듣는 약방을 갖고 있는 사람이 있었는데, 대대로 솜을 물에 빠는 일을 가업으로 삼고 있었습니다. 그러던 어느날 한 나그네가 그 말을 듣고 그 처방을 백금에 사겠다고 제의하자, 그가 가족들을 모아놓고 상의하면서 이렇게 말했다는군요. '우리가 대대로 솜을 빠는 일을 하고 있지만, 겨우 몇 푼 버는 데 불과했다. 단번에 이 기술을 팔아 백금을 벌 수 있으니, 그에게 팔도록 하자.'

나그네는 그 처방을 얻어서 오왕을 설득했습니다. 마침 월나라가 오나라를 공격할 때라 오왕은 그를 장수로 삼아 겨울철에 월나라 군사와 수전을 벌여 그들을 크게 대파했습니다. 오왕은 그의 공적을 치하하여 봉지를 내렸지요.

손을 트지 않게 하기는 마찬가지인데, 어떤 이는 이를 이용하여 봉지를 받았고, 어떤 이는 이를 이용하여 솜이나 빨게 된 이유는 그것을 쓰는 방법이 달랐던 데 기인한다고 할 수 있습니다. 결국 어떻게 사용하느냐에 따라 그 결과는 엄청난 차이를 보이는 것이지요. 선생께서 다섯 섬들이 박을 가지고 있다면, 어째서 그것을 큰 술통 모양의 배로 만들어 강이나 호수에 띄울 생각은 하지 않고 그것이 펑퍼짐하여 아무것도 담을 수 없다는 걱정만 하시는 겁니까? 역시 선생은 앞뒤가 꽉 막힌 양반이구려!"

"내가 있는 곳에 큰 나무가 하나 있는데, 사람들은 그것을 가죽나무라고 부르더군요. 그 큰 줄기는 혹투성이여서 먹줄을 칠 수도 없고 가지는 비비 꼬여서 자를 댈 수조차 없어 길가에 서 있는데도 목수들이 거들떠보지 않습니다. 지금 그대의 말대로 하자면 크기만 컸지 아무 소용도 없어 사람들이 거들떠보지 않는 것이겠군요."

"선생은 삵이나 너구리를 보지 못했습니까? 몸을 낮게 움츠리고 엎드려 있다가 돌아다니는 작은 짐승을 노려 이리 뛰고 저리 뛰고, 높고 낮은 데를 가리지 않고 빠른 몸을 놀려 먹이를 사냥하지요. 그러나 결국 덫에 걸리거나 그물에 걸려 죽고 말지요. 그런데 이우犛牛라는 큰 소는 그 크기가 하늘에 드리운 구름과 같아 얼마든지 큰일을 할 수 있지만 쥐는 잡지 못합니다. 지금 선생께서는 큰 나무가 있는데도 쓸모가 없다고 걱정하시는데, 어째서 그것을 아무것도 없는 곳이나 드넓은 들판에 심어놓고 그 곁에서 거닐거나 그 아래서 노닐다가 드러누워 잠을 잔다거나 하지 않는 겁니까? 그 나무는 도끼로 찍어도 일찍 죽지도 않을 것이고 어떤 사물도 그것을 해치지 못할 것이니, 아무 데도 쓸모가 없다는 것이 어째서 괴로움이 된다는 것입니까?"

이것이 장자의 관점이었다. 그는 세속적인 사람들이 항상 '기대하는 바가 있기' 때문에 자유롭지 못하고 소요유의 경지에 도달할 수 없는 것이라고 생각했다. 그러나 실제로는 이들 사이에 본질적인 차이는 없다. 크고 작음, 길고 짧음, 높고 낮음의 차이가 있을 뿐 귀천의 차이는 없는 것이다. 본질적으로는 누구나 '기대하는 바가 있기' 때문이다. 이른바 '천지의 정기를 타고 육기六氣[6]의 구별을 자유롭게 할 수 있으며 무궁한 곳까지 주유할 수 있는 자' 만이 진정한 소요유라 할 수 있는 것이다. 또한 지인과 신인, 성인들만이 이러한 경지에 도달할 수 있다.

이 글에서 장자는 곤붕이 3,000리를 날고 9만 리를 이동하는 것과 작은 새들이 고작 나뭇가지 사이를 옮겨 다니면서 항상 풀 사이에 머무는 것 사이의 엄청난 대비를 이용하여, 만물에 크고 작음, 지혜로움과 어리석음, 길고 짧음의 차이가 있음을 말하고 있다. 하지만 사물의 제한이 내부에 축적된 것이라 일정한 외부 조건에 의지해야만 활동할 수 있기 때문에 진정한 자유를 얻을 수 없고, 소요유의 경지에 이를 수 없음을 지적하고 있다. '기대하는 바' 가 없고 '행하는 바' 가 없어야만 진정한 소요유가 가능한 것이다.

장자가 이처럼 만물을 하나로 보고 시비와 생사를 하나로 보는 것은 대단히 심오하여 범인들로서는 도저히 이해할 수 없는 관점처럼 보일 수도 있다. 그러나 실제로는 신비할 것이 하나도 없다. 장자는 사물의 의미를 생각할 때 항상 큰 시스템 안에 놓고 고찰했던 것이다. 그리고 이 시스템은 부단히 확장될 뿐만 아니라 끝이 없을 정도로 광대하기 때문에, 그 구체적인 사물의 의미와 가치는 끝없이 축소되고, 무한대로 작아져 아무런 의미나 가치도 없는 존재가 되고 만다. 그러므로 인

---

6 중국 철학에서, 천지 사이에 있다는 여섯 가지 기운으로, 음陰, 양陽, 풍風, 우雨, 회晦, 명明을 이른다.

간의 생사와 시비, 만사와 만물이 아무 차이도 없게 되는 것이다. 이것이 장자의 철학을 이해하는 비결일 것이다.

장자의 철학은 이처럼 인간의 사상을 해방시키고 도량을 끝없이 확장시켜주기는 하지만, 인생을 하나의 놀이로 희화화함으로써 무가치한 것으로 오해하게 만들 소지를 가지고 있다. 이 점은 주의해야 할 것이다.

2장 | 연약함에서 강함을 얻다

7 │ 몸을 낮추어 더 큰 것을 얻다

한漢 왕조가 막 건립되었을 당시 북부 변경은 흉노가 자주 침략하여 위기에 처했으므로 커다란 우환으로 여겨졌다. 그러나 이를 해결할 방법이 없었다. 흉노는 기마 유목 민족이라 기동력이 뛰어나고 이동이 많아 일정한 정착지가 없었으며 심지어 고정된 국경도 없었기 때문에 한 민족의 농경 방식과는 커다란 차이가 있었다. 따라서 흉노의 세력이 그다지 크지 않았는데도 이에 방비하기가 쉽지 않았던 것이다. 그들은 우세한 기병의 전투력을 집중하여 한 지점을 공격함으로써, 한 왕조가 제대로 방비하지 못하고 대량의 인력과 물자를 소모하게 만들곤 했다.

서한 6년(기원전 201년), 한왕漢王 신信이 흉노에 투항했다. 그 이듬해에 유방이 흉노를 정벌하기 위해 북정에 나섰다가 백등에서 적군에 포위되어 7일 밤낮을 움직이지 못했다. 하마터면 유방은 그곳에서 목숨을 잃을 뻔했다. 이때 이후로 한 왕조는 더 이상 흉노를 우습게 보지 못했다.

당시 흉노는 세력이 강성하여 선우單于(흉노의 군주-역자주) 모돈은 40만 명의 기병을 보유하고 있었다. 그래서 흉노를 진압하는 것은 유방의 가장 큰 골칫거리가 되고 말았다.

기원전 199년, 북쪽 변경에서 끊임없이 경보가 날아오자 유방은 관내후 유경을 불러 변방의 일을 상의하게 되었다. 유경이 말했다.

"천하가 안정을 찾아가고 있는 이때에, 사졸들이 오랜 전쟁으로 지친 상태입니다. 때문에 또다시 군사를 일으켜 원정에 나서는 것은 결코 쉬운 일이 아닙니다. 게다가 흉노를 제압한다는 것도 어려운 일이지요. 저들은 일정한 거점이 없기 때문에 일시에 정복하기가 몹시 어렵습니다."

"무력을 사용하지 않고 승리할 수 있는 좋은 계책이 있겠소?"

"모돈 선우는 부친을 죽이고 족장이 된 인물이라 성정이 늑대처럼 사납고 호랑이처럼 잔인합니다. 애당초 인의의 도리를 말할 수 있는 상대가 못 되지요. 소신에게 한 가지 계책이 있긴 합니다. 자손 대대로 신하가 되게 만들 수 있는 책략이긴 하지만, 폐하께서 실행하실 수 있으실지 걱정됩니다."

"대체 어떤 계책인지 어서 말해보구려."

"화친의 책략을 쓰면 될 것입니다. 폐하의 적장 공주를 선우에게 출가시키시면 흉노의 선우는 폐하의 은총에 깊이 감동하여 공주를 기꺼이 알씨閼氏(흉노 군주의 처-역자주)로 삼을 것이고, 공주가 아들을 생산하면 그를 태자로 세우게 될 것입니다. 그리고 폐하께서 해마다 사람들을 보내 문안하고 선물을 하사하십시오. 그리고 저들을 예로써 교화하신다면 세월이 흐르면서 저들도 변하게 될 것입니다. 지금 흉노는 모돈의 천하인데, 그가 바로 폐하의 사위가 되는 겁니다. 장차 그 역시 세상을 뜰 것이고 폐하의 외손께서 선우로 즉위하게 되면 한나라를 더욱 두려워하고 존중하게 될 것입니다. 천하에 외손과 외조부가 싸우는 일이 어디 있겠습니까? 당연히 변경 지역이 안정과 평화를 되찾게 되겠지요. 이것이야말로 싸우지 않고 적을 굴복시킬 수 있는 장기적인 전략이지요."

유경의 책략을 들은 유방은 매우 일리 있는 생각이라고 판단했지만, 자신이 아끼고 사랑하는 딸을 오랑캐에게 출가시키고 싶지는 않았다. 그러자 유경이 다시 말했다.

"신이 한마디만 더 올리겠습니다. 폐하께서 큰공주를 아끼셔서 후궁의 여인 가운데 하나를 골라 공주로 삼은 다음 선우에게 보내신다면, 눈치가 빨라 이미 모든 것을 간파하고 있는 모돈은 폐하께서 자신을 속이려 한다고 생각할 것이 분명합니다. 흉노는 신의와 성실을 중시하기 때문에 이렇게 된다면 우리에게 아무런 이익도 없는 방향으로 흘러가게 될 것이고 큰일이 벌어지게 될 것입니다."

"그대의 계책을 따르는 것이 좋겠소. 국가를 위해서라면 딸이라도 희생해야 되겠지."

말을 마치고 후궁으로 돌아간 유방은 여후와 이 문제를 상의했다. 여후는 유방의 설명을 듣고 나서 펄쩍 뛰며 말했다.

"친자식이라 해야 아들 하나에 딸 하나인데, 어떻게 우리 딸을 흉노에 출가시킬 수 있단 말입니까? 게다가 폐하께서는 딸을 장오에게 시집보내기로 약속하시지 않았습니까? 폐하께서는 천자로서 어찌 약속을 깨려 하십니까? 소첩은 폐하의 명령에 따를 수 없습니다."

당시 여후에게는 권력이 없었지만 유방은 그녀의 견해를 매우 존중하고 있었다. 그는 여후가 고집을 부리며 승낙하지 않자, 하는 수 없이 종실의 처녀를 골라 장공주로 봉한 다음 유경을 시켜 흉노의 모돈 선우에게 출가시킴으로써 형제의 우의를 맺었다. 이로써 한 왕조와 흉노는 화친의 선례를 남기게 되었다. 그 이후로도 한 왕조는 여러 명의 공주를 흉노의 선우에게 출가시켜 화친을 맺었고, 그 가운데 가장 유명한 여인이 바로 왕소군이었다.

물론 한 왕조가 흉노에 대해 줄곧 소극적인 화친 정책만을 취한 것은 아니다. 전쟁도 자주 발생했고, 무제武帝 때에 이르러 국력이 강성해지자 비장군 이광이 나서 흉노를 제압했다. 나중에는 흉노 내부에서 반란과 권력 투쟁이 발생하여 점차 세력이 약화되었고, 변방을 침범하는 행위도 잦아들게 되었다.

왕의 마음을 돌리다

관중은 제나라 상국相國으로서 환공을 보좌하여 그를 춘추오패 가운데서도 우두머리로 만들었다. 그러나 환공은 관중이 세상을 떠난 뒤로 그만한 인재를 찾기 어려웠는데, 안영晏此이 그 자리를 이어받아 환공 이후의 두 군주를 보좌했다. 그의 능력은 관중에는 미치지 못했고 모든 일에 성공을 거둔 것도 아니지만, 일부 행동은 상당히 재미있는 면모를 보였다.

경공의 애첩인 영자가 세상을 떠나자 경공은 시신 옆을 지키면서 사흘 동안 아무것도 먹거나 마시지 않았다. 경공은 영자의 시신에 바싹 붙어 떠나려 하지 않았고, 좌우의 신하들이 만류해도 한사코 말을 듣지 않았다.

안영이 이런 상황을 전해 듣고는 경공을 찾아가 말했다.

"고명한 방사方士와 의원이 있는데, 그들 모두 영자가 세상을 떠났다는 소식을 듣고는 자신들이 고쳐서 살아나게 할 수 있다고 장담하더군요."

이 말에 경공은 눈을 번쩍 뜨고 몸을 일으켰다.

"정말로 영자의 병을 고칠 수 있단 말이오?"

"그들의 의술은 고명하기로 소문이 나 있지요. 그들을 불러다가 한 번 고쳐보게 하시는 것이 좋을 것 같습니다. 대왕께서는 먼저 목욕을 하시고 옷을 갈아입으시는 것이 바람직합니다. 그래야 저들이 귀신을 불러올 수 있을 테니까요."

경공이 자리를 뜨자 안영은 재빨리 사람들을 시켜 영자의 시신을 입관시켰다. 입관이 끝나자 안영은 다시 경공을 찾아가 말했다.

"의원도 영자의 병을 고칠 수 없다고 하더군요. 그래서 이미 시신을 입관시켰습니다. 이런 사실을 감히 말씀드리지 않을 수 없어서 이렇게 아뢰는 바입니다."

이 말에 경공은 금세 얼굴색을 바꾸면서 화를 냈다.

"선생은 의원의 이름으로 과인에게 명령하고는 과인이 시신을 보지도 못한 채로 염을 하여 입관하는 사실도 모르게 했소. 과인은 일개 군주일 뿐이구려."

"설마 대왕께서는 죽은 사람이 다시 살아 돌아올 수 없다는 사실을 모르시는 건 아니겠지요? 제가 듣건대 군왕의 처신이 단정해야 신민들이 순종하게 되고, 군주가 괴팍한 행동을 보이면 신민들이 거역할 수 있다고 들었습니다. 지금 대왕께서는 사물의 이치에서 벗어나 해괴한 행동을 하고 계십니다.

또한 대왕께서는 평소에 과실을 지적하는 신하들을 멀리하시고 비방과 악행을 일삼는 신하들만 가까이하셨습니다. 그래서 지금 이 나라에는 사악한 자들이 판을 치고 있습니다. 선왕이신 환공께서는 관중을 중용하신 덕택에 패자가 되셨지만, 나중에 간신인 수조를 총애하여 몰락하고 말았습니다. 지금 대왕은 현명하고 유능한 인재는 경시하면서 죽은 첩에 대해서는 이토록 애통해하십니다. 옛날의 성왕들도 사적인 감정에 구애되곤 했지만, 늘 적당한 선에서 그쳤지 이처럼 큰 영향을 받지는 않았습니다. 장사를 치를 때에도 지나치게 슬퍼하지 않았지요. 지나친 슬픔은 천성을 해치기 때문입니다. 영자는 이미 관에 들어갔고 의장도 다 갖췄으니, 더 이상 살아 있는 사람의 생활을 방해해선 안 될 것입니다.

부디 눈물을 거두시고 건강을 돌보시길 바랍니다. 시신이 부패하고 있는데도 장례를 지내지 않아, 살아 있는 사람들을 번거롭게 하고 감정이 천성을 방해하고 있으니 이것은 대왕의 과실이십니다. 이로 인해 제후와 다른 나라의 손님들은 우리나라에 오길 부끄러워할 것이고 대신들도 자신의 일을 부끄럽게 여길 겁니다. 이런 대왕의 태도를 존중하면서 어떻게 백성들을 다스릴 수 있겠습니까? 대왕의 욕심에 그대로 따른다면 나라를 지키는 일조차 힘들어질 것입니다. 제가 듣건대 시신이 부패하여 악취가 풍기게 되는 것은 사자에 대한 모욕이고 살아 있는 사람들에게도 치욕이라고 합니다. 이러한 태도는 성명한 군주의 본성에 위배되는 것으로서 백성들의 원성을 사기 쉽습니다. 제발 이런 사정을 두루 살펴 행동하시기 바랍니다."

"과인이 그런 이치를 몰랐구려. 지금이라도 선생의 말을 따르도록 하겠소."

"대소 관원들과 사방에서 온 제후들이 모두 밖에 있습니다. 상례를 치르는 곳이고 손님들의 눈을 의식하여 최대한 검소하게 하셔야 할 것 입니다."

공자는 이런 사실을 전해 듣고 안영을 평가하여 말했다.

"찬란한 별빛은 어두운 달빛에 비할 수 없고, 작은 일을 온전하게 하는 것이 큰일을 폐기하는 것보다 나으며, 덕 있는 자의 과실이 소인의 장점보다 강하다고 했는데, 이 말은 안영을 두고 한 말일 것이다."

덕인의 과실은 소인의 장점보다 강하다

오랜 기간 군주를 지낸 경공은 초기에는 패업을 이루고자 했지만, 그것이 좌절된 후로 의기소침하여 생활도 문란해지고 정치도 부패에 빠졌다. 한번은 그가 안영에게 물었다.

"자네는 늘 저잣거리를 다니니 어떤 물건이 귀하고 또 어떤 물건이 흔한지 잘 알겠군."

"용이 귀하고 신발이 흔합니다."

용이란 발을 잘린 사람이 사용하는 의족을 가리킨다. 당시 경공이 마구 형벌을 내리는 바람에 월형刖刑(발꿈치를 베거나 자르는 형벌-역자주)을 시행하는 일이 잦았다. 안영은 이것을 빌어 경공을 깨우치려 한 것이다.

또 한 번은 경공이 이렇게 물었다.

"나라를 다스리는 데 있어 걱정해야 할 것이 무엇인가?"

안영의 대답은 뜻밖이었다.

"가장 걱정해야 할 것은 지신묘의 쥐입니다."

"그게 대체 무슨 소리인가?"

"지신묘는 토지신을 모시는 곳입니다. 안에 통나무를 골조로 박고 바깥은 진흙을 발라 지은 건물이지요. 그런데 그 안에 사는 쥐를 퇴치하기가 여간 성가신 일이 아닙니다. 연기를 피워 몰아내자니 나무가 탈까 두렵고, 물을 부어 몰아내자니 장식이 훼손될까 두렵지요. 결국 쥐를 죽이지 못하는 건 그곳이 지신묘이기 때문입니다. 이런 사정은 나랏일에도 똑같이 적용됩니다. 임금 곁에 있는 간신이 바로 쥐와 같습니다.

그들은 안에서는 사람들의 이목을 어지럽혀 군주를 기만하고, 밖에서는 권세를 과시하며 백성들을 억압합니다. 그들을 몰아내지 않으면 분명 나라의 기강이 어지러워질 것입니다. 그러나 그것은 쉬운 일이 아닙니다. 그들을 심복으로 여기는 군주가 적극적으로 막기 때문이지요. 따라서 그들이야말로 지신묘의 쥐 같은 존재입니다."

안영이 다시 덧붙였다.

"어떤 술장수가 있었다고 합니다. 그는 특별히 깨끗한 그릇에 술을 담고 술집 앞에 높은 기를 세워 손님들을 끌었지요. 그런데 술이 다 쉬어터질 때까지 아무도 술을 사러 오지 않았습니다. 술장수는 무슨 까닭인지 궁금해 어느 날 이웃사람에게 물었습니다. 그 사람은 이렇게 대답했지요. '자네 집 개가 너무 사나워서 그렇다네. 손님이 가게에 들어가려고만 하면 그놈의 개가 달려들어 물어대니 누가 무서워서 술을 사러 오겠나?'

나라에도 이런 사나운 개가 있습니다. 임금 곁에서 정권을 쥐고 그 정권을 이용해 사리사욕을 채우는 소인배들이지요. 이들은 덕과 학문을 갖춘 선비가 군주를 도우려 하면 와락 달려들어 그를 물어버립니다. 그리고 얼토당토않은 말을 짖어대지요. 이것이 나라의 사나운 개가 아니고 무엇이겠습니까? 군주 곁의 신하가 쥐이고 정권을 쥔 소인이 개인데, 군주가 어떻게 속지 않을 수 있으며 어떻게 나라에 걱정이 없을 수 있습니까?"

안영의 기풍은 심지어 마부의 아내에게까지 영향을 주었다. 안영은 제나라의 재상이다 보니 공무가 매우 바빴고, 늘 여러 나라에 사신으로 다녔다. 외국에 나갈 때마다 그는 제나라의 위풍을 과시하기 위해 의장을 웅장하게 하고 많은 시종을 두었으며, 말 네 마리가 끄는 마차에 높은 덮개를 얹었다. 그러나 본인은 매우 검소한 차림을 했다.

안영의 마부는 높은 마차 덮개 아래에 앉아 득의양양하게 채찍을 휘둘렀다. 그 표정이 꼭 소인배가 뜻을 이룬 듯한 모양이었다. 그의 처는 남편이 견문과 학식도 짧고 장래성도 없음을 알고 그를 정신 차리게 하느라 여러 번 말다툼을 벌였다. 물론 그는 자신이 그렇지 않다고 생각하고 예전처럼 멋대로 행동했다. 마부의 처는 늘 문틈으로 남편이 마차를 몰고 나가는 모습을 훔쳐봤다. 그녀는 전혀 반성하는 빛이 없는 남편에게 화가 났다. 어느 날, 그녀는 집에 돌아온 남편에게 절을 하며 말했다.

"제가 못나서 귀인을 모실 수 없으니 이 집에서 나가겠어요."

"나는 재상의 마부로서 무서울 게 없는 몸이오. 대체 내게 무슨 불만이 있다고 그런 말을 하는 거요?"

"안영은 키가 6척밖에 안 되고 외모도 평범하지만 제나라의 재상으로 명성이 자자합니다. 그는 항상 겸손하고 조용하며 마음속에 깊은 포부를 지니고 있습니다. 그런데 당신은 키가 8척에 위풍이 당당하지만 고작 시종의 몸으로 마차나 모는 처지입니다. 그런데도 진취적이지도 않고 부끄러운 줄도 모르면서 목을 뻣뻣이 세우고 다닙니다. 저는 당신이 아무 희망 없는 사람임을 알았습니다. 이제 그만 당신 곁을 떠나렵니다."

마부는 그녀의 말을 듣고 부끄럽기 짝이 없었다. 그는 자신의 행실을 고치기로 마음먹었다. 그날 이후로 마부는 마차를 몰고 나갈 때마다 애써 자신을 자제하고 겸손하게 사람들을 대하여 안영의 덕을 빛냈다. 시간이 지난 뒤, 궁금해진 안영이 마부에게 어떻게 된 일인지 물었다. 마부는 사실대로 그에게 고했다. 안영은 그의 처가 평범한 사람이 아니며 뜻 있는 사람이라고 판단했다. 그래서 그 마부를 제나라의 대부로 추천하였다.

무리 없는 충언으로 왕의 신임을 얻다

경공에 대한 안영의 충고는 시간과 장소를 가리지 않았다. 그런데도 그는 경공의 신임을 받았다. 처벌을 받기는커녕 무사히 생을 마쳤고, 죽어서도 최고의 영예를 누렸다. 오늘날의 관점으로 보아도 기적과 같은 일이다. 당시는 정치적 상황이 매우 불안하고 제후국들 사이의 전쟁 또한 빈번했다. 때문에 군신 간에 신의를 지키는 일은 결코 쉽지 않았다. 한마디 실수로 목이 달아나고 멸족의 화를 입은 많은 신하들과 비교할 때, 그는 행운아가 아닐 수 없다.

사실 안영이 지켰던 재상의 도는 부드러움으로 강함을 제압하는 것에 지나지 않았다. 그는 부드럽고 온화한 방법으로 경공의 잘못된 행실을 바로잡았을 뿐이다. 더 많은 것을 고치려 했다면 그는 소기의 성과를 거두지 못했을 것이다. 그럼에도 불구하고 우리가 안영을 주목해야 하는 이유는 곧은 의지와 절개로 경공의 과오를 바로잡았다는 점이다. 그의 행동에는 적지 않은 용기와 희생을 감수하고자 하는 충의가 있었다.

경공의 음주는 밤낮의 구분이 없었다. 한번은 혼자 술을 마시다가 술자리를 안영의 집으로 옮긴 적이 있었다. 경공의 시종이 안영의 집 대문을 두드리며 외쳤다.

"군왕께서 납시었소!"

안영이 조정에 나갈 때 입는 예복을 차려입고 문가에 서서 물었다.

"제후들에게 무슨 변고라도 생겼습니까? 아니면 나라에 중대한 일이 생겼습니까? 그렇지 않다면 대왕께서 무슨 일로 야심한 시각에 저를 찾아오셨습니까?"

"좋은 술과 음악이 있어 선생과 같이 즐기려고 왔다네."

"자리를 깔고 제수를 차리는 일은 그 전담자가 있게 마련입니다. 저는 감히 거들지 못하겠습니다."

그의 말이 일리가 있다고 느낀 경공은 곧 부하들에게 명했다.

"사마양저司馬穰苴의 집으로 가자."

양저의 집에 가서 시종이 다시 대문을 두드렸다.

"군왕께서 납시었소!"

양저가 갑옷과 투구를 갖추고 문가로 나와 물었다.

"제후들이 군사라도 일으켰습니까? 아니면 대신 중에 누가 반란이라도 일으켰습니까? 그렇지 않다면 대왕께서 무슨 일로 야심한 시각에 저를 찾아오셨습니까?"

"좋은 술과 음악이 있어 장군과 같이 즐기려고 왔소."

"자리를 깔고 음식을 차리는 일은 그 전담자가 있게 마련입니다. 저는 감히 모시지 못하겠군요."

이번에도 경공은 일리가 있다고 느끼고 다시 부하들에게 명했다.

"양구거梁丘据(경공이 가장 총애하던 간신-역자주) 집으로 가자."

양구거의 집에 가서 시종이 또 대문을 두드렸다.

"군왕께서 납시었소!"

양구거는 왼손에는 거문고를, 오른손에는 피리를 들고 나타났다. 그는 노래를 부르며 경공을 맞이했다. 이를 본 경공은 단번에 흥이 나서 말했다.

"좋구나, 좋아. 코가 비뚤어지게 마셔보세. 안영, 양저 두 대신이 없으면 누가 나를 도와 이 나라를 다스리겠나? 또한 양구거 자네가 없으면 누가 나와 함께 놀아주겠나?"

안영에게는 관중과 같은 원대한 의지와 재략이 없었고, 관중처럼 경공을 위해 전체적인 관점에서 대업을 보좌할 만한 탁월한 능력도 없었다. 그러나 그는 최선을 다해 경공을 보좌했고, 자신이 말했던 것처럼 제나라가 망하지 않을 정도로만 역할을 다할 수 있었다.

안영의 재상으로서의 도리는 부드러움으로 강경함을 이기는 것이었다. 그는 관중의 뒤를 이어 재상의 직무를 수행하는 데 있어 무리가 없었다. 또한 경공의 부적절한 행동들에 대해서는 따끔한 지적을 통해 그것을 바로잡았다. 도리에서 벗어남이 없는 안영의 행동은 경공은 물론 제나라를 반석 위에 올려놓는 초석이 되었다.

8 │ 위진풍도로 화를 피하다

위진풍도魏晉風度는 중국 위진 시기에 발생된 일종의 특정한 인격 형태로서, 그 특징은 자유와 광적인 방탕, 탈속과 자연으로의 회귀라 할 수 있다. 이는 인간 본연의 생명력에 대한 강렬한 지향이자 추구로서, 생명의 찬란하고 아름다운 발전이다. 그래서인지 위진풍도는 후대 사람들에게 무궁한 영향을 남겼다.

중국의 위진 남북조 시기는 '혼란과 찬탈'의 시기로서 정치투쟁의 변화가 극에 달했고, 조금만 실수해도 화를 당하기 일쑤였다. 이런 시기에 고결한 인격을 보전하기 위해서는 다른 때보다 훨씬 큰 어려움과 위험에 직면해야 했다.

조조의 자손들은 유씨 종실로부터 황권을 탈취했지만 몇 년 지나지 않아 다시 빼앗겼다. 정시正始 10년(249년)은 사마의가 정변을 획책하여 조상의 삼족을 멸한 후였다. 나중에는 '사마소의 마음은 길 가는 행인도 알' 정도로 속셈을 드러내다가, 결국에는 조위 정권을 찬탈하여 진晉 왕조를 세웠다.

이 기간에 사마씨 집단은 사상에 대한 통제가 대단히 엄격했다. 이들은 당시의 지식인 사회에 대해 회유와 탄압의 정책을 동시에 구사했다. 당시의 유명한 '죽림칠현'도 처음에는 사마씨 집단에 협력하지 않았으나 나중에는 사마씨 집단에 의해 분열되고 와해되어 결국에는 전원이 귀순했고, 그 가운데 일부는 적당한 구실로 잔혹하게 살해되기도 했다.

완적阮籍은 죽림칠현의 유명한 인물로서 당시의 모든 사람들이 우러러보는 명망가였다. 물론 그는 사마씨 집단의 행동과 태도가 눈에 찰 리 없었고 그들에게 협력할 마음도 없었다. 그는 기질이 호방하고 성격이 고고하면서도 오만하긴 했지만, 모든 사람들이 두려워하는 분위기 속에서도 '지극히 진지하고 성실하며' '입에 거짓을 숨기지 않는' 책략을 유지했다. 그래서 사마씨 집단도 그에게 무엇인가 조치를 취할 구실을 찾을 수 없었다.

조상이 전권을 장악하고 있을 때 완적은 참군으로 부름을 받았으나 병을 핑계로 사양하고 시골에 은거했다. 1년이 조금 지나 조상이 죽임을 당하자, 사람들은 하나같이 그의 선경지명에 찬탄을 금치 못했다. 그는 자신의 모든 감정을 자연에 묻어두고 조정의 부름에 대해 일절 응하지 않았을 뿐만 아니라 반응도 하지 않았다. 그러다가 나중에 사마씨가 권력을 장악하게 되자, 그는 고압적인 정책에 굴복하여 권력을 가진 자들의 박해를 피하기 위해 관장에 나가 하급 관직을 맡게 되었다. 그러나 '몸은 관직에 있으면서도 관직을 맡고 싶은 마음이 없어' 일을 멍청하게 처리했다. 실제로 그가 이런 태도를 보이는 것은 내심을 드러내지 않기 위한 것으로, 사마씨 집단으로 하여금 자신이 허명무실한 학자에 불과하다는 인식을 갖게 함으로써 의심과 시기를 면하기 위한 것이었다.

완적은 술을 좋아한 것으로 유명하다. 그는 어려운 문제를 만날 때마다 술에 취해 깨어나지 않음으로써 시비를 피하곤 했다. 그러나 그럴수록 그의 명성은 커지기만 했다. 사마소는 완적의 명망이 매우 높은 것을 보고는 권력을 이용하여 그를 자신의 진영으로 끌어들이려 했다. 그리하여 그는 완적에게 사람을 보내 자신의 아들 사마염과 완적의 가문 사이에 친족 관계를 맺으려 했다. 두 사람이 친척이 되면 완적은 황하에 뛰어든다 해도 피할 길이 없었다. 이 소식을 들은 완적은 두려움에 몸을 떨었다. 그는 사마씨와 혼인의 연을 맺고 싶지 않았지만 일언지하에 거절할 경우 목숨이 위태로울 것 같았다. 그래서 사마씨가 자기 집으로 관원을 보낸다는 소식을 듣자마자 진탕 술을 마셔 인사불성이 되어버렸다.

관원이 도착해보니 그는 술에 취해 깊은 잠에 떨어져 있었고, 아무리 흔들어대고 소리를 질러도 깨어나지 않았다. 얼마 후에는 사마소가 직접 찾아왔지만 그때도 마찬가지였다. 사마소가 다음날 다시 찾아와도 마찬가지였다. 며칠을 계속 찾아와도 완적의 태도는 변하지 않았다. 사마소는 줄곧 입을 열 기회를 얻지 못해 혼사는 없던 일이 되고 말았다.

이 일 때문에 완적은 60일 동안 술에 취해 있었고, 덕분에 난관을 무사히 넘길 수 있었다. 그러나 수많은 사람들이 그를 해치려 호시탐탐 노리고 있었다. 종회는 나쁜 마음을 먹고 여러 차례 완적을 찾아와서는 그에게 몇 가지 질문을 던졌다. 그의 답변에서 뭔가 꼬투리를 잡으려는 의도에서였다. 그의 의도를 알아차린 완적은 그가 도착하자마자 술을 권하면서 자신도 술을 마시기 시작했다. 함께 주거니 받거니 술잔을 나누면서 이야기를 나누다 보니 둘 다 얼큰하게 취했지만 하고자 했던 이야기는 한마디도 꺼내지 못한 상태였다. 결국 종회는 그를 어떻게 해볼 도리가 없었다. 종회는 이런 식으로 여러 차례 그의 약점을 잡으려 했지만 끝내 아무 소득도 얻지 못했다. 이로써 완적은 음해를 피할 수 있었다.

한번은 완적이 보병 병영의 주방장 하나가 술을 잘 빚는 데다 300곡斛[7]의 술을 비축하고 있다는 소문을 듣게 되었다. 술이 탐난 그는 자발적으로 병영으로 찾아가 보병 교위가 되었다. 그 후로 사람들은 그를 완 보병이라 부르기 시작했다. 그러나 사실 그가 교위가 된 것은 술이 탐나서가 아니라 당시의 잔혹한 정치 투쟁을 피하기 위한 것이었다.

그러나 정치 투쟁의 소용돌이 속에서 자신을 온전히 보전한다는 것은 힘든 일이었다. 사마소가 황제로 즉위할 당시 완적은 문재가 가장 뛰어났고 명성도 높았다. 즉위 조서를 그가 쓴다면 천하의 선비들에게 호소력이 있을 것이라고 판단한 사마소는 그에게 즉위 조서를 쓰게 했다. 조서를 쓰고 싶은 마음이 없었던 완적은 여러 차례 미루면서 쓰지 않고 있다가 관원들이 줄기차게 찾아와 재촉하는 바람에 결국 하고 싶

---

7 곡식의 분량을 헤아리는 데 쓰는 그릇의 하나로 스무 말 들이와 열닷 말 들이가 있다.

지 않아도 하고 말았다. 그러고는 울분은 이기지 못해 조서를 쓴 지 얼마 지나지 않아 세상을 떠나고 말았다.

음주로 속세의 예속을 피하다

죽림칠현 가운데 음주로 가장 유명한 인물은 유령이었다. 그는 시를 무척 잘 썼을 뿐만 아니라 술 마시는 것을 너무 좋아하여 음주를 노래한 「주덕송酒德頌」이란 글을 쓰기도 했다. 때문에 후대 사람들은 그를 문인 중의 주선酒仙이라 칭하기도 했다.

유령은 신체가 왜소하고 용모가 준수하지 못했다. 또한 성격도 까다롭고 내성적이라 사람들과 쉽게 사귀지 못했고, 완적과 혜강 같은 인물들하고만 교우하면서 자주 두 친구를 데리고 죽림을 찾곤 했다. 또한 그의 성정에는 호탕한 면도 없지 않아 재산이 적고 많음을 따지지 않았고, 평생 좋아한 것이라고는 술밖에 없었다. 그의 생명은 이미 술과 완전하게 결합되어 있었다. 그는 항상 수레에 앉아 허리춤에 술병을 하나 찬 채 동자에게 삽을 한 자루 들고 수레 뒤를 따르게 하면서 분부했다.

"내가 술 마시다가 죽거든 그 자리에 땅을 파고 나를 묻도록 해라. 제발 속세의 예속에 구애되지 말거라."

죽림칠현의 다른 성원들과 마찬가지로 그는 속세를 대단히 천시했고, 그 표현 방식은 '탕왕과 무왕을 우습게 여기고 주공과 공자를 부정했던' 혜강보다도 격렬했다. 그는 술에 취해 마음대로 방랑했고, 기분대로 모든 일을 행하면서 어떤 것에도 구속되지 않았다. 때로는 집에서 술을 마시다가 신이 나면 옷을 벗어던지고 알몸으로 혼자서 미친

듯이 춤을 추기도 했다. 한번은 그가 술에 취해 한참 신이 나서 춤을 추고 있을 때 사람들이 그의 집 안으로 들어오다가 옷을 홀랑 벗은 그의 모습을 보고는 체통이 서지 않는다고 비웃었다. 유령은 조금도 부끄러워하지 않고 오히려 자신을 비웃는 사람들을 조롱했다.

"천지가 나의 집이고 집은 나의 옷인데, 그대들은 남의 옷 안에 들어와 무슨 짓을 하려는 것이오?"

사람들은 낭패만 당하고 황급히 발길을 돌려야 했다.

유령은 음주가 지나쳐 자신의 건강을 해쳤고, 노상 술병을 앓았다. 그러면서도 목이 마를 때면 아내에게 술을 달라고 졸랐다. 화가 난 아내는 술을 전부 쏟아버리고 술잔과 주전자도 전부 불태워버린 다음 울면서 말했다.

"서방님께서는 술을 너무 많이 드십니다. 이건 양생養生의 도가 아니에요. 이제 그만 술을 끊으세요."

"그래야겠소. 술을 끊는 게 좋겠소."

그의 말을 믿을 수 없었던 아내는 귀신에게 맹세를 해야 믿을 수 있을 것 같다고 말했다. 유령이 아내에게 말했다.

"좋소! 그럼 당장 술과 고기를 준비하도록 하시오. 귀신에게 제사를 올리면서 맹세하도록 하겠소."

아내는 그의 말을 믿고 술과 고기를 준비한 다음 어서 귀신에게 맹세하라고 재촉했다. 이에 유령은 무릎을 꿇고서 제사를 올리며 귀신에게 말했다.

"천생天生 유령은 술로써 이름을 얻었습니다. 한번 마셨다 하면 한 말을 마셨고, 다섯 말을 마셔야 취할 수 있었습니다. 그러나 아내의 말에 신중하게 귀를 기울이지 않을 수 없을 것 같습니다."

이렇게 말하고 나서 유령은 아내가 준비한 술과 고기를 전부 먹어치우고 또다시 취하고 말았다.

유령을 비롯한 죽림칠현은 보통 술꾼들과 달랐다. 이들은 술을 빌어 현실의 잔혹한 정치 투쟁에서 벗어나려 했고, 음주의 광기를 통해 현실에 대한 불만과 분노를 표출하려 했으며, 술로써 마음속의 비극 의식을 표현하려 했다. 한마디로 말해서 술은 이들의 내면의 생명과 완전히 결합되어 있었고, 또한 술에게 성명聖明한 품격을 부여했다. 때문에 술 향기 그윽한 위진의 풍도는 후대 문인들이 추구하는 인격의 모델이 되기도 했다.

위진풍도의 삶을 산 사람들

왕희지王羲之는 동진의 유명한 서예가이자 위진 시기의 명사로서, 그의 서예 작품은 중국 서예사에서 가장 높은 지위와 영향력을 지니고 있다. 심지어 중국 서예의 기초를 닦은 인물이라 해도 과언이 아니다. 그의 서예는 다양한 풍격風格과 아름다움을 지니고 있고, 고전과 당대를 망라하면서 한위漢魏 이래 예서의 소박함을 바탕으로 하여 위진 시기의 문화적 품격을 가장 잘 반영할 수 있는 아름답고 유려한 새로운 서체를 창조해냈다. 후대 사람들은 이러한 그의 작품을 일컬어 '성서聖書'라 칭하기도 한다.

왕희지는 사도司徒인 왕도의 사촌 조카로 동진東晋의 가장 명망 있는 사족이었다. 동진 시기의 가장 대표적인 사족으로는 왕도와 사안을 들 수 있다. 당시 태위인 치감에게 재주와 용모가 출중한 딸이 하나 있

있는데 치감은 적당한 기회를 잡아 자신의 딸을 왕씨 집안으로 시집보내려 했다. 딸을 위해 유능한 남편감을 구해주려 했던 것이다.

하루는 그가 문객을 왕도의 집으로 보내 사윗감을 고르게 되었다. 왕도 집안의 후보자들은 치감의 딸이 미모와 재주가 뛰어나다는 사실을 일찌감치 들어 알고 있던 터라 앞다투어 모여들었다. 왕도는 치감의 문객을 데리고 가서 조카들을 하나하나 소개해주었다. 왕가의 청년들은 마침 제각기 일하고 있다가 왕도가 낯선 사람을 하나 데리고 들어오는 것을 보고는 호기심 어린 눈으로 바라보았다. 처음에는 무슨 일인지 몰랐다가 나중에야 태위의 문객이 사윗감을 고르러 온 것이라는 사실을 알게 되자 일제히 옷매무새를 가다듬고 앉아 단정한 태도로 문객의 질문에 공손하게 대답했다.

치감의 문객 역시 명사의 체통과 품격을 지닌 사람이라, 청년들이 하나같이 속물들이고 단 한 명만 다른 면모를 보이고 있음을 간파하게 되었다. 이 청년은 손님이 찾아온 것에 전혀 개의치 않았고, 문객이 사윗감을 고르기 위해 왔다는 사실조차 모르고 있는 것 같았다. 그는 여전히 상탑에 앉아서 먹던 음식을 계속 먹으면서 태연한 자세를 보였다.

태위의 부중으로 돌아간 문객이 치감에게 말했다.

"왕가의 젊은이들은 하나같이 괜찮았습니다. 그런데 제가 대인의 사윗감을 고르기 위해 왔다고 하니까 전부들 태도가 달라지면서 무척 공손하고 삼가는 자세를 보이더군요.

그런데 한 청년만 아무렇지도 않다는 듯이 태연하게 하던 식사를 계속하고 있었습니다. 마치 그 청년만 제가 사윗감을 고르러 왔다는 사실을 모르는 것처럼 말입니다."

문객의 말을 듣고 나서 치감이 흐뭇한 표정을 지으며 말했다.

"그 청년이 내가 원하던 인물일세."

그 청년이 바로 왕희지였다.

치감은 기쁜 마음에 서둘러 자신의 딸을 그에게 시집보냈다.

벼슬길에 들어선 왕희지는 백성들을 매우 사랑했고, 진지한 자세로 정치에 임했다. 관직이 우군 장군을 거쳐 회계 내사에 이르게 되었으나 나중에는 상사와 마음이 맞지 않아 사직했고, 다시는 관직에 오르지 않겠다고 맹세했다. 이때부터 그는 자연에 마음을 기탁한 채 은사로서 소요하는 생활을 했다. 그가 59세를 일기로 세상을 떠나자 조정에서는 그에게 금자광록대부라는 관함을 내렸지만, 죽기 전에 남긴 유지에 따라 이를 받아들이지 않았다.

사실 위진풍도에는 다양한 분야가 포함된다. 위진풍도의 또 다른 일면을 살펴보자.

왕헌지王獻之는 소년 시절부터 서예로 명성을 날리기 시작했다. 그의 서도는 부친 왕희지 세대의 풍격을 이어받은 데다 자신만의 고유한 창조성이 더해져 웅장하면서도 표연한 기풍을 나타냈다. 사람됨도 부친과 유사한 점이 많아 성격이 호방하고 의지가 원대했으며 모든 일처리에 신중하면서도 너그러웠다.

서예를 익히는 과정에서도 왕헌지의 이러한 성격이 그대로 반영되었다. 왕헌지는 아직 일고여덟 살밖에 안 된 나이에 서예를 시작했다. 어린 나이에도 배우는 자세가 대단히 진지했다. 한번은 그의 부친 왕희지가 서예를 연습하는 광경을 보고는 그가 눈치 채지 못하도록 살그머니 등 뒤로 다가갔다. 그런 다음 그가 손에 쥐고 있는 붓을 세게 잡아 빼앗으려 했지만 결국 빼앗지 못했다. 어린아이가 이처럼 힘이 센 것을 보고 부친인 왕희지는 놀라움을 금치 못했다. 그러나 왕헌지는 조금도 놀라는 기색을 보이지 않았고 여전히 붓을 손에 쥔 채 뒤를 돌아보며 부친인 것을 확인하고는 무슨 일이냐고 묻는 것이었다.

또 한번은 왕헌지가 큰 붓을 손에 들고 벽에다 한 척 크기의 큰 글자를 쓰고 있었다. 사람들은 어린아이가 큰 글자를 쓰는 것을 보고는 놀라움을 금치 못하며 우르르 몰려들어 구경했다. 나중에는 구경하는 사람들이 수백 명에 달해 왕헌지를 물샐 틈 없이 완전히 에워싸게 되었다. 그러나 왕헌지는 태연한 자세로 옆에 아무도 없다는 듯이 열심히 글씨를 써 내려갔다. 왕희지는 아들의 글씨에 힘과 기개가 넘치는 것을 보고는 장차 대성할 것임을 예감할 수 있었다.

당시 조정에서 큰 권력을 쥐고 있던 환온이 왕헌지를 불러 부채에 글씨를 써달라고 부탁한 적이 있었다. 붓을 쥐고 글씨를 쓰던 왕헌지가 실수로 붓을 놓쳐 부채 위로 떨어지고 말았다. 다른 사람 같았으면 당황하여 어쩔 줄 몰라 했겠지만, 왕헌지는 재빨리 임기응변을 발휘하여 아무 일 없었다는 듯이 몇 획을 긋자마자 부채 위에는 마치 살아 있는 듯한 검은 물소의 형상이 그려졌다. 여백에 몇 자를 적으니 그림과 글씨가 한데 어우러지면서 절묘한 서화가 되었다. 이를 본 환온은 감탄을 금치 못하며 찬사를 연발했다. 왕희지도 아들의 일처리가 이처럼 침착하고 자연스러운 것을 보고는 감탄하여 말했다.

"이 아이는 장차 크게 명성을 날리게 될 것 같군!"

어느 날 밤, 왕헌지가 침상에 누워 막 잠이 들려는 순간 도둑 몇 명이 그의 방으로 숨어 들어왔다. 왕헌지는 속으로 몹시 놀랐지만 잠든 척하면서, 물건을 훔치는 도둑들의 일거일동을 유심히 지켜보았다. 그러다 도둑들이 막 방을 빠져나가려는 순간 침착하게 말했다.

"이보게, 도둑 친구들. 그 융단은 우리 집의 가보로 전해 내려오는 것이긴 하지만 자네들에게는 별 쓸모가 없을 걸세. 그러니 그냥 두고 가도록 하게."

도둑들은 누군가 자신들의 거동을 지켜보고 있는 줄은 꿈에도 생각지 못하고 있다가 왕헌지의 한마디에 너무 놀라 물건을 전부 내려놓고 황급히 달아났다.

왕희지와 사안은 사이가 좋은 데다 사돈까지 맺은 상태였다. 한번은 왕헌지가 휘지, 조지 등과 함께 사안을 찾아갔다. 사안은 이들을 깍듯한 예로 맞아들였고 두 형은 사안과 그 집의 다른 손님들과 어울려 한담을 나누었다.

그러나 이들이 주고받는 이야기는 그다지 중요하지 않은 사소한 이야기라 왕헌지는 아무 재미도 느끼지 못했다. 그는 몇 마디 장단을 맞추다가 줄곧 입을 다문 채 사람들의 이야기에 무관심한 표정으로 한쪽에 앉아 있었다.

왕가의 세 형제가 돌아가자 손님들과 사안은 이들에 대한 평론을 주고받기 시작했다. 어떤 사람은 휘지의 언사가 매우 유창하고 부드러운 것이 탁월하다고 말했고, 어떤 사람은 조지의 일거수일투족이 하나같이 뛰어난 인재임을 말해주고 있다고 칭찬했다. 인물에 대한 품평이 성행했던 당시에 사안은 인물을 평하는 데 뛰어난 통찰력과 변별력으로 정평이 나 있었고, 그의 칭찬을 받는 사람은 한순간에 몸값이 100배로 치솟곤 했다. 그는 왕가王家의 세 형제 가운데 나이가 가장 어린 헌지에 대해 가장 좋은 평가를 내림으로써 다른 손님들을 놀라게 했다.

손님들이 그 이유를 묻자 사안이 설명했다.

"대개 상서로운 인물은 말을 많이 하지 않는 법이오. 헌지가 말 수가 적고 과묵한 것을 보고 나는 그가 장차 크게 될 인물이라는 것을 확신하게 되었소."

과연 왕헌지는 부친 왕희지와 함께 '이왕二王'이라 불리며 세인의 존경을 받았고, 부친과 마찬가지로 후대 지식인들로부터 칭송과 사랑을 받았다.

완적과는 달리 고대 중국의 수많은 은사들은 화를 피해 자신을 보전할 수 있었다. 동한 시기의 법진法眞 역시 그런 인물들 가운데 하나였다. 법진은 자가 고경으로 부풍 출신이었다. 그의 부친 법웅은 일찍이 남군 태수를 지낸 바 있다.

법진은 어려서부터 학문을 좋아하여 제가백가의 학설을 두루 섭렵했고, 학문이 넓고 깊어서 당시 관서 지역의 대표적인 대학자로 자리 잡고 있었다. 당시의 상황에 따르면 명문 세가 출신인 그는 원한다면 얼마든지 벼슬을 할 수 있었다. 그러나 성정이 조용하고 욕심이 없었던 그는 정치에 참여하기를 원치 않았고, 그럴수록 명성은 높아만 갔다. 부풍군 군수는 오래전부터 명성을 들어온 터라 그를 한번 만나보고 싶어 했다. 법진은 이를 거절할 수 없어 그를 찾아가 배알했다. 군수가 그에게 말했다.

"춘추시대에 노魯나라 애공이 현군은 아니었음에도 불구하고 공자는 그의 신하를 자처한 바 있습니다. 지금 나는 덕이 부족하고 헛된 이

름만 있을 뿐입니다. 우리 군에 오셔서 공조의 직무를 맡아주셨으면
하는 부탁을 선생께 드리고자 하는데, 선생의 생각은 어떻습니까?"

군수는 그를 공자에 비유하면서 관직에 모시려 한 것이었다. 이는
법진에 대한 당시의 평가가 어느 정도였는지를 여실히 말해주는 것이
었다. 그러나 법진은 관리가 되고 싶지 않았다.

"군수께서 저를 예로써 대해주시니 감사할 따름입니다. 차라리 저
는 군수의 빈객이 되고자 합니다. 군수께서 제게 관직을 고집하신다
면 저는 북산의 북쪽이나 남산의 남쪽으로 숨어들 수밖에 없을 것 같
습니다."

이 말에 군수는 더 이상 관직을 강요하지 않았다. 나중에 조정에서
그의 현량함을 높이 평가하여 관직을 내리려 했지만, 그때도 법진은
받아들이지 않았다.

같은 군에 사는 전약이란 사람이 그의 학문과 품덕을 높이 평가하여
여러 차례 그를 천거했다. 한번은 순제順帝가 서쪽 지방을 순시하게
되었을 때 전약은 이 기회를 놓치지 않고 법진을 천거했고, 이에 순제
는 네 차례에 걸쳐 그를 불렀다. 법진은 나아가지 않았을 뿐만 아니라
오히려 깊은 곳으로 은둔하여 끝내 모습을 드러내지 않았다. 법진의
친구 곽정이 그를 칭찬하여 말했다.

"법진은 이름이 널리 알려져 있지만 그 누구도 모습을 볼 수가 없
어. 본인은 이름을 날리고 싶지 않은데도 항상 명성이 그를 따라다니
고, 공명을 피해도 공명이 그를 놓아주지 않아. 그는 진정한 백세의 선
비라고 할 수 있지."

법진이 살았던 동한 후기는 조정 내에서 환관과 외척들의 권력투쟁

이 격렬했고 당고黨錮의 화[8]가 끊이질 않았으며 이로 인해 목숨을 잃은 사람이 부지기수였다. 그러나 법진은 끝까지 관직을 거부한 덕분에 89세의 고령으로 아름다운 생을 마감할 수 있었다.

이처럼 숨어 지내면서 입신에 성공한 사례는 동한의 인사들 가운데 매우 찾아보기 어려운 사례였다.

---

8 중국 후한의 환제, 영제 때에 환관들이 정권을 장악하여 국사를 마음대로 하자 진번, 이응 등의 학자와 태학생들이 환관들을 탄핵하였으나, 도리어 환관들이 이들을 종신 금고에 처하여 벼슬길을 막아버린 일.

9 | 도량과 책략으로 안정을 꾀하다

위진 시대의 기풍은 역대 모든 지식인들이 추종해 마지않는 것이었지만, 이를 본받으려 해도 그 방법을 체득하기가 쉽지 않았다. 당시 지식인들의 삶과 행적을 기록한 『세설신어世說新語』에는 「아량雅量」이라는 편장이 있어 위진 시기 선비들의 넓은 도량을 자세히 기술하고 있다. 전하는 이야기에 의하면 그 가운데 가장 유명한 인물이 사안謝安이었다고 한다.

사안은 어떤 일에도 놀라거나 당황하지 않고 항상 당당하고 태연한 태도를 잃지 않았다. 한번은 그가 친구들과 함께 배를 타고 바다 위를 유람하게 되었다. 그런데 갑자기 풍랑이 일기 시작하더니 하얀 물보라가 배를 덮쳤다. 배가 몹시 흔들리고 배 안에 있는 물건들이 마구 뒹구는 바람에 배에 타고 있던 사람들이 하나같이 파랗게 질린 얼굴로 감히 움직이지도 못하고 있었지만, 사안은 아무렇지도 않은 듯이 태평한 얼굴로 바람을 향해 신나게 노래를 불러댔다. 그러면서 있는 힘을 다해 노를 저어 앞으로 나아갔다. 광풍이 더욱 거세지자 선부들만 있는 힘을 다해 노를 젓고 있었고, 나머지 사람들은 겁이 나서 움직이지 못하면서도 체면을 생각하여 감히 돌아가자는 말도 하지 못하고 있었다. 이때 사안이 차분한 어투로 말했다.

"이런 날씨에 어디 배를 저어 놀 수 있겠소? 오늘은 이만 돌아가도록 합시다."

선부들은 그제야 뱃머리를 돌려 부지런히 노를 젓기 시작했다. 모두들 어려움에 닥쳐도 전혀 놀라거나 당황하지 않는 사안의 기개와 도량에 탄복을 금치 못하면서, 장차 나라를 다스리는 데는 사안이 없어서는 안 될 것이라고 말했다.

동진東晉 영강寧康 원년(373년), 간문제簡文帝인 사마욱이 죽고 효무제孝武帝인 사마요가 막 즉위했을 때였다. 오래전부터 황제의 자리를 노리고 있던 대사마 환온은 군사들을 이동시키면서 자신의 권력을 과시하는 한편, 기회를 틈타 황위를 찬탈하려고 했다. 그는 군사를 거느리고 신정에 주둔하고 있었다. 신정은 경사인 건강 근교에 위치한 성으로, 지리적으로 강과 가까울 뿐만 아니라 산을 등지고 자리 잡고 있어 군사와 교통의 요충지였다. 환온이 대규모 군대를 거느리고 이곳에 주둔하게 되자 조정에서는 자연히 두려워할 수밖에 없었다.

당시 조정에서 큰 희망을 걸 수 있었던 사람은 이부상서 사안과 시중인 왕탄지 두 사람뿐이었다. 그러나 왕탄지는 과거에 환온의 권력 찬탈을 저지한 적이 있어서 그에 대해 두려운 마음을 가지고 있었다.

간문제는 임종에 앞서 남긴 유서에서 주공이 섭정했던 선례에 따라 대사마 환온에게 나라를 다스리게 할 것을 당부하면서 이렇게 말했다.

"짐의 아들을 보좌해준다면 가장 좋겠지만, 만일 보좌할 수 없다면 경이 모든 일을 도맡아서 처리하도록 하시오."

왕탄지는 간문제가 남긴 조서의 초고를 읽자마자 간문제의 면전에서 이를 갈기갈기 찢으면서 노기등등한 표정으로 말했다.

"이 천하는 선제宣帝(사마의)와 원제元帝(사마예)의 것인데, 어찌 폐하께서 사사로이 다른 사람에게 천하를 맡기실 수 있단 말입니까?"

그의 말에 일리가 있다고 판단한 간문제는 그 자리에서 조서의 내용을 고치게 했다.

"집안과 나라의 대사는 모두 환온이 주관하되, 옛날 제갈량이나 왕도가 어린 황제를 보좌했던 일을 본받도록 하시오."

이처럼 왕탄지의 한마디 때문에 환온은 황제가 되지 못했다. 그런데 이제 환온이 대군을 거느리고 경사 가까이 주둔하게 되자 경사에서는 의론이 분분했다. 이들은 환온이 군대를 이끌고 찾아오는 이유가 어린 황제를 폐위하거나 왕탄지와 사안을 죽이기 위한 것이라고 추측했다. 이에 왕탄지는 마음이 불안하여 안절부절 못했다.

반면에 사안은 사람들의 말을 듣고도 아무런 걱정도 없이 평소처럼 편안하게 지냈다. 사실 그는 정서 대장군 환온의 수하에서 사마를 지낸 적도 있었고, 환온 또한 사안이 자신의 권력 찬탈에 가장 큰 장애라는 것을 알고 있었다. 사안 역시 자신이 환온에게 어떤 존재인지를 알고 있었다. 사람들이 추측했던 대로 환온의 목적은 왕탄지와 사안을 제거하는 것이었다. 얼마 후 환온은 왕탄지와 사안에게 사람을 보내서 신정에서 만날 것을 제안했다.

왕탄지는 환온의 통지를 받자마자 어쩔 줄 몰라 하며 황급히 사안을 찾아 대책을 강구하려 했다. 반면에 사안은 아무런 마음의 동요를 나타내지 않았고 여느 때와 마찬가지로 편안하게 지내고 있었다. 표정도 죽음을 눈앞에 둔 사람 같지 않았다. 왕탄지가 사안에게 물었다.

"이번에 환온이 군대를 이끌고 경사로 온 것을 보면 좋은 일은 아닌 것 같습니다. 지금 우리 두 사람을 신정에서 만나자고 하는데, 갈 수는 있어도 돌아올 수는 없을 것 같군요. 공께서 보시기에는 어떻게 대처하는 것이 좋을 것 같습니까?"

사안이 웃으면서 말했다.

"대인과 나는 나라의 봉록을 받으면서 나라를 위해 일하고 있습니다. 진쯉 왕조의 존망은 우리가 이번 일에 어떻게 대처하느냐 하는 데 달려 있지요!"

말을 마친 사안은 왕탄지의 손을 잡고 곧장 신정으로 달려갔다. 조정의 관리들 가운데 이들과 동행한 사람들도 적지 않았다. 신정에 도착한 사안과 왕탄지는 환온의 정연한 군영과 숙연한 대오에 긴장하지 않을 수 없었다. 환온이 거처하고 있는 곳에 가까이 다가가자, 명망이 높은 관리들은 환온의 비위를 거스르지나 않을까 두려워 멀리서부터 환온에게 인사를 올리느라 정신이 없었다. 불안감에 전전긍긍하는 이들은 이미 안색이 하얗게 질려 있었다. 왕탄지도 식은땀을 흘리면서 겨우 환온의 면전에 다가가 그에게 정중히 예를 올렸다. 그러나 사안만은 여전히 태연자약하게 행동하면서 표정이나 태도에 전혀 흐트러짐이 없었다. 환온에게 가까이 다가간 사안은 인사를 건넸다.

"명공께서는 그간 안녕하셨소?"

환온도 사안이 비범한 인물이라는 사실은 잘 알고 있었지만, 이런 상황에서도 그토록 태연하리라고는 전혀 예상하지 못했다. 오히려 그가 놀라 말을 더듬거릴 정도였다.

"아, 네, 사 대인, 어서 이리 와서 앉으시지요."

사안은 침착하게 자리를 잡고 앉았다. 그때까지 왕탄지를 비롯한 조정의 대신들은 두근거림에 몸까지 가누지 못하고 있었다. 자리에 앉은 사안은 태연자약한 모습으로 아무런 걱정도 없는 듯이 환온을 상대로 편안하게 담소를 나누었다. 뿐만 아니라 그의 말은 구구절절 조리가 정연하여 환온과 그의 책사들도 도저히 그의 말에서 꼬투리를 잡을 수 없었다. 사안은 그런 와중에서도 주변을 살펴 벽 뒤에 무사들이 숨어 있다는 사실을 발견해냈다. 잠시 후 그는 모든 것을 밝힐 때가 되었다고 판단하고는 환온에게 말했다.

"제가 듣건대 제후에게 도가 있으면 이웃이 지켜주기 때문에 굳이 스스로 방어할 필요가 없다고 했습니다. 그런데 명공께서는 어찌하여 벽 뒤에 무사들을 숨겨두었소이까?"

이는 환온에 대한 조롱이자 풍자였다. 당황한 환온은 부끄러운 마음에 몸 둘 바를 몰라 하면서 황급히 궁색한 변명을 둘러댔다.

"군중軍中에서는 이미 관습이 된 일이오. 항상 만일의 사태에 대비하여 만반의 준비를 갖춰야 하기 때문이지요. 사 대인께서 이상하게 여기신다면 즉시 저들을 물러가도록 하겠소이다."

사안은 다시 환온과 한참 동안 담소를 이어나갔다. 그의 기품과 태도에 환온은 도저히 손을 댈 엄두가 나지 않았다. 한편, 왕탄지는 마치

꿔다 놓은 보릿자루처럼 한쪽 구석에 멍하니 서서 단 한 마디 말도 하지 못했다. 사안을 따라 건강으로 돌아온 그의 옷은 이미 땀으로 흠뻑 젖어 있었다. 왕탄지와 사안은 원래 나라를 다스리는 일에서는 자웅을 가리기 힘든 사이였으나, 이번 사건을 겪으면서 두 사람의 도량이 선명하게 드러나게 되었다.

얼마 후 환온이 중병으로 드러눕게 되었다. 그럼에도 불구하고 그는 조정에 사람을 보내 구석九錫[9]을 요구했다. 그가 재촉하자 사안은 어쩔 수 없어서 이부랑 원홍에게 문서를 초안하게 했다.

문필이 뛰어난 원홍은 붓을 잡자마자 금세 문서를 완성했다. 그런데도 사안은 이런저런 흠을 잡으면서 자꾸 고치게 했고, 그럭저럭 한 달이란 시간이 지나게 되었다. 원홍은 문필에는 뛰어났지만 정치에는 문외한이었다. 그는 의아한 생각이 들어 자기가 왜 조서도 제대로 쓰지 못하는지 의구심이 들었다. 그가 조용히 왕표지를 찾아가 도대체 조서를 어떻게 써야 하는 것인지 묻자 왕표지가 말했다.

"대인과 같은 인재가 쓴 글인데 수정할 필요가 뭐가 있겠소? 사 상서께서 일부러 자꾸 고치게 하는 것이오. 환공의 병세가 위중하여 오래가지 못할 것 같으니 시간을 끌면서 버티자는 것이지요."

원홍은 그 말을 듣고서야 비로소 그 이유를 깨닫고 사안의 마음을 이해하게 되었다. 사안이 아무런 내색도 하지 않고 시간을 끈 덕분에 환온은 끝내 자신의 야심을 이루지 못한 채 세상을 하직해야 했다.

---

9 천자가 공신이나 제후에게 하사하는 아홉 가지 하사품. 후대에는 권력을 쥔 신하가 황위를 찬탈할 때 먼저 구석을 요구하곤 했다.

사안은 일찍이 8만 명의 병력으로 전진前秦의 100만 대군을 무찔렀고, 이처럼 겉으로 드러나지 않는 은밀한 책략으로 환온을 좌절시킴으로써 여러 차례 진 왕실의 안전을 지켰다. 실로 아량이 넓은 인물이었다고 하지 않을 수 없다. 후대의 학자들은 그의 등만 바라보면서 한탄할 수밖에 없을 것이다.

10 | 부드러움으로 자신을 지키다

중국의 전통 관념 가운데 유가에서 말하는 "하늘이 건강하게 운행하면 군자는 스스로를 강하게 하는 일에 게으르지 않다"는 것은 인간의 자기발전을 위한 노력을 강조하는 말이다. 유가에 속하는 순자는 "강경하면 스스로 꺾이게 되지만 부드러우면 다른 것들을 결박할 수 있다"라고 말했다. 강인한 물건은 쉽게 부러지거나 꺾어질 수 있고, 부드러운 물건은 겉으로 보기에는 매우 약해 보이지만 오히려 이를 이용하여 다른 물건들을 묶을 수 있다는 의미이다. 그러나 복잡다단한 현실의 실제 상황에서는 모든 음유지도陰柔之道가 이론처럼 항상 통할 수 있는 것이 아니다. 이론과 실제의 차이는 언제 어디서나 존재하기 때문이다.

장전의張全義는 당대 말기의 인물로 조상 대대로 농사를 지으며 살아온 아주 가난한 집안 출신이었다. 성인이 된 그는 생계를 위해 고향의 현청에 들어가 하인으로 일하면서 여러 차례 현 관리들로부터 심한 모욕과 탄압을 받았다. 이때부터 그는 계급 관념에 눈을 뜨게 되었고, 상류 계층에 대해 깊은 앙심을 품게 되었다. 이런 정신적 배경 때문인지, 그는 왕선지의 봉기군이 복주 일대에 진입하자 곧장 그의 군대에 들어갔고, 왕선지의 기의가 실패한 후에는 다시 황소黃巢의 기의군에 가담했다.

장전의는 전투에 용감하게 임했고, 모든 일을 신속하고 영민하게 처리함으로써 빠른 속도로 진급했다. 그래서 황소의 봉기군이 장안을 점령했을 때는 이미 대제大齊 농민 정권의 이부상서 겸 수운사의 자리까지 올라 있었다.

당시의 이부상서는 정부 관리를 심사하고 임면하는 권리를 갖고 있어 권력이 상당했고 직위도 매우 높은 편이었다. 또한 수운사라는 직책은 장안에 주둔하고 있는 100만 의용군의 군량을 수로를 통해 조달하는 중요한 임무를 담당하고 있었다. 이러한 두 가지 직무를 보더라도 장전의가 황소 봉기군 내에서 얼마나 중요한 위치를 차지하고 있었는지 알 수 있다.

그러나 얼마 지나지 않아 황소의 봉기는 당 조정의 군대와 당 왕조를 지원하는 이민족의 진압으로 인해 실패로 돌아갔고, 장전의도 다른 많은 농민 봉기군 장령들과 마찬가지로 당에 투항할 수밖에 없었다. 당시 장전의는 하양 절도사인 제갈상이 비교적 권력이 강한 인물이라 생각하여 그에게 몸을 의탁하기로 마음먹었다.

제갈상은 수차례 그를 파견하여 그때까지 남아서 저항하던 봉기군의 잔여 세력을 토벌하고 다른 군벌들을 습격하게 했다. 장전의는 매번 전심전력으로 싸움에 임해 임무를 완수하면서 혁혁한 전공을 세웠다. 그의 이러한 공적을 높이 산 제갈상의 추천으로 장전의는 택주澤州 자사로 임명되었다.

그러나 얼마 지나지 않아 제갈상이 병사하자 그 부하인 이한지와 유경이 낙양을 점령하기 위해 서로 죽이려 하는 사태가 벌어졌다. 당시 장전의는 유경의 부하였고, 유경은 장전의가 믿을 만할 뿐만 아니라 전투 경험이 풍부한 장수라 생각하여 그를 보내 이한지에게 대항하게 했다.

장전의는 유경의 군대를 이끌고 전방에 도착했지만, 이한지의 세력이 매우 강대할 뿐만 아니라 전투력 또한 막강한 것을 보고는 자신이 아니라 유경이 직접 온다 해도 감히 대적할 수 없을 것이라고 판단하게 되었다. 그리하여 장전의는 당시의 구체적인 정황을 면밀히 분석한 결과, 오히려 이한지에게 투항함으로써 거꾸로 유경의 적이 되고 말았다.

유경은 장전의가 자신을 배반한 사실을 알고는 하는 수 없이 제갈상의 아들인 제갈중방에게 지원을 요청했다. 유경은 제갈중방의 지원을 받아 이한지를 물리쳤다.

그러나 이한지는 유경이 제갈중방의 지원을 받은 것에 굴하지 않고 자신도 농민 봉기군을 진압했던 대군벌 이극용에게 도움을 요청함으로써 그의 지원을 받아 패배를 다시 승리로 이끌면서 광대한 지역을 점령할 수 있었다. 이러한 상황에서 장전의는 다시금 이한지의 추천으로 하남윤으로 임명되었다.

이한지와 장전의의 관계는 처음에는 매우 좋았다. 두 사람은 팔에 결맹을 상징하는 문신을 새기고 한동안 사이좋게 지냈다. 그러나 이한지는 허풍이 심했고 용기만 있었을 뿐, 치밀한 계략이 뒷받침되지 못했다. 게다가 성정이 난폭하고 탐욕스러워 마음속으로는 장전의를 은근히 깔보고 있었다. 평소에 장전의가 근면하고 검소한 생활을 하면서 청렴한 정치를 추구하고 농사를 비교적 중시한다는 이야기를 듣고 이한지가 그를 비웃으며 말했다.

"알고 보니 장전의는 일개 촌부에 지나지 않는구나!"

그는 평소에도 무의식적으로 장전의에 대한 경시를 드러냈다. 장전의는 이런 말을 들을 때마다 그냥 못 들은 척하고 넘어갔고 한 번도 그에게 맞서려 하지 않았다. 이한지는 여러 차례 장전의에게 먹을 것과 입을 것을 요구했지만 장전의는 한 번도 거절하지 않고 항상 원하는 만큼 제공해주었다.

그러나 이한지의 요구는 끝이 없었고, 하남의 재정이 어려워 그의 요구를 조금이라도 만족시키지 못하면 그는 곧바로 하남의 관리들을 하양으로 잡아들여 매질을 가했다. 상황이 이렇게 되자 하남의 장수들은 모두 분노하여 장전의에게 대책을 강구하고 이한지에게 맞설 것을 요구하게 되었다. 이에 장전의가 말했다.

"태위인 이한지가 원하는 것을 내가 어찌 주지 않을 수가 있겠는가?"

장수들의 눈에는 장전의가 이한지를 두려워하는 것처럼 비치기도 했다. 이 말을 전해 들은 이한지는 장전의를 더욱 만만하게 여기면서 더 많은 것을 요구했다. 이한지 수하에 있는 장령들은 농사를 짓는 일이 거의 없었고 오로지 약탈을 통해 재물을 착취하여 생계를 꾸려갔다. 하남윤의 관직은 택주 자사보다 권력은 다소 강했지만 그다지 맡을 만한 자리는 아니었다. 이한지는 전장에 나가 전투를 하는 군벌이라 단지 사람을 죽이고 약탈하는 것만 알았지, 유민들을 안정시키고 생산을 장려하는 일은 근본적으로 알지 못했다. 그래서 그는 장전의에게 군대에 필요한 물품을 끊임없이 요구했다.

그렇지만 당시는 서민들의 생활이 어려워 곳곳에서 굶어 죽는 사람이 늘고 있었기 때문에 군량을 조달하는 것이 결코 쉬운 일이 아니었다. 결국 장전의가 아무리 노력한다 해도 이한지의 한없는 요구를 충족시킬 수는 없는 노릇이었다.

게다가 이한지는 성격이 난폭하여 조금이라도 자신의 요구가 만족되지 않으면 군량을 가져온 관리를 심하게 꾸짖었기 때문에 누구도 군량을 가져다 주는 일을 맡으려 하지 않았다. 상황이 이렇게 되자 부하들은 장전의에게 이한지와 관계를 끊거나 차라리 모반을 일으킬 것을 제안했으나, 그는 항상 좋은 말로 이들을 달래며 조금도 본심을 드러내지 않았다.

장전의도 이런 상황이 계속될 경우, 분명 이한지와 사이가 틀어질 것이라는 점을 잘 알고 있었기 때문에 미리 계획을 세워둬야 할 필요가 있었다. 이리하여 그는 이한지가 의심하지 않도록 그가 요구하는 군량을 최대한 공급하여 그의 욕심을 만족시켜줌으로써 겉으로는 순순히 따르는 척하면서 다른 한편으로는 기회를 노리면서 모반을 준비하고 있었다.

그해 2월, 이한지는 세력을 확대하고 재물을 보충하기 위해 군사들을 모두 이끌고 강주를 공격했다. 강주 자사인 왕우우가 이한지에게 투항하자 인근의 각 지역들도 이한지가 공격할 것을 매우 두려워했다.

이한지가 강주를 점령한 후 다시 진주를 공격하자 당시 호국 절도사였던 왕중영은 이한지의 사나운 기세를 보고서 은밀히 장전의와 손을 잡고 이한지에게 대적할 계책을 준비하기로 마음먹었다.

장전의는 이한지의 군대가 가는 곳마다 약탈을 일삼는 것에 큰 불만을 갖고 있던 터라, 이제는 더 참지 말고 본때를 보여줘야 할 때가 왔다고 생각했다.

장전의는 왕중영과 은밀히 계획하여 왕중영은 원래의 위치에서 이한지의 군대를 치고 장전의는 그들의 퇴로를 차단하기로 입을 모았다. 장전의는 은밀히 하남 각 현의 민병들을 보내 야음을 틈타 이한지의 군대가 진주를 공격하는 기회를 이용하여 무방비 상태인 하양을 공격했다. 동이 틀 무렵, 장전의의 군대는 하양의 세 개 성에 진입하여 이한지의 가족을 전부 포로로 잡았지만 이한지는 변장하고 성벽을 넘어 도주했다.

당 희종僖宗 문덕文德 원년(888년), 이한지는 다시 군대를 이끌고 진주와 강주를 공격했다. 장전의 역시 때가 왔다고 생각하고 주력군을 이끌고 나가 손쉽게 하양을 점령한 다음 스스로 하양 절도사가 되었다. 이 소식을 듣고 크게 격분한 이한지가 곧바로 이극용에게 지원을 요청하자 이극용은 주저 없이 군대를 보내 이한지를 도와 하양 수복에 나섰다.

그러나 장전의는 하양을 점령하기 전에 이미 만반의 준비를 해둔 상태였다. 그는 사전에 같은 군벌인 주온에게 도움을 청했고, 마침 세력을 확장할 만한 기회를 찾던 주온은 흔쾌히 그의 요청을 받아들여 하양을 사수하기 위한 군대를 보내주었다.

그리하여 이극용의 군대가 도착했을 때는 주온의 지원군이 이미 진지를 구축하고 기다리고 있었고, 이극용의 군대는 뒤로 물러나야 했다.

치욕을 참고 큰일을 이루다

주온이 장전의를 지원한 뒤로 장전의는 주온의 수하로 들어가게 되었다. 그러나 주온은 장전의에게 마음을 놓을 수 없어 그에게 병권을 넘겨주지 않았다. 대신 그에게 실질적인 병권이 없는 사공의 직함을 부여하고, 여전히 하남윤의 직책을 맡게 하여 하남의 생산을 장려하게 했다.

낙양으로 가게 된 장전의는 완전히 파괴되어 황량한 광경에 넋을 잃고 말았다. 낙양은 유명한 고도였지만 안사의 난 이래로 여러 차례 난리를 당하면서 무참히 파괴되었고, 게다가 당조 말기 군벌들의 혼전으로 인해 더욱 큰 상처를 입은 상태였다. 장전의가 낙양을 다스리기 위해 도착했을 당시에는 인구가 100여 가구에 400~500명에 지나지 않았다. 역사적으로 군사와 상업, 문화의 중심지였던 도시가 이 지경으로 황폐화되었으니, 그 피해의 정도는 숫자로 나타낼 수조차 없을 정도로 심각한 것이었다.

그러나 그 역시 농민 출신이었다. 아무리 어려운 상황이라도 능히 헤쳐나갈 수 있는 정신력을 갖추고 있었던 장전의는 조금도 낙담하지 않았다.

그는 100여 명 정도의 부하를 데리고 나가 이 인원을 수십 개의 조로 나눈 다음, 두세 명을 한 조로 하여 낙양에 소속된 열 곳이 넘는 각 현으로 가서 유민들을 모아 안정시키고 세부적인 조치를 취했다. 첫째는 당분간 조세를 거둬들이지 않는 것이었고, 둘째는 형벌을 대폭 감면하는 것이었다.

그의 노력 덕분에 몇 해가 지나면서 각 현마다 수천 가구의 유민들이 정착하여 안정된 삶을 꾸릴 수 있게 되었다. 이와 더불어 그는 농한기를 이용하여 건장한 장정들을 조직하여 군사 훈련을 시작했고, 그 인원은 점차 증가하여 2만여 명이 넘는 군대를 편성할 수 있게 되었다.

장전의 자신도 노동에 참여하면서 농업 생산과 농민들의 생활에 지대한 관심을 기울였다. 그는 수시로 여러 지역을 순시하면서 농사를 잘 지은 밭을 보면 토지 주인에게 상을 내리고, 농사를 제대로 짓지 못한 땅을 보면 그 주인을 꾸짖었다. 한번은 밭이 황폐해진 원인이 농사에 동원할 가축과 인력이 부족하기 때문인 것을 발견하고는 모든 사람들이 서로 도와 농사를 지을 것을 지시하기도 했다. 당시 낙양 일대에는 이런 말이 나돌았다.

"장전의는 노래하고 춤추는 기생을 봐도 웃음을 보이지 않지만, 잘 경작된 농작물을 보면 웃음을 보이며 좋아한다."

그 후로 주온의 세력은 점차 확대되어 마침내 당 왕조를 제압하고 자립할 수 있을 정도로 발전했다. 주온은 무력으로 당 소종昭宗을 낙양으로 내몬 다음, 충분한 준비를 거쳐 당 왕조를 무너뜨리고 주씨의 후량後梁 정권을 세우기로 마음먹었다.

그러나 낙양은 장전의의 세력 범위에 있었고 그 일대에서는 장전의의 위망이 높았기 때문에, 주온은 그가 당을 무너뜨리고 자립하는 데 반대하지나 않을까 걱정스러웠다. 이에 주온은 그를 하남윤의 자리에서 파직하고 동평왕으로 봉하는 동시에 중서령이라는 관직을 내렸다.

이미 관료 세계의 모든 것을 훤히 꿰뚫고 있었던 장전의는 주온이 아직도 자신을 믿지 못하고 있으므로 유일한 해결책은 주온이 황제로 자립할 때 그를 최선을 다해 지지함으로써 그에 대한 충정을 나타내는 것이라는 사실을 잘 알고 있었다. 그것만이 주온의 신임을 얻을 수 있는 유일한 방법이었다. 그리하여 장전의는 그를 위해 계책을 준비하여 하남 일대의 재력을 전부 주온에게 집중시켜 그가 자유롭게 관리하고 사용할 수 있게 해주었다. 그러자 주온은 진심으로 장전의를 신임하게 되었다. 이어서 장전의는 자신은 제후왕의 자격도 없고 중서령의 관직을 맡을 만한 능력도 없다면서 사직해 주온을 감동시켰다. 주온은 황제가 된 후에 장전의의 관작을 추가하여 그를 위왕으로 봉하고 다시 하남윤의 직책을 맡게 했다.

관리가 된다는 것은 그리 쉬운 일이 아니었다. 한번은 주온이 장전의의 집을 찾아와 여러 날을 머물게 되었다. 그는 뜻밖에 장전의의 부인과 딸 그리고 며느리에게 자신과 돌아가며 밤을 보내게 할 것을 요구했다. 이에 장전의의 아들이 몹시 분개하면서 주온을 죽여버리겠다고 펄펄 뛰었다. 그러나 장전의는 이에 동의하지 않고 아들을 극구 말리며 말했다.

"주온은 예전에 내 목숨을 구해준 사람이니 그가 하자는 대로 내버려두자꾸나! 사람은 자기의 뜻을 굽혀 일을 성사시킬 수 있을 때 비로소 수양이 이루어졌다고 할 수 있는 것이다!"

주온의 말년에 가장 큰 적은 이극용 부자父子였다. 주온과 이극용이라는 거대 군벌 간의 싸움은 끊이지 않았다. 그래서 주온은 병권을 쥐고 있는 사람에 대해서는 절대로 마음을 놓지 않았고, 과거에 이극용과 관계가 있던 사람들에게게도 좀처럼 마음을 놓지 못했다.

그러다 보니 장전의도 그가 제거해야 할 대상 가운데 하나였다. 그러나 장전의는 주온에게 충성을 다하는 것을 자구책으로 택했고, 낙양의 재력과 자신의 모든 재산을 털어 이극용에 대항하는 주온의 작전을 지원했다. 그는 이렇게 하는 것이 주온으로 하여금 자신에 대한 노여움을 가라앉힐 수 있는 유일한 길이라 생각했다. 나중에 장전의는 자신의 아내를 궁궐로 보내 사정을 설명하기도 했다. 그리고 이렇게 함으로서 비로소 주온의 마음을 움직일 수 있었다. 이에 주온은 자신의 아들 중 한 명에게 장전의의 딸을 아내로 맞아들이게 함으로써 그에 대한 신임과 호의를 나타냈다.

나중에 이극용의 아들 이존욱이 마침내 후량을 물리치고 923년에 후당後唐 정권을 수립했다. 일찍이 장전의가 오랫동안 주온을 위해 군량을 제공해주었다는 사실을 잘 알고 있는 이존욱은 그에 대해 몹시 분개하고 있었고, 그의 일가족 전체를 죽이기로 마음먹었다. 장전의 역시 자신의 위태로운 처지를 알아채고는 곧바로 수천 필의 말을 준비하여 이존욱의 부인인 유 황후에게 보내 자신을 도와줄 것을 간청했다. 아울러 이존욱에게 스스로 자신의 잘못을 사죄하고 용서를 빌면서 낙양을 잘 관리하겠다고 말했다. 그가 아직 쓸모가 있다고 생각한 이존욱은 그를 용서했고, 장전의 역시 이런 기회를 놓치지 않고 이존욱의 여러 가지 활동에 필요한 물품을 충분히 제공함으로써 자신의 충성을 과시하고 이존욱을 기쁘게 했다.

이처럼 상대의 비위를 잘 맞추는 장전의의 세심하고 주도면밀한 성격은 뜻밖에도 유 황후까지 감동시켰고, 그녀는 그에게 양아버지가 되어줄 것을 간청했다. 이리하여 이존욱은 장전의에게 여전히 하남윤의 직책을 맡게 하면서 중서령의 직함을 추가하는 동시에 제왕으로 봉했다. 또한 장전의는 이존욱의 명목상의 장인이 됨으로써 새로운 왕조에서 자신의 입지를 확고히 굳힐 수 있었다.

그러나 안타깝게도 후당의 군주인 장종莊宗 이존욱은 방탕한 생활에 익숙한 반면, 나라를 다스리는 데는 능하지 못했다. 그는 군인 출신이나 유명한 장수들만 중용했고, 문인이나 일반 서민 출신의 유능한 인재들을 중시하지 않았다. 그 결과 치리가 원활하지 못해 후당 왕조는 빠르게 쇠퇴의 길을 치닫기 시작했다. 이존욱의 말년에 그의 양자인 이사원의 세력이 점차 커지고 있었고, 바로 이때 조재례가 위주에서 반란을 일으켰다. 장전의는 위주 반란을 진압하는 과정에서 이사원을 적극적으로 지원함으로써 그의 환심을 샀다.

장전의가 이렇게 한 의도는 분명했다. 이사원이 출정에 나서게 되면 두 가지 이익을 얻을 수 있었다. 첫째는 자신의 위신을 세울 수 있고, 둘째는 병권을 손에 쥘 수 있었다. 이는 장차 황제의 자리를 빼앗는 데 있어서 대단히 중요하면서도 유리한 조건임은 두말할 필요가 없을 것이다.

이사원이 황제의 자리에 오른다면 장전의 역시 새로운 왕조의 공신이 될 수 있었다. 뜻밖에도 이사원은 위주로 가서 반군과 손을 잡고 함께 이존욱을 공격했다. 이런 돌발적인 사태로 인해 이사원을 지지한 장전의는 놀라움을 금치 못했고, 혹시라도 이존욱이 자신을 죽일지 모른다는 생각에 밤낮으로 두려움에 떨었으며, 신상에 대한 걱정 때문에 식음을 전폐하게 되었다. 그 결과 며칠 지나지 않아 그는 굶주림에 병까지 겹쳐 세상을 하직하고 말았고, 이존욱도 부하들에 의해 살해당하고 말았다. 이때 장전의의 나이는 이미 75세였다.

관직과 권력의 세계에서 진정으로 자기의 뜻을 세운다는 것은 정말 불가능한 일인가? 다소 비굴한 면이 없지 않지만 여러 차례에 걸쳐 치욕을 참아가며 큰일을 해냈던 장전의의 '도량'은 찬탄을 금치 못하게 한다. 그렇다면 이러한 음유지도는 어디서 나오는 것인가? 마음속에서 나오는 것인가, 아니면 어찌할 수 없는 절박한 상황에서 나오는 것인가?

맹자는 일찍이 "순종함으로써 바른 길을 걷는 것이 부녀자의 도리다"라고 말한 바 있다. 다른 사람들과 너무나 쉽게 의기투합하고 항상 바람이 부는 대로 돛을 올리는 기회주의적인 태도를 취했던 장전의의 모습은 마치 자신의 의지는 전혀 없는 사람처럼 보일 수도 있다. 오로지 다른 사람들의 동정에 의지하고 자신에게 은덕을 베풀어주는 사람에게 기대면서 지사로서의 기개나 지조는 조금도 보이지 않았던 장전의였다. 그의 모습에서는 자신의 이상이나 생각, 주장 따위는 조금도 찾아볼 수 없다.

그렇지만 실제로 모든 사람에게는 양심이라는 것이 있기 때문에 장전의의 속마음도 결코 편하지는 않았을 것이다. 어쩌면 그와 같은 상황에 처하면 누구라도 비슷한 생각과 태도를 보였을지도 모른다. 단지 자기 자신을 잘 다스리고 절제하여 본의에 어긋나는 일도 할 수 있는 사람이 있는 반면에, 자신의 본심을 꺾으면서까지 스스로를 패자로 인정하는 것을 원치 않는 사람도 있는 것이다. 음유지도가 이러한 것이라면 배우지 않아도 상관없을 것이다.

어쨌든 인간 세상에는 무수한 삶의 원리와 방법, 방향이 있기 때문에 선택도 자신이 하고 그 결과에 대한 책임과 평가 역시 철저히 자신이 지게 되는 것이다.

인덕으로 사람을 굴복시키다

부드러움이 강함을 이길 수 있다는 것은 중국인 처세의 확고한 신념이자 중국인 처세술의 이상적 경지이다. 그렇다면 중국의 역사에서 '유승강'의 철학을 실천한 인물은 얼마나 될까?

부드러움 속에 강경함이 숨어 있고, 강경함 속에 부드러움이 병존하여 양자가 서로 잘 조화되면서 한쪽으로 치우치지 않는 것이 중국인들이 지켜온 처세의 정통이다. 이러한 이상적 처세 방식을 가장 잘 형상화하고 있는 것이 바로 태극도다. 하나의 원 안에 흰색의 양어陽魚와 검정색의 음어陰魚가 서로의 머리로 상대의 꼬리를 감싸고 있어 원만한 결합으로 하나의 완벽한 원을 이루고 있다. 양자 사이에는 시작과 끝도 없고 머리와 꼬리도 없으며 앞과 뒤, 위와 아래도 없다. 가장 절묘한 것은 음어에 양안陽眼이 있고 양어에 음안陰眼이 있어 서로를 포용하고 이끌어주면서 생장을 도와준다는 점이다.

주목할 만한 사실은 역사에서건 현실에서건 간에 강경한 사람이 많았던 데 비해 부드러운 사람이 적었다는 사실이다. 부드러움을 위주로 하고 강경함을 보조 수단으로 할 수 있었다면, 이러한 처세와 통치의 방식은 이른바 '유도柔道'로 나타났을 것이다. 유도가 치국치민과 인간의 처세에 가장 바람직한 방법이었을지는 몰라도, 지나치게 탐욕스럽고 거칠며 일시적인 쾌락을 즐기고 시야가 좁아 눈앞의 성공과 이익에만 급급해하는 등의 성격적 결함 때문에 사람들은 유도를 행하지 않거나 행한다 해도 올바른 방식으로 실천하지 못했다. 그러나 중국 역사에는 유도를 처세의 원칙으로 삼아 나라를 다스리는 데 성공함으로써 유도가 '강도'보다 훨씬 효과적임을 입증한 사례도 적지 않다.

동한東漢의 개국 황제인 유수劉秀는 유도로 나라를 세워 부드러움으로 다스린 황제였다. 그는 부드러움을 치세의 원칙으로 삼아 정치와 군사 등 모든 분야에서 이러한 정신을 실현했고, 유도를 최고의 경지로 발전시켰다.

유수는 한 고조 유방의 9대손으로 기원전 6년 12월에 태어났다. 그의 부친 유흠은 남돈의 현령으로 그가 아홉 살 되던 해에 병으로 사망했다. 이때부터 그는 형 유연과 함께 숙부 밑에서 자라게 되었다. 일설에 의하면 유수는 키가 7척 3촌인데다가 입이 크고 잘생겨서 누가 봐도 제왕의 상이었다고 한다. 유수는 농사를 좋아했고, 그의 형은 그런 그를 항상 비웃었다. 한번은 그가 친척집을 찾아갔을 때 손님과 친구들이 모인 가운데 도참의 학문에 정통한 주인 채소공이 예언에 관해 언급하며 말했다.

"장차 유수가 천자가 될 것이오."

왕망의 대신이었던 유흠이 예언에 능해 이름을 유수로 바꿨기 때문에 모두들 그를 가리키는 것으로 생각했다. 이때 갑자기 어디선가 웃음소리가 들리며 유수가 나타났다.

"제가 황제가 되리라는 것을 어떻게 아셨습니까?"

모두들 고개를 돌려 바라보니 유연의 동생 유수였고, 장내는 한바탕 웃음바다가 되었다.

유수가 28세 되던 해에 왕망의 통치는 인심을 얻지 못한데다 천재지변까지 그치질 않아 각 지역에서 농민의 봉기가 거세게 일어났다. 특히 녹림과 적미의 기의군은 기세가 대단하여 왕망의 군대를 위협하기에 충분했다. 폭풍처럼 이는 농민 봉기의 혼란 속에서 유수는 남양 일대의 곡물을 싼값에 사들여 형 유연과 더불어 기의를 계획하고 7,000~8,000여 명에 이르는 군중을 확보했다.

기의에 성공한 유수는 점차 그 지역의 다른 기의군을 규합하여 단번에 녹림군을 합병했다. 23년 2월, 녹림군은 따로 나라를 세우기 위해 유수의 족형인 유현을 황제로 세우고 연호를 경시라 했다. 이때부터 녹림군의 기세는 맹렬한 속도로 발전했고, 왕망은 '하루에도 세 번씩 놀랄' 지경에 이르렀다. 왕망은 새로 42만 명의 군사를 모아서 대사공 왕읍과 대사도 왕심에게 이들을 이끌고 녹림군을 공격하게 했다.

이에 유수 등은 양관을 포기하고 부대를 인솔하여 곤양으로 퇴각했다. 곤양의 수비군은 8,000~9,000명에 불과한 데 비해 적의 군영은 100리에 이어져 세력에 있어서 현격한 차이를 나타냈다. 이런 상황에서 일부 장령들은 분산하여 철수할 것을 주장했으나 유수는 이에 완강하게 반대했다. 끝까지 힘을 다해 버티면 군영을 보전할 희망이 있지만, 분산하여 포위망을 뚫으려 했다간 전멸하고 말 것이라는 생각에서였다. 결국 그는 열세 명의 기병을 거느리고 야밤을 틈타 직접 남문으로 가서 구원을 요청하기로 마음먹고 정릉과 언성 등지의 기의군을 설득했다. 그리고 직접 정병 수천 명을 이끌고 곤수를 건너 적을 기습했다. 결국 적은 극도의 혼란에 빠져 손도 써보지 못하고 유수의 군대에 대패하고 말았다.

곤양 전투는 중국 군사사에 있어서 적은 인원으로 큰 승리를 거둔 가장 훌륭한 전범이 되었다. 또한 기의군이 왕망 정권을 전복시키는 기초가 되기로 했다. 왕읍과 왕심의 군대를 격파한 후부터 유수 형제의 명성은 날로 높아져 다른 기의군 장령들의 질시를 받게 되었다. 게다가 유연은 애초부터 유현을 황제로 세우는 것에 반대해온 터라 이 기회를 빌어 유현을 제거하지 않으면 후환이 될 것이라는 예언이 들어왔다. 유현은 패기가 없고 유약하여 자기주장이 없는 사람이라 다른 사람들의 말만 듣고 기회를 틈타 반란을 일으킬 준비를 했다. 그러나 얼마 후 기의군 내부에 분열이 생기면서 유수의 형 유연이 피살당하는 사건이 발생했다.

당시 유수는 마침 부친의 성에 있다가 형의 피살 소식을 듣고는 비통함을 이기지 못해 한참 동안 통곡했다. 그리고 곧장 완성으로 가서 유현을 만나 다른 이야기들은 접어두고 오로지 자신의 과실만을 토로했다. 유현이 완성의 수비 상황을 물었을 때도 유수는 모든 공을 장수와 병사들에게 돌리면서 조금도 자만하지 않았다. 다시 처소로 돌아온 그에게 만나는 사람마다 애도의 뜻을 표했지만, 그는 입을 굳게 다문 채 형이 피살된 사실을 발설하지 않았다. 상복도 입지 않고 평소와 똑같이 식사를 했다.

유현은 그런 유수의 태도에 오히려 참괴함을 느끼면서 그를 더욱 신임하게 되었고, 마침내 그를 파려 대장군으로 임명하고 무신후로 봉했다. 사실 유수는 형의 죽음에 대해 몹시 비통해하며 그 후로도 수년 동안 형을 생각하면서 항상 눈물을 흘리며 탄식했다. 그러나 그는 자신에게 평림과 신시의 기의군에 대항할 힘이 부족하다는 사실을 잘 알고 있었기 때문에 말없이 인내하며 견딘 것이었다. 유수의 처신은 자신을 지켜주었을 뿐만 아니라 기의군으로부터 동정과 신뢰를 얻어내는 데도 큰 역할을 했고, 나중에 독자적인 노선과 조건을 확보하는 데 큰 도움이 되었다.

기의군은 왕망이 피살되자 낙양으로 가서 유현을 맞아들였다. 유현의 다른 관속들은 모두 베로 만든 모자를 썼는데 그 모양이 하도 우스워 낙양으로 가는 길에서 본 사람들마다 웃음을 감추지 못했다. 유수만이 한조의 복장을 하고 있었는데, 사람들은 그 모습을 보고서 뜻밖에 한조 관원의 엄숙한 용모와 늠름한 태도를 다시 보게 되었다며 감탄해 마지않았다. 이리하여 사람들의 마음속에 유수라는 존재가 깊이 각인되었다.

유현은 낙양에 도읍을 정한 후 자신과 친근하면서도 유능한 대신 하나를 하북 일대에 보내 이 지역을 위로하려 했다. 유수는 이것이 자신의 개인적 능력을 발전시킬 수 있는 좋은 기회라고 생각하고 유현에게 자신을 보내달라고 부탁했고, 유현은 그의 부탁을 받아들였다. 결국 유수는 대사마의 신분으로 하북으로 가서 자신의 세력을 넓히면서 동한 정권을 수립하기 위한 활동을 시작했다.

당시 하북에는 세 개의 세력이 각축을 벌이고 있었다. 가장 큰 세력은 왕랑으로서, 그는 유방의 후예임을 자칭하며 대단한 호소력을 발휘하고 있었다. 그 다음은 왕망의 잔여 세력이고, 세 번째가 동마, 청독 등의 농민 봉기군이었다. 유수는 하북의 각 지역을 방문할 때마다 현지 관리를 만나 억울하게 옥살이를 하는 사람들을 풀어주고 왕망의 학정을 폐지했으며 한조의 제도를 부활시켜 죄인들을 석방하고 굶주린 백성들을 위로했다. 이처럼 그가 하는 일마다 민심에 순응했고, 덕분에 관민이 모두 기뻐하게 되었다.

이때 유림이라는 사람이 그에게 한 가지 계책을 올렸다.

"현재 적미군이 황하 동쪽에 진을 치고 있으니 재빨리 수공을 벌이면 이들을 전부 물고기 밥으로 만들 수 있을 것입니다."

그러나 유수는 잔인한 방법을 쓰다가는 민심을 잃기 십상이라고 판단하고 이에 따르지 않았다. 유수가 처음 하북에 갔을 때 병사의 수는 적은 데 비해 장수는 너무 많아 각 지방별로 정치를 펼치면서 아무도 그의 지휘에 따르려 하지 않았다. 영웅들을 끌어들이고 민심을 얻었으며 고조의 위업을 세우긴 했지만 아직 대규모 군대가 갖춰지지 못한 것이었다.

그래서 그는 왕랑의 추격을 받으면서 점차 위기에 몰리게 되었어도 점차적으로 등우와 풍이, 구순, 요기, 경순 등의 인재를 끌어들이고 해당 지역 기의군의 이름으로 군대를 모아 거대한 세력을 형성했다. 또한 신도와 상곡, 어양 등지의 관료 집단과 연합하여 입지를 튼튼히 했다. 그는 유도 정책을 실행함으로써 권위가 아닌 인덕으로 사람들을 굴복시켰고, 이에 따라 민심이 귀속되면서 사회의 안정을 확보할 수 있었다.

유수는 부드러움이 강경함을 제압할 수 있고, 약한 것이 강한 것을 이길 수 있다고 판단하여 넉넉하고 부드러운 '덕정德政'으로 군심軍心을 사로잡았고, 형벌에 의해 권위를 세우는 일을 최대한 피했다. 이 점은 동마 기의군의 장병들을 받아들이는 과정에서 두드러지게 나타났다. 동마 봉기군이 투항했을 때 유수는 그 거두를 제후로 봉했으나, 유수의 한군 장령들은 기의군에 대해 마음을 놓지 못했다. 현지의 민중인 이들이 살육이나 약탈을 당할 경우 마음을 잡기가 어려울 것이라고 판단한 것이었다.

한편, 동마 봉기군의 병사들 또한 불안하기는 마찬가지였다. 한나라 군대의 신임을 얻지 못할 경우 살해당할 것이 분명하다는 생각에서였다. 이런 상황에서 유수는 한조 장사병들을 각자의 군영으로 돌려보낸 다음 혼자서 말을 타고 동마 군영으로 가서 그들과 함께 군사 훈련을 도왔다. 이처럼 자신들을 진심으로 대하는 '초왕肖王'(유수를 가리킴-역자주)의 태도에 감동한 동마의 장사병들은 유수를 위해 목숨을 바칠 것을 다짐했다. 유수는 군사 훈련을 마친 다음 이들을 필요한 군영에 배치했고, 자신들을 신임하는 데 만족한 이들은 유수를 '동마제'라 칭했다.

왕랑이 멸망한 후 군사들은 왕랑의 처소에서 유수를 비난하는 수많은 서찰들을 발견했다. 이를 철저하게 조사할 경우 수많은 사람들이 도주하거나 모반할 가능성이 매우 컸다. 유수는 이 서찰들을 거들떠보지도 않고 당장 태워버리라고 지시함으로써 반대 세력을 안심시킨 다음, 충성을 다하는 지지 세력으로 변화시켰다.

겸손하면 뜻을 이룬다

25년, 유수의 세력은 대단히 강대해졌고 때마침 관중으로부터 자신을 황제로 인정하는 적복부를 전달받게 되었다. 그래서 모든 장수들의 추대와 축하를 받으며 황제의 자리에 올랐고, 연호를 건무라 했다. 황제가 되자마자 기존의 농민 기의군과 천하를 다투게 된 그는 유도로 천하를 다스리겠다는 사상을 철저하게 관철시켜나갔고, 그 결과 빠른 속도로 승리를 거두었다.

그가 낙양을 가볍게 손에 넣을 수 있었던 것이 이러한 사상의 가장 전형적인 성공 사례였다. 당시 낙양 성지는 이철과 주유가 병사 30만을 보유하여 견고하게 지키고 있었다. 유수는 이간질하여 주유로 하여금 이철을 살해하게 한 다음, 사자를 보내 투항을 권유했다. 그러나 주유는 유수의 형을 살해하는 음모에 참여했다는 이유로 복수를 당하지나 않을까 두려워 주저하면서 결정을 내리지 못했다. 이런 사실을 알게 된 유수는 큰일을 이루기 위해 작은 원한은 잊어야 한다는 자신의 견해를 밝히면서, 순순히 투항할 경우 과거의 죄과를 따지지 않고 현재의 작위도 그대로 보전해주겠다고 맹세했다. 그리고 주유가 투항하자 그는 약속을 지켜 주유를 후하게 예우했다.

27년, 적미군의 번숭과 유분자가 투항했을 때 유수는 그들에게 이렇게 말했다.

"그대들은 과거에 무도한 행위를 서슴지 않았고 가는 곳마다 노인과 부녀자들을 살육했으며 민가와 마을을 초토로 만들었소. 그러나 그대들에게도 세 가지 훌륭한 일이 있었소. 첫째, 성시를 파괴하며 각지를 휩쓸고 다니면서도 자신의 처자식들을 저버리지 않았고, 둘째, 유씨 종실을 군주로 모셨으며, 셋째, 다른 세력들은 스스로 군주를 세웠다가 위급한 상황에 처하면 자신들의 목숨을 보전하기 위해 군주의 목을 베고 투항했지만 그대들은 유분자의 목을 베지 않고 내게 넘겨주었소."

유수는 이들이 처자식들과 함께 낙양에 거주하도록 배려하고 집과

땅까지 하사했다. 이처럼 유수는 항상 사람들의 긍정적인 면을 찾아내고 이를 격려했다.

유수는 법제를 가볍게 하고 형벌을 완화하는 대신 상록을 후하게 하여 민심의 결속을 도모했다. 그는 공신들의 봉지를 100리로 제한하던 과거의 제도를 폐지하면서 나라의 멸망이 봉지에 의한 것이 아님을 지적했다. 그 결과 그가 분봉한 식읍은 최고 6현에 이르기도 했다. 형벌에 있어서도 불가피한 경우에만 처벌하되 형량을 최대한 가볍게 했으며, 장수를 사형에 처하는 일은 단 한 번도 없었다. 등우는 이러한 유수의 덕치에 대해 "군정은 엄숙하면서도 질서정연했고 상벌은 엄격하면서도 공정했다"라고 하여 찬사를 아끼지 않았다.

중국 역사에는 '하늘에 새가 사라지면 활을 감추고 토끼를 다 잡은 다음에는 사냥개를 삶아 먹듯이 적국이 사라지면 모신을 죽이는' 사례가 비일비재했다. 하지만 유독 동한의 개국 공신들은 하나같이 천수를 다하면서 유종의 미를 거두었던 사실을 보면 유수의 치세는 후대의 제왕들이 본받아야 할 전범임에 틀림이 없다.

유수는 부드러움의 도를 극대화하여 활용한 인물이었다. 부드러움의 효용에 대해서는 일찍이 『노자』에 기술된 바 있지만, 한대의 유향이 『설원說苑』에 기록한 한평자와 숙향의 대화 또한 깊은 의미를 갖는다. 한평자가 숙향에게 강경함과 부드러움 중에 어느 것이 더 견고한지를 묻자 숙향이 대답했다.

"내 나이 이미 여든이라 이는 다 빠졌지만 혀는 아직도 멀쩡하오. 노자는 일찍이 세상에서 가장 부드럽고 약한 것으로 가장 견고한 것을 뚫을 수 있다고 했지요. 사람이 살아 있을 때는 매우 부드럽고 유약하지만 죽은 후에는 아주 단단하게 변하는 법이오. 초목도 살아 있을 때는 부드럽고 연약하지만 죽은 후에는 시들기 마련이지요. 부드럽고 약한 것은 살아 있지만, 강하고 단단한 것은 이미 죽은 것이오. 살아 있을 때는 망가져도 회복이 가능하지만 죽은 후에는 한 번 망가지면 계속 망가지게 되지요. 때문에 부드럽고 유약한 것이 강경한 것보다 훨씬 더 견고한 것이오."

"그럼 선생께서는 유도와 강도 가운데 어떤 것을 따르십니까?"

"살아 있는 내가 왜 강한 것을 따르겠소? 부드럽고 약한 것은 쉽게 부러지지도 않고 모서리에 부딪쳐도 깨지지 않으니 실은 약한 것이 아니지요. 하늘의 뜻은 연약함에서 강함을 얻어내는 데 있소. 때문에 군대가 서로 겨루게 되면 유약한 쪽이 이기기 마련이고, 두 사람이 이익을 다툴 때도 유약한 사람이 더 많은 것을 얻게 되지요. 『역경易經』에서도 '천상天象의 법칙은 자만을 줄여 겸허함을 더해주고, 지상地象의 법칙은 자만을 겸허함으로 변화시킨다. 귀신이 자만에 재앙을 내리고 겸허함에 복을 내리는 것처럼 인간 세상의 법칙도 오만을 싫어하고 겸손을 좋아한다' 라고 지적한 바 있소. 겸손하게 자만하지만 않는다면 부드럽고 유약하다 하더라도 천지 귀신의 도움을 얻을 수 있으니 뜻을 이루지 못할 리가 없지요."

한평자는 또다시 고개를 끄덕였다.

유수는 유도로 동한을 세워 홍성한 국가로 발전시키면서 잔인한 살육을 피하고 덕정을 펼쳐 군사와 정치, 외교 등 모든 분야에서 원만한 치세를 이룩했다. 조조가 간사하고 잔인함으로 성공한 데 비해 유수는 부드러움의 도로써 천하를 얻었다. 이 점으로 미루어 볼 때 유가와 도가의 학문은 결코 진부한 공론이 아니다. 적절하게 활용하기만 한다면 다른 어떤 방략보다도 효과적인 치세와 처세의 원리가 될 수 있는 것이다. 그러나 애석하게도 유가와 도가의 학문은 1,000년이 지나도록 잔인하고 간사한 인성에 가려 아름다운 모습을 드러내지 못했다.

11 │ 굴욕을 영광으로 전환시키다

탁문군卓文君이 사마상여司馬相如와 눈이 맞아 야반도주한 이야기는 중국 역사상 대단히 유명한 사건이다. 사람들은 두 사람을 예교를 저버린 후안무치한 남녀라고 비난하면서도 한편으로는 이를 아름다운 사랑 이야기로 평가하고 있다. 심지어 두 사람의 용기를 부러워하기까지 한다. 아름다운 사물과 사건에 대한 인간의 지향은 완전히 억누를 수 없는 것이다.

이러한 찬양과 흠모의 정을 가장 잘 표현한 것이 바로 당나라 시인 위장이 쓴 「보살만菩薩蠻」이라는 사詞이다.

사람들마다 강남이 좋다고 하는데
나그네에겐 강남에서 늙는 것만이 어울리겠네.

봄물은 하늘보다도 푸르고
그림 같은 배 한 척 빗소리에 잠드네.

주막집 사람은 달과 같아
하얀 팔이 서리와 눈으로 빚은 것 같네.
늙기 전에는 고향으로 돌아가지 마소서.
고향으로 돌아가면 애간장이 끊어지리니.

이 시에서 "주막집 사람은 달과 같아 하얀 팔이 서리와 눈으로 빚은 것 같네"라는 구절은 주막에서 술을 파는 탁문군의 아름다운 모습을 노래한 것이다. 위장은 탁문군과 사마상여의 이야기를 인문적 분위기가 물씬 풍기는 강남江南의 상징으로 설정하여 최고의 찬사를 아끼지 않고 있는 것이다.

사마상여는 자가 장경으로 촉군蜀郡 성도 출신이다. 어려서부터 학문을 좋아했고 검술을 즐겨 연마했다. 전국 시기 월나라의 재상인 인상여를 흠모하여 이름을 상여라 했다.

당시 촉군 태수 문옹은 촉군의 선비들을 선발하여 장안으로 유학을 보냈는데, 사마상여도 그 가운데 포함되었다. 수학을 마친 그는 다시 촉군으로 돌아와 교학에 힘썼다. 문옹이 병으로 세상을 떠나자 사마상여는 고향을 떠나 다시 장안으로 갔다가 얼마 후 다시 양왕 유무의 수하로 들어갔다.

양나라 땅에서 사마상여는 수많은 문인들을 알게 되었고, 매일 그들과 더불어 시와 음악, 술을 벗 삼아 함께 소요하며 지냈다. 당시에 그가 쓴 「자허부子虛賦」는 한나라 때 부체賦體의 대표작으로 오랫동안 입에 오르내리기도 했다.

한 경제景帝 중원中元 6년(기원전 144년) 4월, 양왕 유무가 세상을 떠나자 사마상여는 다시 촉군 성도로 돌아와야 했다. 집안이 가난해 생계가 어려웠던 그는 친구인 임공臨邛 현령인 왕길에게 몸을 기탁해야 했다.

사마상여의 문재와 풍류를 흠모해온 왕길은 그가 몸을 기탁해오자 매우 반갑게 맞아주었다. 그리고 잠시 도정에 머물게 하면서 맛있는 술과 음식을 제공했고, 매일 찾아가 인사를 건네는 등 대단히 공경하는 태도를 보였다.

임공 지방에는 부자들이 많은데 그중에서도 가장 큰 부호는 탁왕손이고 그 다음이 정정이었다. 두 집안에서 부리는 사람의 수는 수백 명을 헤아렸다. 탁씨 집안은 원래 월나라 출신으로 철광석 제련으로 큰 돈을 벌었다. 진秦이 월을 멸망시키자 탁씨 부부는 진나라에 의해 강제로 촉군으로 이주하게 되어 임공 지방에 임시로 정착했다. 임공 지방에도 철광이 많이 나는 산이 있어 탁씨 집안은 전업을 계속 경영하면서 점차 거부가 되었다. 집안에서 부리는 하인 수가 800명을 넘어섰고 좋은 밭에 훌륭한 저택이 셀 수 없을 정도로 많았다.

정정은 산동 지방에서 이주하여 탁씨 집안과 같은 업종을 경영하여 거부가 되었으며 탁씨 집안과도 사이가 아주 좋았다. 하루는 탁왕손과 정정 두 사람이 정亭[10] 내의 귀객貴客들에 관해 이야기를 나누게 되었

---

10 한나라 때의 행정구역 단위로서 우리나라의 읍 정도에 해당한다.

다. 당시 현령이 친구 사귀는 것을 좋아하여 현지의 풍속에 따라 연회를 베풀고 서로를 초대하여 지주의 예를 다해 대접하곤 했기 때문이다. 두 사람은 서로 상의한 끝에 연회를 마련하여 사마상여와 왕길을 초대하고, 아울러 지방의 신사信士와 부호 100여 명을 초대하여 자리를 함께 하기로 결정했다.

왕길이 초대를 받고 탁가에 도착해보니 집안에 손님들이 가득한데, 유독 사마상여의 모습만 보이지 않았다. 얼마 후 탁가의 집사가 다가와 사마상여는 병 때문에 참석하지 못하게 됐다고 알려주었다. 탁왕손은 당혹감을 감추지 못했다. 이런 소식을 전해 들은 왕길은 사마상여가 스스로 귀한 척하기 위해 일부러 병을 핑계로 오지 않은 것이라고 단정하고 직접 도정으로 가서 그를 불러오기로 마음먹었다. 얼마 지나지 않아 사마상여가 왕길의 안내로 수레를 타고 탁가에 도착했다. 탁왕손과 정정은 귀빈의 수레가 도착했다는 전갈을 받고 황급히 내문 밖으로 나가 사마상여를 맞이했다. 과연 듣던 대로 사마상여는 우아한 용모에 문채와 풍류가 넘치는 모습이었다. 탁왕손과 정정은 얼른 그를 안내하여 상석에 앉혔다.

곧이어 연회가 시작되었다. 탁왕손이 먼저 일어나 사마상여에게 공손히 술을 권하며 말했다.

"여러 귀빈들께서 이렇게 왕림해주시니 누추한 집에 광채가 넘치는 것 같습니다. 제가 먼저 상여 선생님께 한 잔 올리겠습니다!"

"이 몸이 병이 많아 이런 자리에 참여하지 못하다 보니 여러 모로 익숙지 못합니다. 이곳에 온 이후로 현령 어른을 찾아뵌 것 외에는 한 번도 친구를 사귀지 못했습니다. 이 점 여러분들께서 너그럽게 용서하시기 바랍니다."

말을 마친 그는 잔을 들어 탁왕손과 얼굴을 마주 보며 단숨에 들이 켰다. 술잔이 돌기 시작하면서 오래지 않아 모두 주흥에 젖기 시작했 다. 주인과 손님 모두 술이 얼큰해졌을 때쯤, 왕길이 입을 열었다.

"선생께서 거문고를 아주 잘 타신다고 들었습니다. 이 자리에서 한 곡 들려주시면 주흥이 더할 것 같습니다."

왕길의 말에 탁왕손과 정정은 신이 나서 박수를 치면 재빨리 하인에 게 분부하여 거문고를 내오게 했다. 왕길이 다시 말했다.

"탁 형, 그러실 필요 없습니다. 선생은 거문고와 검을 항상 몸에 지 니고 다니십니다. 선생의 수레에 거문고가 있는 걸 제가 봤으니 사람 을 보내 그걸 가져오게 하면 되지요."

눈 깜짝할 사이에 거문고가 준비되자 사마상여는 사양하기도 뭣하 여 거문고를 받아들고서 천천히 줄을 고른 다음 연주를 시작했다. 그 의 손가락이 부드럽게 움직이자 「장가행長歌行」 곡조가 흘러나왔다. 청아한 소리가 커졌다 작아졌다 하고, 속도도 빨라졌다 느려졌다 하면 서 운치 있는 억양과 아름다우면서도 우아한 선율을 이루고 있었다. 그러나 이 음악 소리에 어느 아름다운 여인 하나가 귀를 기울이고 있 을 줄은 아무도 생각지 못했다.

탁왕손에게는 문군이라는 딸이 하나 있었는데, 나이가 꽃다운 열일 곱으로 총명하고 영리한 데다 미모와 풍류를 두루 갖추고 있었다. 게 다가 음악과 서화 등 모든 분야에 조예가 깊고 못하는 것이 없는 뛰어 난 재녀였다. 그러나 불행하게도 시집을 갔다가 신혼의 달콤함이 다하 기도 전에 남편이 병으로 세상을 떠나는 바람에 집으로 돌아와 적적한 세월을 보내고 있었다.

　이날 문군은 부친이 연회를 마련하여 여러 손님들을 초대하는데, 그 가운데는 재기가 넘치는 청년도 하나 끼어 있다는 이야기를 듣고는 남몰래 설레는 가슴을 애써 가라앉히고 있었다. 연회가 시작되고 얼마 지나지 않아 꿈처럼 달콤한 음악이 들리자 그녀는 자신도 모르게 병풍 뒤에 숨어 몰래 거문고를 타는 청년의 모습을 훔쳐보게 되었다. 의관을 정제하고 악기를 연주하고 있는 사마상여의 모습에는 고아한 풍류가 넘쳐흘렀다. 그를 처음 보는 순간부터 문군은 애모의 정을 갖게 되었다. 거문고 연주에 빠져 있다가 문득 병풍 뒤에서 여인들이 몸에 지니고 다니는 환패가 딸랑거리는 소리를 듣게 된 사마상여는 얼른 고개를 들어 소리 나는 쪽을 바라보다가 문군과 눈길이 마주쳤다. 그 순간, 그는 문군의 고혹적인 미모에 마음을 빼앗기고 말았다. 처음 본 여인의 신비한 아름다움에 그는 정신이 혼미해질 지경이었다. 그는 재빨리 마음을 가다듬고 주법을 바꿔 「봉구황곡鳳求凰曲」을 연주하기 시작했다.

　문군 역시 음률에 정통한 재녀인지라 이 곡에 담긴 깊은 의미를 모를 리 없었다. 그녀가 한창 음악 소리에 빠져 꿈속을 헤매고 있을 때 어느새 연주가 끝나 거문고 소리가 들리지 않았다. 연회가 끝나자 사마상여는 재빨리 시종을 불러 문군의 시녀를 찾아오게 한 다음, 적지 않은 돈을 건네면서 자신의 애모의 정을 전달해달라고 부탁했다.

　연회가 다 끝나고 나서야 내실로 돌아온 문군은 아무 말도 하지 않고 사마상여만 생각하고 있었다. 이때 시녀가 달려오자 문군은 조급한 마음을 참지 못하고 물었다.

　"아까 거문고를 연주하던 그 청년의 이름을 아느냐?"

이미 사마상여의 부탁을 받은 시녀는 문군의 물음에 기다렸다는 듯이 대답했다.

"그 도련님의 존함은 사마상여인데 도중에서 현관으로 있으며 아직 부인은 없다고 합니다. 곧 이곳을 떠나 고향으로 돌아가실 예정인데, 이곳을 지나는 길에 현령의 권유로 며칠 유숙하게 되었답니다. 내일이면 이곳을 떠나실 거라고 하더군요."

하녀는 자세한 상황을 알려주면서 이야기를 계속했다.

"아가씨는 미모가 뛰어나시고 그 도련님은 풍류가 있으시니 천생의 배필이 아닐 수 없지요. 아가씨께서는 이렇게 좋은 기회를 놓치지 마시기 바랍니다."

"그래, 내 마음도 그렇지만 그분의 마음이 어떤지 몰라 안타까울 뿐이구나!"

"그 도련님께서는 제게 이렇게 말씀하시더군요. 아가씨께도 자신을 사모하는 마음이 있다면 오늘 밤에 도정에서 만나자고요."

그날 밤 문군은 자신의 명분이나 처지를 돌보지 않고 서둘러 행장을 꾸려 하녀를 데리고 몰래 뒷문을 빠져나와 달빛을 받으며 곧장 도정으로 달려갔다. 사마상여는 잠들지 못하고 줄곧 문군을 생각하고 있다가 갑자기 문을 두드리는 소리를 듣게 되었다. 황급히 자리에서 일어나 문을 열어보니 찾아온 사람은 다름 아닌 문군이었다. 하늘에서 내려온 듯한 모습이었다. 너무나 뜻밖의 반가운 손님을 맞은 그는 얼른 두 사람을 집안으로 들인 다음 문군의 면전으로 다가가 정중하게 예를 행했다. 문군도 다소 부끄러운 듯한 표정으로 답례했다. 하녀는 두 사람의 만남이 원만히 이루어진 것을 확인하고는 작별 인사를 건네고 집으로 돌아갔다. 사마상여와 탁문군은 도정에서 하룻밤을 보낸 다음, 탁가에서 이런 소식을 듣고 달려와 죄를 물을 것이 두려워 다음날 아침 일찍 짐을 꾸려 임공을 떠나 사마상여의 고향인 성도로 갔다.

하룻밤 사이에 사랑하는 딸을 잃은 탁왕손은 사방으로 사람들을 보내 수소문한 결과, 딸이 이미 사마상여를 따라 멀리 달아났다는 사실을 알게 되었다. 이런 소식을 듣는 순간 그는 격분하여 펄쩍 뛰면서 괴로워하면서도 외부로 알려지는 것이 두려워 가복들에게 철저히 입을 단속할 것을 당부하고 허전한 마음을 애써 달래야 했다.

사마상여를 따라 성도에 도착한 문군은 그가 일찍이 장안에서 잘나가는 관리로 있었던 만큼 재산도 넉넉하리라 생각했다. 그러나 그의 집에 도착해보니 몸을 누일 수 있는 누추한 방 몇 칸을 제외하고는 이렇다 할 물건이 없었고, 자신도 불시에 집을 나오느라 가지고 온 재물이 없었다. 그러나 사정이 이렇게 된 이상 비녀를 팔아 술을 사고, 팔찌를 풀어 양식을 사서 사마상여와 더불어 남루한 하루하루를 살아가는 수밖에 없었다. 얼마 지나지 않아 탁문군이 가져온 장신구는 동이 나고 생활은 갈수록 더 어려워져갔다. 이런 처지에 처량한 생각이 든 문군이 사마상여에게 말했다.

"생활이 이렇게 곤궁한 상황에 처했는데도 서방님께서는 아무런 대책도 세우지 않으시니, 차라리 다시 임공으로 돌아가 형제들에게 돈을 빌려 생계를 유지할 방법을 강구하는 것이 좋을 것 같네요."

문군이 어려서부터 부유한 집에서 자라왔다는 사실을 잘 알고 있는 사마상여는 그녀가 자신과 함께 이처럼 곤궁한 생활을 이어가는 것이 더 이상 쉽지 않을 것이라고 생각하고 있던 차에 문군이 이런 제안을 하자 동의하지 않을 수 없었다. 다음날 두 사람은 짐을 꾸려 임공으로 돌아갈 준비를 했다. 이때 사마상여에게는 거문고 하나와 검 한 자루, 수레와 말 한 마리 외에 아무것도 없었다. 두 사람은 수레에 올라 말을 몰아 임공으로 향했다. 임공에 도착하여 객점에 투숙한 두 사람은 객점 주인에게 탁가의 근황을 물어보았다. 사마상여와 문군을 알지 못하는 객점 주인은 솔직하게 탁가의 근황을 알려주었다.

"따님이 야반도주한 후 탁왕손 어른께서는 정신적 충격으로 거의 돌아가실 뻔했지요. 딸이 불효했다고 해서 죽일 수는 없겠지만 절대로 재산을 나눠주진 않겠다고 맹세하셨다더군요."

이 말을 들은 사마상여는 탁문군의 부친이 그처럼 무정하게 나오니 형제들에게서 돈을 빌리는 것도 쉽지 않겠다고 판단하고는 딸을 쉽게 포기한 탁왕손에게 다른 방법으로 대응하기로 마음먹었다. 탁왕손이 돈을 싸들고 찾아올 때까지 동네에 주막을 하나 열고 술을 팔아 그의 사회적 지위에 흠집을 내고 체면을 손상시키는 것이었다. 생각이 정해지자 사마상여는 문군을 불러 이 일을 상의했다. 사정이 여의치 않다 보니 문군으로서도 달리 방법이 없어 사마상여가 하자는 대로 따르는 수밖에 없었다. 사마상여는 말을 팔아버리고 그 돈으로 집을 한 채 빌린 다음 주막집 깃발을 내걸고 길일을 택해 정식으로 주점을 열었다.

주점을 열게 되자 탁문군은 곱게 화장을 하고 나와 주모 노릇을 했고, 사마상여도 장삼을 벗어던지고 짧은 옷으로 갈아입은 다음 자신이 고용한 세 명의 점원들과 함께 안팎으로 돌아치며 손님들을 모았다. 덕분에 장사는 그럭저럭 잘되는 편이었다.

주점을 열고 얼마 지나지 않아 손님 하나가 탁문군을 알아보게 되었다. 그리하여 탁가의 규수가 술을 판다는 소문이 사람들의 입에서 입으로 전해지면서 순식간에 큰 화제가 되었다. 급기야는 탁왕손의 귀에까지 들어가게 되었다. 소문을 들은 탁왕손은 놀라움을 금치 못하면서 당장 집사를 보내 사정을 알아보게 했다. 집사의 보고를 들어보니 문군이 술을 팔고 있는 것이 분명했다. 탁왕손은 한순간에 낯빛이 창백해지면서 몹시 난감한 표정을 짓더니 그때부터 두문불출하면서 하루 종일 탄식했다. 이에 몇몇 친척이 그를 찾아왔다.

"슬하에 자식이라곤 1남 2녀뿐인데 어찌 문군을 저대로 놔둘 수 있습니까? 어차피 문군은 이미 사마상여에게 간 몸인데 지난 일을 따진들 무슨 소용이 있겠습니까? 사마상여는 일찍이 현관을 지낸 바 있으나 지금은 잠시 관직 생활을 접고 몰락한 상태입니다. 그러나 그가 보기 드문 인재임에는 틀림이 없고 현령과도 사이가 좋으니 문군을 생각해서라도 방치해선 안 될 것 같습니다. 재물 걱정은 안 해도 되실 테니 차라리 두 사람에게 넉넉하게 은덕을 베풀어 지금의 굴욕을 영광으로 전환하시는 것이 어떻겠습니까?"

친척이 나서서 이렇게 권하므로 탁왕손도 더 이상 두 사람을 매몰차게 대할 수는 없었다. 그는 즉시 가복 100여 명과 100만 금에 달하는 재물 등을 주점으로 보내주었다.

사마상여와 탁문군은 큰 재산을 얻게 되자 즉시 주점을 정리하고 거마를 사들여 다시 성도로 돌아갔다. 함께 성도로 돌아간 두 사람은 곧장 전답을 사들이고 집도 새로 지어 현지의 부호가 되었다.

나중에 사마상여는 나라의 부름을 받고 조정에 들어가 사신이 되었고, 동시에 중국 문학사를 장식한 유명한 문학가가 되었다.

사마상여를 따라 야반도주했던 탁문군은 부녀자의 도를 지키지 않았고 예교에도 부합하지 못했으니 절대로 도덕군자라 할 수 없을 것이다. 그러나 사람들은 이런 점에 전혀 개의치 않는다. 오히려 두 사람이 추구했던 진지하고 뜨거운 사랑과 용감한 행동은 무수한 남녀들의 심금을 울렸고, 아름답고 감동적인 이야기로 남아 있다. 결국 인성의 아름다움은 한두 마디의 공허한 도덕의 교조로써 제압할 수 있는 것이 못 된다고 할 수 있다.

12 구체적인 상황을 읽어라

진秦나라는 자신의 강대한 세력을 믿고 위魏나라를 외교적으로 굴복시키려 했고, 심지어 직접 사람을 보내 위나라의 재상으로 앉히려 했다. 진나라가 정말로 이렇게 하려는 마음을 먹고 있다면 못할 것도 없는 일이었다. 하지만 일은 그렇게 진행되지 않았다. 이에 대한 소대蘇代의 분석을 통해 상황을 읽는 묘수를 배울 수 있다.

진나라가 위나라 재상 신안군을 만나려 했지만 신안군은 진나라로 가기를 꺼렸다. 신안군을 위해 소대가 진왕에게 말했다.

"제가 듣건대 충성스러운 사람이라고 해서 말과 행동이 반드시 일치하는 것도 아니고, 언행이 일치하고 합당한 사람이라고 해서 반드시 충실한 사람인 것도 아니라고 합니다. 지금 제가 대왕께 저의 의견을 말씀드리려 하는데, 어쩌면 대왕의 심기를 건드려 요참腰斬(허리를 베는 형벌-역자주)에 처해지게 될지도 모르겠습니다. 원컨대 대왕께선 신중하게 듣고 널리 살펴주시기 바랍니다.

지금 대왕께서는 위나라로 사람을 보내 대권을 통제하고 위나라와의 외교 관계를 강화하려 하십니다. 제가 걱정하는 것은 이렇게 하셨다가 오히려 위나라가 진나라와의 관계에 대해 더욱 의심을 품으면, 두 나라 사이의 교류를 막게 된다는 사실입니다. 그렇게 되면 오히려 위와 진 두 나라의 힘을 더욱 약화시키는 결과를 가져올 것입니다.

위왕은 자신의 친신親臣인 신안군이 뛰어난 능력을 가지고 있다고 여겨 대단히 신임하고 있으며, 그를 크게 중용한 상태입니다. 또한 진나라에 대한 위나라의 경외심과 존경심 또한 매우 분명하지요. 지금 대왕께서 위나라로 사람을 보내려 하시는데, 그가 중용되지 못한다면 대왕께서 사람을 보내시는 것이 아무 의미도 없는 일이 되고 말 것입니다. 또한 대왕께서 파견하시는 사람이 임용된다면 이는 위왕이 자신이 신임하는 사람을 포기하고 대신 자신이 무서워하고 싫어하는 사람을 임용하는 것이 됩니다. 그 결과 위왕은 극도로 불쾌한 마음으로 자신이 신임하는 사람을 국상國相의 지위에서 스스로 물러나게 해야 하는데, 이는 신안군으로서도 받아들이기 어려운 일일 것입니다.

일국의 군주를 불안한 상태에 처하게 하고 남의 나라의 국상으로 하여금 자신이 하고자 하는 일을 못하게 하면서 이런 방법으로 두 나라의 관계를 발전시키려 한다면 장기적인 우의를 기대하기 어려울 것이고, 위나라는 두 나라의 관계에 대해 더 큰 의혹을 가지게 될 것입니다. 게다가 위나라의 신안군이 국상의 자리에서 물러나게 된다면 조나라의 모신들은 분명 이렇게 말할 것입니다.

'위나라의 신안군이 재상의 자리에서 쫓겨난 것을 보면 진나라가 자신들이 신임하는 사람을 조나라에서도 중용되게 하려 할 것이고, 이렇게 되면 조나라가 여전히 지금의 위상을 지닌다 해도 우리 같은 대신들은 중용되기 힘들 것이며, 조나라가 멸망하지 않는다 하더라도 우리 같은 사람들은 위험에 처하게 될 것이 분명하다.' 이리하여 조나라 사람들이 똘똘 뭉쳐 진나라에 대해 목숨을 걸고 대항하게 될 것입니다. 그래서 저는 이러한 책략은 오히려 조나라를 더욱 강대하게 할 뿐이라고 생각하는 것입니다.

대왕께서 위나라와의 관계를 강화하시면서 조나라가 조심스러운 마음으로 진나라를 섬기게 하고자 하신다면, 차라리 신안군이 위나라 국상의 자리를 그대로 보존하게 하시는 것이 좋을 것입니다. 위나라 신안군이 대왕을 받든다면 나라를 크게 안정시키면서 혁혁한 명성을 날릴 수 있겠지만, 대왕을 배반하면 나라를 위험에 빠뜨리고 국력을 크게 약화시키게 될 것입니다. 결국 신안군이 대왕을 섬기는 것이 위로는 군왕에게 충성을 다하고, 아래로는 자신의 지위를 공고히 하는 일이 될 것입니다.

그렇게 되면 조나라의 대신들도 이렇게 말할 것입니다. '위나라는 명분과 지위가 우리보다 높지 않고 영토도 우리보다 크지 않지만 신안군이 진나라를 섬긴 덕분에 진나라와 위나라의 관계가 상당히 우호적이고 나라가 안정된 것이다. 우리가 지금 진나라에 대항한다면 우리 군대는 진나라 군대의 공격 목표가 될 것이고 나라가 위험에 처하게 되며 국력이 쇠약해질 것이니, 이는 결코 좋은 방법이 못된다. 대외적으로 진나라와 원수를 맺고 대내적으로 우환을 조성하게 된다면 멸망과 죽음의 길로 치닫는 것이니 이는 절대로 상책이 될 수 없을 것이다.' 이리하여 각 제후국들은 과거에 있었던 일로 인해 크게 상심할 것이고, 저들의 행위에 대해 후회하게 될 것이며, 나라의 안녕과 개인의 이익을 보장하기 위해 많은 영토를 대왕께 바쳐 대왕을 모시려 할 것입니다. 이렇게 되면 대왕께서는 조나라로부터 영토를 얻으실 수 있게 되는데, 이는 요임금이나 순임금도 이루지 못한 일입니다. 대왕께서는 이 점을 밝게 살피시기 바랍니다."

강유의 원리는 일과 사람, 시기에 맞춰서 진행되어야 한다. 구체적인 상황을 고려하지 않고 일률적으로 강경한 방법을 사용하다가는 효력이 반감되거나 역효과를 유발할 수도 있기 때문이다. 소대는 강경한 방법으로 위나라를 대하는 것은 위나라에 망국의 치욕을 강요하는 것이기 때문에 오히려 위나라에게 완전한 독립의 기회를 제공하고, 위나라의 통치 계층에서 백성들에 이르기까지 나라 전체가 일치단결하여 진에 대항하게 만들 뿐만 아니라 다른 제후국들에게도 영향을 미쳐 천하가 진에 대항하는 결과를 초래하게 될 것이라고 판단했다. 따라서 차라리 회유 정책을 펼쳐 위나라로 하여금 기꺼이 진나라를 섬기게 하는 것이 바람직하다는 것이 그의 주장이었다. 이처럼 강경함과 부드러움 사이에는 커다란 운용의 여지가 있는 것이다.

3장 | 물 흐르듯이 하라

13 | 은사는 재물을 탐하지 않는다

은사隱士란 어떤 사람들인가? 때로는 은사가 아주 우스운 존재로 인식될 때도 있다. 은사라고 하면서도 대단한 명성을 누리고 있다면 이런 사람을 진정한 은사라 할 수 있을까? 이런 사람들 가운데는 고결한 은사보다는 저속한 속물들이 훨씬 더 많은 법이다.

그러나 남송의 홍매가 기록하고 있는 네 명의 은사는 결코 이런 인물들이 아니었다.

첫 번째 은사는 자계慈溪의 장계장蔣季莊으로서 송 휘종徽宗 선화宣和 연간에 살았던 인물이다. 그는 왕안석의 신법을 거부하면서 과거시험에 참가하지 않았고, 대문을 굳게 걸어 잠근 채 시서詩書를 읽으면서 사람들과 좀처럼 교류하지 않았다. 고억숭은 명주明州성에 살면서 매년 너덧 차례 장계장을 찾아가곤 했다. 장계장은 그가 온다는 소식을 들을 때마다 항상 대문 밖으로 달려 나와 반갑게 맞아주었다. 때로는 황급히 뛰어 나오느라 신발을 거꾸로 신기도 했다. 이렇게 만난 두 사람은 작은 사랑채 안에 서로 무릎을 맞대고 앉아 오래도록 이야기를 나누었고, 때로는 의기가 투합하여 밥 먹고 잠자는 것조차 잊고 대화 삼매경에 푹 빠지기도 했다. 고억숭이 집으로 돌아갈 때면 장계장이 몇 리 길을 걸어 나와 배웅하면서 아쉬운 마음을 감추지 못했다. 두 사람의 관계는 대단히 친밀했고, 장계장의 명성이 날로 높아지면서 사람들은 고억숭을 몹시 부러워했다. 사람들이 의아한 생각에 고억숭에게 물었다.

"장계장 선생은 사람들과 사귀는 것을 몹시 싫어하면서도 선생과는 아주 친밀한 관계를 유지하고 있고, 선생께서도 그분과의 교류를 매우 흐뭇해하시니 그 까닭이 무엇인지 궁금하군요."

"저는 항상 책을 읽다가 이해할 수 없거나 알지 못하는 문제들을 만나면 잘 기억해두었다가 장계장 선생을 찾아가 여쭙곤 하지요. 그분을 한번 만나기만 하면 수십 가지 어려운 문제들이 해결되거든요."

고억숭은 장계장의 지모와 능력을 잘 알고 있었지만 다른 사람들은 그에 대해 아는 바가 없었다. 두 사람만이 서로를 알아주고 존경했던 것이다. 진정한 지기知己란 바로 이런 사람들을 일컫는 말일 것이다.

두 번째 은사는 왕무강王茂剛으로 명주의 깊은 산속에 은거하고 있었다. 그에게 제자가 하나 있었는데 학문을 별로 좋아하지 않아 노동으로 생계를 유지하고 있었다. 왕무강은 깊은 산속에 머물면서 좀처럼 밖으로 나와 사람들과 교왕하는 일이 없었다. 오로지 학문에만 전념하여 『역경』에 대한 연구에서 커다란 성과를 이룩했다.

명주 통판 심환이 왕무강을 찾아간 적이 있었다. 심환은 그와 이야기를 나누는 과정에서 그의 수많은 학문적 관점들이 책에 있는 주석을 크게 초월하고 있음을 발견하게 되었다. 그런데도 그는 조금도 자만하지 않고 매우 겸허한 태도를 보였다. 그는 쉬지 않고 학문에만 매진하는 사람이었다.

세 번째 은사는 고주부顧主簿로서 원적이 어디인지는 밝혀져 있지 않다. 송대에 남방으로 이주한 후 줄곧 왕자계에서 살았다. 그는 대단히 청렴하고 소박한 인물로 빈천한 생활에 만족하면서 남들이 자신을 알아주기를 바라지 않았고 일상생활의 사소한 일들을 처리하는 데 있어서 조금도 문란함이 없었다.

아침 일찍 일어나면 문 앞에 나가 서서 채소 장사를 기다렸다가 채소 가격을 물어보고 채소 장사가 부르는 가격대로 채소를 샀다. 다른 음식이나 의복 등도 이런 방법으로 구매했다. 시간이 지나면서 물건을 파는 사람들은 하나같이 그를 신임하게 되었고, 그에게 정직한 가격을 제시하면서 감히 그를 속이려는 마음을 먹지 않았다.

하루에 사용할 물건들을 전부 갖추면 그는 문을 닫고 책에 파묻혀 다른 사람들과 왕래하지 않았다. 마을 사람들은 그를 매우 존경했고 어쩌다 한 가지 일에 몰두하고 있는 사람을 보면 "네가 무슨 고주부라고 그래?" 하면서 조롱하기도 했다.

네 번째 은사는 신주 영풍永豊현의 주일장周日章이다. 주일장은 성품이 강직하고 몸과 마음을 항상 청결하게 유지하여 영풍현 사람들로부터 대단한 존경을 받았다. 또한 그는 사학을 열어 학생들을 가르치면서 기본적인 생계를 유지할 수 있을 만큼의 학비만 받았고, 재물에는 절대 욕심을 부리지 않았다. 집이 너무 가난하다 보니 끼니를 거르기 일쑤였고, 때로는 이웃들이 먹을 것을 챙겨줘야 했다. 그는 굶기를 밥 먹듯이 하면서도 아내와 함께 굶을지언정 남들에게 손을 벌리는 일이 없었다.

어느 해인가는 추운 겨울인데도 솜옷이 없어 종이옷으로 간신히 몸을 가려야 했다. 이럴 때 손님이 오면 그는 아주 반갑게 맞아주었고 자신의 가난한 모습을 부끄러워하지 않았다. 그의 의젓한 태도와 높고 큰 의론에 경탄하지 않는 사람이 없었다.

한번은 수풍현의 현위인 사생이 그에게 옷을 한 벌 선물하며 말했다.

"선생께서 제게 이런 걸 요구하신 적은 없지만, 이처럼 작은 선물을 드려 경의와 존경의 정을 나타내고 싶습니다. 기꺼이 받아주셨으면 고맙겠습니다."

주일장이 웃으면서 말했다.

"제가 보기엔 옷 한 벌과 1만 금의 봉록이 같을 수도 있을 것 같습니다. 아무 이유도 없이 선물을 받는 것은 예의를 모르는 일이지요."

결국 그는 완곡히 거절하면서 옷을 받지 않았다.

14 | 공을 이루면 물러나라

　노자는 "공을 이루고 이름이 알려지면 물러나는 것이 천지의 도리다"라고 말한 바 있는데, 이는 중국인의 민족적 성격을 상징하는 중요한 관념 가운데 하나다.

　일반적으로 중국인들은 일을 처리할 때 그다지 철저하지 못하여 봉건 시기의 관료 사회에서는 '공이 이루어지면 물러나야 한다'는 명제를 신봉했다. 전장에서는 '적을 끝까지 추격하지 않는다'는 원칙을 중시했으며, 비즈니스의 세계에서는 '어느 정도 이익을 취했으면 그것으로 일단 장사를 마감하는' 태도를 취했다. 이를 일컬어 '중용中庸의 도'라 했다.

　이런 태도는 중국인의 생활을 종합한 지혜라고 할 수 있다. 『역경』에서는 '비극태래否極泰來' '박극이복剝極而復'이라는 관념을 제시하고 있는데, 그 의미는 고통과 시련이 끝나면 좋은 시절이 돌아오고, 좋은 시기가 극에 달하면 다시 고난의 시기가 돌아온다는 것이다.

남송의 홍매는 『용재수필』에서 이 문제에 관한 자신의 생각을 기술하고 있다.

염파廉頗는 평생 무수한 전공을 세우긴 했지만 만년까지 공을 탐하는 욕심을 보였다. 진秦나라가 조나라를 공격했을 때, 염파는 마침 조나라와 소원해져 위魏나라로 도피해 살고 있었다. 조왕은 그에게 사람을 보내 병력을 이끌고 전장에 나갈 수 있는지 알아보려 했다. 아직 욕심이 시들지 않은 염파는 또다시 공을 세우고 싶어졌다. 이에 그는 밥을 먹으면서 식사량으로 자신이 건재함을 과시하려 했고, 갑옷을 입고 말에 올라 영웅의 본색을 과시했다. 그러나 결국 그와 원수지간인 곽개가 농간을 부렸다. 곽개는 조나라 사자에게 염파가 전장에 나갔다가는 공을 세우기는커녕 제 몸 하나 제대로 보전하여 돌아오지 못할 것이라고 말했다.

한 무제가 흉노를 정벌하려 할 때 이미 혁혁한 무공을 세웠지만 여러 가지 이유로 인해 제후로 봉해지지 못한 이광李廣은 전장군前將軍으로 출정에 나서게 해줄 것을 요청했다. 한 무제는 이광이 너무 나이가 든 것이 걱정되어 오랫동안 허락하지 않고 있다가 결국 그를 선봉장으로 임명하게 되었다. 이때가 원수元狩 4년으로, 이광은 이미 대장군 위청을 따라 흉노 정벌에 출격하여 변방에 나가 있었다. 위청은 적군 포로를 잡아 취조한 끝에 흉노의 우두머리인 선우의 위치를 알아내고는 직접 정예 병력을 이끌고 선우를 추격하면서, 이광에게는 군대를 이끌고 우장군의 부대와 합류하여 동쪽에서 공격할 것을 명령했다. 그러나 동쪽 길은 멀리 우회해야 하는 데다 길가에 수풀이 적어 병영을 꾸릴 만한 지역이 없었다. 이에 이광이 위청을 찾아가 말했다.

"저는 원래 전장군의 직무를 맡은 몸인데, 지금 대장군께서 동쪽으로 진군하라는 명령을 내리셨습니다. 저는 젊었을 때부터 줄곧 흉노와 작전을 벌여왔으나 오늘에서야 비로소 선우를 상대로 전투를 벌일 수 있는 기회를 얻게 되었습니다. 원컨대 제가 선봉에 서서 선우와 직접 대결할 수 있도록 해주시기 바랍니다."

그러나 대장군 위청은 황제로부터 이광은 이미 나이가 너무 많은 데다 운명이 길하지 않으니 절대로 선우와 접전을 벌이지 못하게 하라는 당부를 받은 터라 쉽게 허락할 수 없었다. 그렇다고 허락하지 않을 경우 자신의 목적을 이루지 못한 이광이 대장군의 명령을 거부할지도 모른다는 생각이 들었다. 결국 위청은 이광의 요청을 묵살하고 장사長史에게 명령서를 작성하여 곧장 이광의 군막으로 전달할 것을 지시했다. 위청은 명령서에 즉시 우장군의 병력과 합류하여 이미 내린 명령대로 실행할 것을 확인시켰다. 이광은 대장군 위청에게 작별 인사를 건네고 몹시 불쾌한 마음으로 자신의 군부로 돌아와서는 병력을 이끌고 우장군 조이기와 합류하여 동쪽으로 출발했다. 그러나 가는 도중에 끝내 자결하고 말았다.

한 선제宣帝 시기에 선령의 강족이 반란을 일으켰을 때 영평후營平侯 조충국趙充國은 70세가 넘은 나이였음에도 불구하고 자신감이 넘쳐 당시의 한나라 장수들 가운데 자신을 능가하는 인물이 없다고 믿었다. 그는 어명을 받고 강족의 반란을 진압하기 위해 금성으로 출정했으나 강족을 평정하는 과정에서 아들 조묘가 사망하고 말았다.

한 광무제 시기에 오계 일대의 야만족들이 수시로 한 왕실을 향해 반기를 들었다. 신식후新息侯 마원馬援은 80세의 고령에도 불구하고 황제의 면전에서 "안장에 올라 분부만 기다린다"라고 호언함으로써 자신의 영웅적 기개를 과시했다. 광무제가 그를 칭찬하여 말했다.

"노장군께서는 신기神氣에 가까운 용기가 아직도 조금도 식지 않으셨구려!"

이리하여 광무제는 그를 원수로 임명하여 군사를 거느리고 나가 반란을 평정하게 했다. 나중에 호두의 군영에서 전사한 그는 자신이 했던 "남아라면 말 위에서 시신이 되어 돌아와야 한다"라는 말을 그대로 지킨 셈이 되었다.

당나라 때의 국공 이정李靖이 병든 몸을 요양하기 위해 집에 머물고 있던 해에 사곡혼족이 변경을 침략했다. 이런 소식을 들은 그는 당장 승상 방현령을 찾아가 말했다.

"제가 몸은 늙었지만 아직 야만인들에 대적하기에는 충분합니다. 저들을 평정하는 데는 아무 문제도 없습니다."

결국 그는 변방 오랑캐들을 평정하는 데 나섰지만, 다시 조정으로 돌아와서는 남들의 모함에 빠져 하마터면 화를 당할 뻔했다. 당 태종이 요遼를 정벌하기 위해 나서면서 이정의 의견을 묻자 그가 말했다.

"저는 비록 몸이 늙어 쇠약하긴 하지만 폐하께서 내치시지만 않는다면 얼마든지 갑옷을 입고 출정에 나설 수 있습니다."

곽자의郭子儀는 80세가 넘도록 여전히 관내 부원수와 삭방 절도사, 하중 절도사 등의 직책을 차지하고 있었다. 사실 그는 일찌감치 자리에서 물러나야 했고, 그의 직위는 자동적으로 다른 사람들에게 계승되었어야 했다. 그러나 그는 끝까지 관직을 포기하지 않고 있다가 결국 덕종德宗에 의해 파면됨으로써 유종의 미를 거두지 못했다.

위의 인물들은 하나같이 영웅이자 호걸들로서 중국 역사의 한 페이지를 화려하게 장식했다. 그러나 이들은 남다른 공을 이루고서도 탐욕을 버리지 못했고, 적당한 선에서 물러날 줄 모르다가 만년을 아름답게 장식하지 못했다. 오히려 쌓아놓은 공명을 잃을 뻔했다. 문신은 국가 경영의 지혜와 책략으로 국가를 보전하고, 무장은 목숨을 초개같이 여기는 충성과 용맹으로 나라를 지켜야 한다. 그리고 공명을 이룬 다음에는 개인적인 명성에 연연하지 말고 조용히 물러날 줄 알아야 한다. 그러나 예로부터 사대부들과 장수들 가운데 이런 이치를 체득한 인물은 그리 많지 않았다. 아름다운 물러남으로 사람들의 찬탄을 받은 사람은 찾아보기 어려웠던 것이다.

15 | 욕심을 버려야 평안하다

무위지치는 줄곧 중국 최고의 정치적 이상으로 간주되었고, 제왕이라면 최소한의 힘으로 최대한의 정치적 업적을 남길 수 있기를 희망했다. 그러나 이는 결코 쉽지 않은 일이었다. 중국 역사 전체를 통틀어 볼 때 몇몇 조대의 특정 단계에서 몇몇 통치자들에게서 이런 전범을 발견할 수 있다. 홍매는 『용재수필』에서 무위지치를 실현할 수 있었던 인물로 일곱 명을 열거하고 있다. 그중 하나는 앞에서 언급한 한대의 조참이었다.

동진 시기의 왕도王導 역시 대단히 두뇌가 뛰어난 인물로서 당시의 명사들과 성격이 비슷했다. 그는 원제와 명제, 성제 등 세 군주를 시봉侍奉하면서 나라를 다스리는 데 있어서 청정무위를 주장했다. 특히 그는 만년에 이르러 일부러 정무를 지나치게 많이 처리하지 않았고, 이에 대해 다른 사람들이 오해할 때는 이렇게 말하곤 했다.

"오늘날 사람들은 하나같이 내가 일을 안 한다고 말하지만, 후세 사람들은 틀림없이 아무 일도 하지 않는 것 같아 보이는 나의 업무 태도가 오히려 나라에 커다란 안정과 평안을 가져다주었다고 말할 것이오."

동진 시기의 또 다른 재상인 사안 역시 대단히 넓은 도량과 학식을 갖춘 인물이었다. 그는 모든 일을 자신이 직접 처리하려 해서는 안 된다는 주장을 펼쳤다. 그는 포부가 원대하고 성정이 호방하여 관대하고 유쾌한 태도로 정무를 시원하게 처리했고, 국가를 잘 경영해나갔다.

당대의 재상 방현령房玄齡과 두여회杜如晦는 태종 이세민의 치국안방治國安邦을 보좌하면서 당대 초기의 정관貞觀 치세를 이룩했다. 그러나 후대의 역사서가 기록하고 있는 그들의 공적은 그들이 실제로 이룩한 공적에 크게 미치지 못한다. 그들은 전대의 제도에 대해 많은 부분을 개혁하긴 했지만, 전체적으로는 시대의 흐름에 자연스럽게 순응하는 무위지치의 태도로 일관했다.

송대 초기의 조보趙普는 송 태조를 보좌했던 재상으로서 먼저 인심을 얻고 관리들을 단결시키는데 주력했다. 특히 관리들의 실수와 과실에 대해 대단히 신중한 태도를 보였다. 심지어 처벌을 최소한으로 줄이고 모든 일을 관대하고 자연스럽게 처리할 것을 주장하기도 했다. 그는 사대부들이 서로를 고발하고 단점을 들추는 고발장이나 문서를 받을 때마다 펼쳐보지도 않고 항상 준비해놓은 항아리 안에 던져버렸다가 항아리가 가득 차면 태워버리곤 했다.

이런 방식으로 그는 관리들 사이의 과도한 권력 투쟁이 불필요한 국력의 소모로 이어져 국가에 해를 입히는 것을 방지하고, 나아가 송나라의 안정을 보장할 수 있었다. 이런 태도는 얼핏 보면 마치 책임을 회피하려는 것처럼 보일 수도 있다. 하지만 실제로는 당시 정국의 안정과 단결을 도모하는데 대단히 적극적인 기능을 했다.

송대의 이항李沆 역시 대지약우大智若愚(큰 지혜는 오히려 어리석게 보인다-역자주)의 넓은 도량을 보이면서 개혁에 관한 갖가지 건의가 올라올 때마다 이를 대부분 거부하고 종법宗法을 변화시킬 필요가 없음을 역설하며 사람들에게 이렇게 말했다.

"내가 보기엔 지금의 제도로 얼마든지 국가의 안정과 발전에 이바지할 수 있다고 생각하오. 그것이면 족한 것이 아니겠소? 다른 무엇을 더 바라겠소?"

조삼과 왕도, 사안, 방현령, 두여회, 조보, 이항 등 일곱 명의 고명대신들은 높은 지위에 있으면서 생사여탈의 대권을 장악했던 인물들이다. 그러나 이들은 국가를 위해 황제의 총애를 탐하는데 급급하지 않았고, 한 번도 자신의 명성을 드높이기 위해 노력하지 않았다. 또한 권력 투쟁의 방지와 해결을 위해 자신의 욕심을 완전히 버린 현명한 신하들이었다. 어쩌면 이들에게는 나라가 안정되고 백성들이 평안한 것 외에는 다른 욕심이 없었는지도 모른다. 정말로 하늘을 우러러 한 점 부끄러움이 없는 관료들이었다.

중요한 것은 이들의 정치 행위에는 불필요하고 강제적인 작위가 없었고, 항상 물 흐르듯 자연스러운 정치를 통한 나라의 안정을 추구했다는 점이다.

16 │ 탐욕과 조급함을 버려라

봉건 중앙 집권 통치의 중요한 문제 가운데 하나는 황제가 항상 자신의 신하들이 정상적인 궤도를 이탈하여 다른 마음을 먹지 않을까 의심하게 된다는 것이다. 그리고 이러한 문제는 말로 표현하기 힘든 것일 때가 많다. 중국의 관료 사회에서는 황제들의 이러한 의심을 해소하는 것이 항상 중요한 과제이자 연구 대상이었다.

역사에서나 현실에서나 강한 사람들은 많고, 부드러운 사람들은 적은 법이다. 부드러움이 주류가 될 수만 있다면 그 부드러움 속에 강경함이 깃들어 '유도'로 나타나게 된다. 유도는 나라와 백성을 다스리고 인간적으로 처세하는 가장 좋은 방법이지만, 항상 탐욕과 조급함, 일시적인 성과 등에 집착하여 눈앞의 이익에만 급급하고, 또한 짧고 얕은 시야로 사물의 변화와 발전을 바라보는 사람의 약점 때문에 쉽게 사라져버리곤 한다. 일반적으로 사람들은 남에게 이러한 유도를 펼치거나 스스로 실천하기를 원치 않는 것이다.

중국 역사에는 유도의 처세와 유도를 통해 나라와 백성을 성공적으로 다스린 사례가 무수히 많다. 이는 일찍이 유도가 '강도'보다 훨씬 더 큰 효과를 나타냈음을 증명하는 것이라 할 수 있다. 사실 유도는 힘을 절반만 들이면서 효과를 두 배로 거둘 수 있고, 장기적이고 심원한 영향을 미칠 수 있다는 특징을 가지고 있다. 이에 반해 강도는 힘이 두 배로 들고 효과는 절반에 불과하며 그 영향 또한 매우 얕고 일시적이다.

중국의 인물들 가운데 처음부터 끝까지 철저하게 유도를 실천한 사람을 꼽자면 동한의 광무제 유수를 들 수 있을 것이다. 그는 항상 '부드러움'을 위주로 하여 지혜롭게 처세했을 뿐만 아니라 정치와 군사를 포함한 모든 분야에서 이러한 정신을 일관성 있게 구현했다. 그는 유도를 잘 운용함으로써 커다란 성공을 거둔 개국 황제라 해도 과언이 아니다. 그가 왕망의 수하에 있다가 투항한 유명한 장교 풍이를 대했던 태도가 아주 좋은 사례가 될 것이다.

풍이馮異는 자字가 공손으로 영천 부성父城 출신이다. 어린 시절부터 책 읽기를 좋아하여 병법에 정통했던 그는 신新 왕조 말년에 군연의 신분으로 다섯 개 현을 관리하면서 왕망을 따랐다. 그러다가 경시更始 연간에 유수에게 투항하여 주부를 거쳐 부장이 되었다. 나중에는 왕랑을 무찌른 공으로 응후에 봉해졌다. 그는 겸손하고 예의와 양보를 아는 넉넉한 성품으로 자신의 능력을 과장하지 않았고 공명을 다투지 않았다. 그는 광무제 유수가 천하를 평정하는 과정에서 그를 수행하면서 수많은 전공을 세웠다. 그러나 여러 장수들이 모여 자신들의 공로를 과시하면서 공명을 다툴 때 풍이는 늘 혼자 큰 나무 아래 조용히 앉아 사람들의 이야기에 끼지 않았다. 사람들이 그를 '큰 나무 장군'이라 부르게 된 것도 바로 여기서 유래한 것이다. 나중에 그는 맹진 장군으로 승관하여 구순과 함께 주유를 막아냈고, 유수를 황제로 옹립하는 과정에도 큰 역할을 했다. 건무建武 2년(26년)에는 양하후에 봉해졌고, 오래지 않아 서정 대장군으로 임명되어 적미군赤眉軍을 대파하고 삼보三輔를 평정했으며 연잠 등을 압박하여 투항하게 했다.

계속되는 승전으로 인해 그의 명성은 나날이 높아졌고, 당시 사람들은 그를 함양왕이라 부르기 시작했다. 이어서 건무 6년에는 서쪽으로 외효를 쳐서 노방으로 하여금 가람의 투항을 받아내게 했고, 아울러 흉노의 왕을 대파했다. 또한 건무 9년에는 제준을 대신하여 정로 장군이 되어 공손술의 장령인 조광을 물리쳤고, 나중에는 여러 장수들과 함께 낙문을 공격하다가 병으로 세상을 떠났다. 죽은 후에는 절후의 시호를 하사받았다.

이처럼 간단한 소개를 통해 알 수 있듯이 중국 역사 전체를 통틀어 이야기한다 해도 풍이가 매우 뛰어난 장수였다는 사실은 부인하기 어렵다. 그는 작전에 매우 용감했을 뿐만 아니라 갖가지 전술 전략에도 통달해 있었으며, 뛰어난 인품으로 유장儒將이라 불리기에 충분했다. 한 통의 편지로 10만 명이나 되는 대군을 투항하도록 설득시킨 사례가 이를 증명한다. 왕망의 정권에 반대하는 농민 봉기가 일어나자 유수는 재빨리 자신의 지혜와 인품을 기반으로 하여 많은 사람들을 자기 편으로 끌어들였고, 나중에는 하북을 경영하는 기회를 이용하여 세력을 크게 확대함으로써 농민 봉기에서 중요한 세력으로 부상하게 되었다. 그의 존재는 당시 또 다른 농민 기의군이 세운 경시 정권에 적지 않은 두려움이 되었다.

유수의 세력이 서쪽으로 확대되는 것을 저지하기 위해 경시제更始帝는 무음왕 이일과 늠구왕 전립, 대사마 주유, 백호공 진교 등에게 30만 명의 대규모 병력을 이끌고 하남 태수 무발과 함께 낙양을 지키게 했다. 이때 유수는 한창 하북을 공략하고 있었다. 그는 구순을 하내군 태수로 임명하고 풍이를 맹진 장군으로 임명하여 하내군과 위군魏郡의 병력을 통솔하여 주유 등에게 맞서게 했다. 당시 형세는 우열을 가리기 어려웠고 두 군대는 힘의 균형을 이루면서 대치하고 있었다.

오래지 않아 경시 정권 내부에 또다시 내란이 일어났고, 또 다른 농민 기의군의 지대인 적미군도 관중으로 진입하여 장안을 바짝 압박하기 시작했다. 풍이는 이때야말로 낙양의 수비군을 격파할 수 있는 절호의 기회라고 판단하고는 즉시 낙양을 지키고 있는 경시 정권의 장군 이일에게 편지를 써 보냈다.

이일은 원래 유수와의 관계가 아주 좋았던 인물로, 유수와 함께 군대를 일으켜 생사를 함께하기로 맹약을 맺은 적이 있었다. 그러나 경시 정권이 수립되면서 이일은 유수에게 별다른 전망이 없다고 판단하고는 곧 유수를 배반했던 것이다. 그는 또 자신이 다른 길을 가고 있다는 것을 분명히 하기 위해 경시 정권이 유수의 형을 살해하기 위한 음모를 꾸밀 때 이 일에 함께 참여하기도 했다.

그러나 이제 경시 정권은 더 이상 지탱해나가기 힘들게 되었고, 적미군이 성 바로 아래까지 쳐들어와 장안長安(지금의 서안-역자주)이 매우 위태로운 상황이었다. 이일은 진퇴양난의 곤경에 처했지만 그렇다고 유수에게 투항하자니 그의 형을 죽인 것이 두려워 감히 행동을 취할 수 없었다. 이처럼 결정을 내리지 못한 채 주저하고 있을 때 그는 풍이로부터 편지 한 통을 받게 되었다. 편지의 내용은 이러했다.

계문季文(이일의 자 — 역자주) 형 보시오.

제가 듣건대 미인은 자신의 모습을 비춰 보기 위해 거울을 사용하고, 지혜로운 사람은 미래를 알기 위해 옛일을 돌아본다고 했습니다. 과거 은殷 왕조의 미자는 상商 왕조를 떠나 주周 왕조로 들어갔고, 초왕의 수하에 있던 항백은 초를 배신하고 한漢에 투항했으며, 서한西漢의 주발은 대왕代王을 맞아들이기 위해 소제少帝를 내쫓았고, 곽광은 효선孝宣을 모셔 창읍을 폐했습니다. 이 모든 일들이 천명을 알아 그에 따라 일어난 일이고, 흥패와 존망의 이치를 밝혀 흥할 사람을 높이고 패할 사람을 폐한 것입니다. 그래서 일시적인 성공에 그치지 않고 천추에 길이 대업을 전할 수 있었던 것입니다. 계문 형께서는 이러한 이치를 충분히 이해하시리라 믿습니다. 아직은 경시 정권이 존속하고 있지만 계문 형께서 경시제와의 관계에서 영원히 신임을 얻으실 수 있으리라 믿습니까? 게다가 지금은 장안이 어지럽고 대군이 밀어닥쳐 중신들이 보따리를 싸고 인심이 흐트러지며 나라의 기강이 무너지질 않았습니까? 지금 유 장군(유수를 가리킴)께서 하북을 다스리기 시작하자 준걸들이 구름같이 모여들고 민심이 다시 돌아오고 있습니다. 계문 형께서 진정으로 사물의 성패를 깨닫고 서둘러 투항하실 마음을 굳히신다면 그 공이 결코 작지 않아 화를 복으로 바꿀 수 있을 것입니다. 그러나 투항하지 않고 계속 버티신다면 맹장猛將이 진군을 기다리고 군사들이 빈틈없이 성을 둘러쌀 때는 후회한다 해도 때는 이미 늦을 것입니다.

풍이의 편지를 받은 이일은 그의 충고에 깊이 공감하여 즉시 답장을 보냈다. 이일은 한때 유수와 생사를 함께 했다는 것만으로도 그가 자신의 형을 살해한 원수들에게 어떠한 추궁도 하지 않았다는 사실을 생각해내고는, 그가 자기에게도 원한을 품지 않으리라 믿고 재빨리 마음을 정하고 회신을 보냈다.

풍 장군 귀하

저는 예전에 유 장군과 함께 거사를 일으키면서 함께 대업을 이룩할 것을 맹세했을 뿐만 아니라 생사를 함께하기로 약속한 바 있습니다. 지금 저는 낙양을 지키고 있고 장군께서는 맹진을 지키고 있습니다. 장군과 제가 차지한 몇몇 지역은 중요한 군사적 요충지로서 우리 두 사람이 손을 잡기만 한다면 쇠를 자르는 힘과 권력을 이룰 수 있을 것입니다. 바라건대 장군께서 저의 뜻을 유 장군께 전해주신다면, 저는 미약하나마 저의 지혜를 다 쏟아 나라를 지키고 민생의 안정을 도모하는 데 기꺼이 몸을 바칠 것입니다.

이일은 풍이와 편지를 주고받은 후부터 더 이상 풍이의 군대를 적으로 간주하지 않았고, 쌍방 간에 서로를 적대시하지 않는다는 일종의 묵계가 이루어졌다. 풍이는 이런 기회를 이용하여 전력을 다해 다른 지역을 평정할 수 있었다.

우선 그는 북상하여 천정관을 공략한 데 이어 계속 전진하여 상당성 둘을 함락시킨 다음 다시 남하하여 하남성과 이동 지역의 열세 개 현을 탈취하면서 10만 여 병력으로부터 항복을 받아냈다. 풍이는 다시 군대를 거느리고 황하를 건너 경시 정권의 무발과 결전을 벌인 결과 무발의 군사 5,000여 명을 죽였다. 이 전투에서 무발도 전사하고 말았다.

전투 과정에서 이일은 자신이 진심으로 투항했음을 드러내기 위해 시종일관 성문을 굳게 닫고 무발에게 결코 지원하지 않았다.

풍이는 연전연승의 전과를 올린 다음 이일이 진심으로 투항한 것을 확인하고는 유수에게 어떤 처벌을 내릴 생각인지 물었다. 유수는 이일이 자신의 형을 살해한 원수라 항상 그에 대한 원한을 품고 있던 터인데다, 그가 수시로 마음이 변하기 때문에 그를 용서할 경우 후환을 남길 소지가 있다고 판단하고는 한 가지 계책을 마련하여 그를 제거하기로 마음먹었다. 사람을 시켜 이일이 풍이에게 보낸 편지를 공개하는 것이었다. 주유는 이일이 풍이에게 보낸 편지를 보고는 크게 화를 내며 즉시 사람을 보내 이일을 죽여버렸다.

이리하여 낙양성 안에 주둔하고 있는 경시 정권의 군대 내부에는 분열이 더욱 심해졌고, 많은 사람들이 주유를 배반하여 풍이에게 투항했다. 오래지 않아 풍이는 다시 주유의 군대를 상대로 결전을 벌여 크게 승리함으로써 세력을 더욱 강화하게 되었다. 풍이의 이 모든 전적들이 그가 보통 인물이 아니었음을 확실하게 증명하고 있다.

동한 정권이 수립된 후 건무 2년(26년)에 풍이는 다시 관중 지역으로 파견되어 그곳의 모든 군대를 평정했고, 막강한 세력을 떨치던 사천의 공손술의 공격도 막아냈다. 봉건 사회에서는 공적이 높아 황제를 압도하고, 권력이 강해 황제를 제압하며, 능력이 뛰어나 황제를 속이는 것이 신하들의 3대 금기였고, 풍이도 이런 점을 잘 알고 있었다.

자신이 오랫동안 변경의 번지에 있었고 계속 전공을 세워왔다는 점을 의식한 풍이는 잘못하다가는 남들의 모함을 살 가능성도 있다는 판단을 내렸다. 그래서 곧장 조정에 상소를 올려 황제의 주변으로 돌아가게 해줄 것을 요청했다. 이런 방법으로 자신의 안전을 보전하려는 것이었다.

그러나 당시는 한창 용인用人이 활발하던 시기인 데다 유수는 그를 확실하게 신임하고 있었기 때문에 그의 요청을 허락하지 않았다. 공교롭게도 이때 누군가 유수에게 상소를 올려 풍이가 관중에서 전횡을 일삼으면서 모든 일을 독단적으로 처리하고 있고 장안령을 참수했다고 모함하면서, 그가 높은 명성과 권력을 이용하여 민심을 얻은 다음 이를 기반으로 '함양왕'을 자처하고 있으니 하루속히 그를 처단하지 않으면 나중에 커다란 후환이 있을 것이라고 말했다.

풍이의 인품을 잘 알고 있던 유수는 그가 다른 마음을 품을 리 없다고 생각하고, 이 문제를 잘 처리하면 그가 오히려 목숨을 바쳐 자신에게 충성을 다할 것이라고 판단했다. 풍이를 성심으로 대하기로 마음먹은 유수는 사람을 관중으로 보내 풍이를 만나 모함의 내용이 담긴 편지를 전달하게 했다.

편지를 읽은 풍이는 황급히 유수에게 해명서를 올렸다.

소신은 원래 일개 서생으로서 단지 나라의 어지러움을 만나 전쟁에 나갈 군사의 수를 채우고자 전장에 나갔던 것입니다. 원래 커다란 포부가 있었던 것도 아니지만 황상 폐하의 은혜를 입고 총애를 받아 대장의 지위에 오른 데다 통후의 작위까지 하사받았으니, 이것만으로도 이미 저의 기대를 크게 넘어섰습니다.

제가 얻은 모든 공훈은 폐하께서 계획이 주도면밀하시고 생각이 원대하셨기 때문에 세울 수 있었던 것입니다. 어리석은 신하가 폐하를 넘어설 수 있는 것은 아무것도 없었습니다. 소신은 폐하의 계획에 따라 전쟁을 수행했고 매번 폐하의 지략 덕분에 승리를 거둘 수 있었습니다. 저의 전략과 계획대로 전투를 진행했더라면 지금쯤 후회와 실망만 남았을 것입니다. 전쟁이 일어나고 전국이 매우 소란스러울 때 뛰어난 인재들은 앞 다투어 도망치고 무수한 사람들이 혼란스럽게 우왕좌왕했지만, 소신은 폐하의 영명하심에 의지하여 감히 그릇된 생각을 할 수 없었습니다. 더구나 나라가 안정되고 위아래의 위계질서가 확립되었는데, 소신이 어찌 불온한 마음을 품을 수 있겠습니까? 소신은 오늘 이런 상소문을 읽고서 소신에 대한 폐하의 신임과 은총이 말할 수 없이 크다는 것을 다시 한 번 깨달았습니다. 소신은 오로지 폐하의 은혜에 감사하며 폐하를 위해 기꺼이 목숨을 바칠 것입니다. 폐하께서도 소신의 어리석음을 아시기에 외람되게도 상소문을 올려 스스로 해명하는 바입니다.

풍이의 상주문上奏文을 받은 유수는 그에 대한 확실한 신임을 표하기 위해 즉시 사람을 보내 답신을 전했다. 편지에서 유수는 매우 진지하고 간절한 어투로 말했다.

"장군과 과인의 관계는 군신의 의義로 맺어져 있지만, 그 은혜는 부자지간과 다를 바 없소. 과인은 장군에 대해 한 번도 의심을 품어본 적이 없소. 과인이 장군에 대해 다른 생각을 가졌다면 어떻게 장군을 모함한 글을 장군에게 보여줄 수 있었겠소?

과인이 장군을 그토록 두렵게 했다면 이는 전적으로 과인의 잘못이니 너그럽게 이해하기 바라오."

나중에 유수는 풍이가 도성으로 돌아와 만나는 기회를 이용하여 그를 가리켜 모든 신하들에게 말했다.

"풍이 장군은 과인이 처음 군사를 일으켰던 시절의 주박으로, 과인을 위해 무수한 고난을 겪으면서 목숨을 바쳐 관중을 평정했던 인물이오."

이로써 광무제 유수는 많은 사람들 앞에서 풍이에 대한 자신의 신임을 분명히 밝혔다. 아울러 그에게 많은 의복과 재물을 상으로 내렸다. 조현이 끝난 다음에는 그에게 아내를 데리고 서쪽 관중으로 돌아가 직무에 충실할 것을 당부했다. 유수는 이처럼 충신을 신임하는 방법으로 수하에 많은 장수와 인재들을 거느릴 수 있었다.

17 │ 황제는 하늘이 내린다

　원래 인생의 일들 중에 쉽게 단정할 수 있는 것은 아무것도 없다. 황실의 일은 더더욱 그렇다. 어떤 황자와 황손들은 황제가 되고 싶어 온갖 모략과 노력을 경주하면서 이를 위해서는 수단과 방법을 가리지 않는다. 그러나 이렇게 애를 써도 대나무 바구니로 물을 받으려 하는 것처럼 공허한 발버둥이 되고 만다. 한편 어떤 사람들은 반드시 황제가 되어야겠다고 굳게 마음먹거나 태후가 되려는 욕심을 가진 것도 아닌데 운명이 이들을 황제로 만들어버리는 수도 있다. 정말로 운이 따르기 시작하면 아무리 피하려 해도 도망칠 수 없는 것이다. 중국 역사에 이러한 사례는 일일이 셀 수 없을 정도로 많았다.

　『좌전左傳』에 따르면 정鄭나라 문공文公에게는 열 명이 넘는 아들이 있었다고 한다. 그들의 모친은 하나같이 권문귀족 출신들이었지만, 그

아들들은 대부분 정상적인 죽음을 맞지 못했다. 오로지 빈한한 집안 출신인 연길의 아들 목공만이 제대로 살아남아 부친의 대업을 계승하여 정나라의 군주가 될 수 있었다. 목공은 자손이 번성하여 정나라가 멸망할 때까지 계속 위업을 이어나갈 수 있었다.

박희薄姬는 원래 보통 비빈妃嬪에 지나지 않았다. 그래서 유방의 궁궐로 들어간 지 1년이 지나도록 유방의 총애를 얻지 못하고 있었다. 당시에는 비빈들이 평생 황제의 얼굴 한 번 보지 못하는 일도 비일비재했다. 그러다가 박희와 좋은 관계를 유지하고 있던 관부인과 조자아가 먼저 유방의 총애를 얻게 되었고, 두 사람은 유방의 면전에서 자주 박희를 칭찬하곤 했다. 덕분에 박희는 처음으로 유방에게 부름을 받고 내궁으로 들어가 황제와 밤을 보내게 되었다.

그로부터 1년이 되지 않아 박희는 문제文帝 유항을 낳았다. 문제를 낳고서도 박희는 유방과 자리를 함께할 수 있는 기회가 거의 없었다. 그러나 뜻밖에도 이들 모자는 결국에 황제와 황후가 되는 영광을 누리게 되었다. 여후가 유방의 총애를 얻고 있는 비빈들을 전부 한궁寒宮에 가두고 궁 밖으로 나오지 못하게 했지만 박희는 유방의 총애를 얻지 못했기 때문에 이런 구금 상태를 면할 수 있었다. 그리고 아들과 함께 대나라로 가서 그곳의 태후가 될 수 있었던 것이다. 여후는 유방의 가족을 전부 죽였고, 나중에는 자신의 가족마저 전부 피살당하고 말았다. 이리하여 황제가 될 만한 사람이 없는 상태에서 대신들은 대나라에 가 있는 유항을 생각해냈다. 이리하여 유항은 한 왕실의 황제로 즉위하게 되었다. 역사에서는 그를 문제라 칭했다.

한 원제元帝 유상이 아직 태자로 있을 때 그가 아끼는 후비 사마양의 여동생이 세상을 떠나자, 그는 이에 대한 분노를 다른 비빈들에게 돌리며 아무도 상대하려 하지 않았다. 이에 그의 부친인 선제宣帝는 황후에게 궁중에 있는 여인들 가운데 다섯 명을 선발하여 태자를 모시게 하라고 지시했다. 궁녀들을 골라 태자에게 보낸 다음 황후가 사람을 보내 태자의 의중을 묻자, 태자는 궁녀에게 아무런 호감도 느낄 수 없었지만 사실 그대로 말했다가는 모후의 뜻을 거스르게 될지도 모른다는 생각에 그 가운데 한 명만 마음에 든다고 대답했다. 이리하여 궁녀 한 명만 남고 모두 태자의 곁을 떠나게 되었다. 이 궁녀가 바로 왕정군王政君이었다. 왕정군은 태자의 총애를 얻자마자 단 한 번의 수청으로 아이를 갖게 되었고, 마침내 한 성제成帝 유오를 낳게 되었다. 유오를 낳은 뒤로 왕정군은 원제에게 외면당해 한 번도 같이 밤을 보내지 못했다. 그러나 그녀는 자신의 명을 다했고, 네 황제가 교체되는 동안 60년이 넘도록 태후의 자리를 지킬 수 있었다.

하루는 한 경제景帝 유계가 정희를 자신의 처소로 불렀지만 정희가 이를 회피하는 일이 발생했다. 입궁을 꺼린 정희는 자신의 시녀인 당아唐兒에게 대신 경제를 모실 것을 명했다. 술에 취해 있던 경제는 사람이 바뀐 줄도 모르고 아무런 거리낌 없이 당아와 밤을 보냈다. 이리하여 당아는 아이를 갖게 되었고 나중에 장사왕長沙王 유발을 낳았다. 당아는 신분이 비천한데다 경제의 총애를 받지 못했기 때문에, 장사왕에게 분봉된 땅은 지세가 좋지 않았고, 그곳에 사는 사람들도 매우 가난했다. 한대의 종실은 대략 10만이 넘었으나, 그 가운데 왕조를 부흥시키고, 한 조정이 400년 넘게 지속될 수 있는 기틀을 마련한 사람은 장사왕의 5대손인 광무제 유수였다.

송 휘종徽宗에게는 세 명의 아들이 있었으나, 고종高宗인 조구만이 송 왕조를 크게 부흥시켰다. 당시 고종의 모친은 궁중에서 다른 비빈들과 황제의 총애를 다투는 것을 몹시 꺼렸다. 그녀의 상황은 서한의 박희와 비슷했지만 끝내 자신의 아들을 성군으로 키워냈다.

세상의 모든 일은 예측하기 어렵고, 하늘의 뜻은 더욱 추측하기 어렵다. 이런 이유로 사람들은 운명이나 숙명을 믿고 이를 알아내기 위해 점을 치는 것이다. 그러나 모두가 소용없는 일이다. 세상사가 발전하고 변화하는 법칙이 인간의 상상과 판단을 크게 넘어설 수 있다는 사실만 기억하면 될 것이다.

4장 | 지극한 선은 물과 같다

18 | 변화를 두루 살펴라

관리가 되려면 뛰어난 식견이 있어야 하는데, 세상 일의 변화를 통찰하지도 못하고 길흉화복을 예지하지도 못하면서 오로지 일시적인 득실만을 따진다면 관리의 자리를 오래 지킬 수 없을 것이다.

부소傳昭는 자字가 무원으로 북지 영주 출신이다. 그는 분란이 끊이질 않고 무질서한 관직의 세계에서 그 나름대로 입신의 도를 세웠던 인물로 평가되고 있다. 주마등처럼 조대가 바뀌는 위진 남북조 시기에 그가 불패의 입지를 구축할 수 있었던 것은 항상 매사에 조심하고 널리 살피는 지혜 덕분이었다.

그는 일생 동안 송, 제, 양梁의 조대를 겪으면서 주군의 속관과 지방장관, 조정관 등 다양한 관직에 올랐다. 조대가 바뀔 때마다 갖가지 위기가 닥쳐왔지만 그는 조금도 좌절하지 않았고, 오히려 자신의 지위와 명성을 그대로 보전하는 입신의 도를 과시했다.

부소의 부친 부담은 남조 송에서 『삼례三禮』로 이름을 날리면서 경릉왕 유탄의 속관을 지낸 바 있으나, 유탄이 모반을 일으키면서 이에 연루되어 함께 죽음을 맞아야 했다. 당시 부소는 겨우 여섯 살에 불과했지만 부친의 죽음으로 커다란 충격을 받았다. 성년이 되어서도 매사에 조심하는 신중한 성격과 화복을 미리 예측하는 뛰어난 통찰력을 지니게 된 것은 이러한 충격의 영향이라 할 수 있다.

나중에 건안왕建安王 유휴인이 그를 속관으로 기용하려 했으나, 그는 송의 정국이 안정되지 못한 것을 보고서 부름에 응하지 않았다. 남조 소제蕭齊 영명永明 초년에 부소는 장기간 남군왕 소소업의 시독侍讀을 지냈다.

나중에 소소업이 왕위를 계승하자 원로 관료들이 제각기 총애를 다투기 시작했지만, 유독 부소만은 세상사의 무상함을 알고서 부귀와 명예를 구하지 않고 아무런 동요 없이 냉정하게 자신의 몸을 보전했다. 소소업이 왕위를 계승한 지 불과 여섯 달 만에 폐위되었을 때 총애를 다투던 수많은 대신들이 박해를 받았지만, 이러한 정쟁에 휘말리지 않았던 부소는 화를 면할 수 있었다.

농업 생산을 발전시키기 위해 남조 소양 시대에는 허가 없이 소를 도살하지 못하게 하는 법령이 제정되었다. 하루는 부소의 며느리가 시아버지께 효도하려는 생각에 친정에서 소고기를 가져왔다. 이를 본 부소가 아들에게 말했다.

"이 소고기를 먹는 것은 법에 위배되는 일이라 고발당하면 즉시 사돈댁에 피해를 주게 될 터이니 차라리 고기를 땅에 묻도록 해라."

부소의 이처럼 고명한 처신은 자신뿐만 아니라 가족 전체를 안전하게 지켜주었다.

양 무제 천감天監 11년(512년), 부소는 신무장군을 거쳐 안성 내사로 임명되었다. 안성군에는 계무어라는 물고기가 많이 났는데, 어느 해 무더운 여름날 누군가 그에게 이 물고기를 헌상했다. 그러나 부소는 이를 받으려 하지 않았고 선물을 보낸 사람을 처벌하려 하지도 않았다. 아무도 다치지 않게 하려는 생각에 그가 택한 방법은 계무어를 방류해버리는 것이었다.

천감 17년(518년), 지무장군이 된 부소는 임해 태수로 임명되었다. 임해군에는 밀암이란 곳이 있었는데, 이전의 태수들은 하나같이 이곳을 관아의 토지로 지정하여 임대를 해주고 세를 받았다. 부소는 부임하자마자 이곳을 해제하여 땅을 사용한 이익이 고스란히 민간에 돌아가게 했다.

이처럼 그는 관직에 있으면서 청정무위한 태도를 유지했고, 조정에서도 다른 욕심을 갖지 않았으며, 집안에 문생들을 모으거나 사당을 결성하여 사리를 도모하지 않았다. 그토록 분란이 많았던 시기에 그가 취했던 처세의 방법은 지혜라 하기에 충분했다. 그런 만큼 그가 관직 생애의 마지막을 아름답게 정리할 수 있었던 것도 결코 이상한 일이 아니었다. 사후에 정자貞子라는 시호를 받게 된 것도 그의 청렴하고 깨끗했던 입신의 방법 때문이었을 것이다. 이러한 그의 일생은 혼란의 시대였던 당시로서는 찾아보기 어려운 것이었다.

당조의 여황 무측천이 중병에 들었을 때 재상 장간지 등은 무측천의 친신親臣인 장역지와 장창종 등을 죽이고 중종을 복위시키려는 음모를 꾸몄다. 당시 영무도대총관으로 있던 요숭도 자신의 주둔지에서 병력을 철수시키고 경성으로 회군하여 이 모반에 참여했다. 그 결과 그는 공적을 인정받아 양현후에 봉해졌다.

무측천이 강제로 선양을 당하고 상양궁에 위폐되자, 중종은 백관을 거느리고 찾아가 무후의 음식과 거처를 살폈다. 이른바 오공五公[11]이 모두 이런 상황을 경축하고 있을 때, 요숭 한 사람만 눈물을 흘리며 통곡하고 있었다. 장간지 등이 그를 나무랐다.

"지금은 그렇게 통곡할 시기가 아니오! 공연히 화를 부르지 말고 자제하시오!"

"반역자들의 토벌에 참여한 것은 공이라 할 수 없는 일이오. 그러나 오랫동안 무측천을 모시던 내가 지금 이런 짓을 하고 있는 것은 지조 없이 옛 주인을 저버리는 일이오. 신하로서 응당 시작과 끝을 함께 했어야 하는데 난 그렇게 하지 못했소. 이 일로 인해 벌을 받게 된다 해도 할 말이 없을 것이오."

나중에 무삼사와 위후가 전권을 쥐게 되자 오공 모두가 수난을 당하게 됐지만 요숭만은 화를 면할 수 있었다. 명대의 작가 풍몽룡은 이 사실을 이렇게 평가했다.

"무후가 강제로 선양을 당해 오왕이 모두 기뻐하며 자신들의 거사를 경축할 때 요숭은 혼자 눈물을 흘렸고, 동탁이 죽어서 만백성이 노래를 부를 때 채옹은 혼자 통곡했다. 이 두 가지 사건은 매우 유사한 것 같지

---

11 장간지, 항언범, 최현위, 원서기, 경휘 등 정변에 공을 세워 군공의 작위를 받은 사람들을 일컫는다.

만 그 화복의 향방은 같지 않았다. 무측천은 군주였고, 동탁은 신하였다. 요숭의 눈물은 공적인 도리를 위한 눈물이었지만 채옹의 눈물은 사사로운 눈물이었던 것이다. 채옹의 눈물은 평소에 동탁이 베풀어준 은혜를 생각하며 가슴속에서 우러나온 눈물이었지만, 요숭의 눈물은 혹시 닥칠지도 모르는 화를 면하기 위한 권술의 눈물이었다. 요숭은 무측천의 핏줄인 무삼사가 건재한 이상 아직 상황이 끝나지 않았다는 사실을 간파하고 짐짓 사람들 앞에서 후회의 눈물을 보인 것이었다."

관직에 있는 사람이라면 반드시 이러한 변화를 두루 살필 줄 아는 밝은 지혜를 갖춰야 한다. 화복의 향방을 예측하지 못하고 일순간의 득실만 따진다면 관원으로의 생명을 오래 보전하기 어려울 것이다.

19 │ 조용함이 멀리 이른다

　중국의 선현들은 "담백함으로 뜻을 밝게 하고 조용함으로 멀리 이른다"라고 말하곤 했다. 얼핏 듣기에는 대단히 매력적인 말이다. 그러나 실제 현실에 있어선 스스로에게 자신의 뜻을 분명히 밝히는 것만으로는 '멀리 이를' 방법이 없다. 그러나 한 무제의 황후였던 등수鄧綏는 특별한 예외였다. 그녀는 기적을 만들어냈던 것이 분명하다.

　등수는 동한 화제和帝 유조의 황후로, 그녀가 황후가 된 과정은 다른 황후들과 사뭇 달랐다. 다른 황후들과는 달리 그녀는 재색이 아닌 겸양의 미덕으로 인해 황후가 되었던 것이다. 그녀는 어려서부터 성격이 온순하고 부드러웠으며, 참고 견디는 데 능해 기꺼이 자신의 억울함을 참으면서 다른 사람들에게 관대하게 대했다. 그녀가 다섯 살 때 한번은 조모가 그녀의 머리를 잘라주었는데, 노안으로 시야가 흐리다 보니 실수로 그녀의 앞이마에 상처를 내고 말았다. 등수가 심한 고통을 참으며 아무 소리도 내지 않자, 주변에 있던 사람들이 이를 이상하게 여겨 물었다.

"넌 이마를 그렇게 다치고도 아무 일도 없는 것처럼 태연하구나! 설마 통증을 모르는 건 아니겠지?"

"아픔을 모르는 건 아니에요. 단지 할머니께서 저를 너무 사랑하셔서 머리를 잘라주시는데, 제가 아픔을 참지 못하고 울거나 소리를 지르면 할머니의 마음이 아프시겠지요. 그래서 꾹 참고 있는 거예요."

이 일은 등수의 성격을 잘 반영하는 사례 가운데 하나다.

동한 영원永元 7년(95년), 등수는 궁궐로 뽑혀 들어가 황제의 귀인貴人이 되었다. 이듬해에 귀족 출신인 또 다른 귀인 음씨가 가문의 세력을 배경으로 황후가 되었다. 이때부터 등수는 각별히 겸손한 태도를 보이고 매사에 조심하면서 행동이 법도에 어긋나지 않도록 노력했다. 그녀는 자신과 동등한 신분에 있는 사람을 대할 때도 항상 자신을 낮추었고, 궁중의 하인들에게 절대로 주인 행세를 하는 법이 없었다. 한번은 등수가 병으로 눕게 되었다. 당시의 규정에 따르자면 외부 사람들은 함부로 궁궐을 드나들 수 없었다. 그러나 황제는 특별히 등수의 모친과 형제들을 궁궐로 불러들여 그녀를 보살피게 했고, 시간의 제한도 두지 않았다. 당시로서는 대단히 파격적인 조치였다. 이런 사실을 알게 된 등수가 황제를 찾아가서 말했다.

"궁전은 금지된 땅이라 외부 사람들이 함부로 들어오지 못하도록 통제하고 있습니다. 소첩의 친족들을 궁내에 오래 머물게 하는 것은 규정에 어긋나는 부당한 일이라 사람들은 폐하께서 처첩에 빠져 원칙을 위반하고 있다고 수군거릴 것입니다. 또한 소첩에게도 폐하의 큰 은총을 받으면서도 만족할 줄 모른다는 비난이 쏟아질 것입니다. 소첩이 다른 사람들의 구설수에 오르는 것은 사소한 일이겠지만, 폐하의 위엄에 손상을 입히게 되는 것은 저로서는 감당하기 힘든 일입니다. 이는 폐하께나 저에게나 전혀 이롭지 못한 일이니 다시 생각해주시기를 간곡히 부탁드리는 바입니다."

등수의 말에 황제는 그녀가 사리를 제대로 살필 줄 아는 여인이라는 생각이 들어 몹시 감격하며 말했다.

"다른 귀인들은 가족들이 궁중에 들어오는 것을 영광으로 알고 있는데, 유독 등 귀인만은 이를 걱정하고 있구려. 이처럼 자신의 감정을 억제하는 것은 다른 사람들이 따를 수 없는 일이오."

이때부터 황제는 등수를 더욱 총애하게 되었으나 오히려 등수는 더욱 겸손하고 조신하게 행동했다. 그녀는 황후 음씨가 은근히 자신을 미워하고 있다는 것을 감지하고는 음씨에게 더욱 공경스러운 태도를 보였다. 한번은 황제가 연회를 마련하자 왕비와 귀인들은 하나같이 아름다운 옷을 차려 입고 자신들의 자태를 뽐내려 애썼다. 그러나 등수는 소박한 복장을 하고 별다른 치장도 하지 않았다. 심지어 그녀는 자신이 입은 옷의 색상이 음씨와 똑같다는 사실을 발견하면 재빨리 다른 옷으로 갈아입곤 했다. 또한 음씨와 함께 황제를 알현할 때는 정좌를 하지 않았고, 황제가 질문을 할 때는 언제나 음씨에게 먼저 말을 하게 함으로써 총애를 다투지 않았다.

등수의 이러한 태도는 의도적으로 연출한 것이 아니라 내심에서 우러나온 겸손함이었다. 그녀의 이러한 품덕은 더욱 황제의 호감을 산

반면, 황후 음씨의 오만과 질투심은 황제의 미움을 사게 되었다. 나중에 음 황후는 점차 등수에게 위협을 느끼게 되자 더욱 음험하고 잔인한 방법으로 그녀를 괴롭혔고, 급기야 영원 14년(102년)에는 다른 사람들과 공모하여 등수를 죽이려고 시도했다. 그러나 뜻밖에도 음씨의 이러한 음모가 황제의 눈 밖에 나면서 한궁에 유폐되는 결과를 낳고 말았다. 결국 음씨는 자신의 못된 성격을 이기지 못하고 화병으로 죽고 말았다.

음씨가 죽자 황제는 등수를 황후로 삼고 싶은 마음이 간절했다. 황제의 이런 마음을 알게 된 등수는 오히려 이것이 부당한 처사라고 하면서 병을 핑계로 사양하는 뜻을 보였지만, 황제는 끝내 마음을 굳히고서 말했다.

"황후는 짐과 한마음을 이루어 위로는 선제의 종묘를 계승하고 아래로는 천하의 어머니가 되어야 하오. 오직 등 귀인처럼 덕을 갖춘 사람만이 이러한 일을 감당할 수 있을 것이오."

영원 14년 겨울, 등수는 마침내 황후가 되었다.

맹자는 일찍이 "순응함으로써 몸과 마음을 바르게 하는 것이 처첩의 도리이다"라고 지적했다. 이는 상급자가 내리는 명령에 순종할 줄만 알았지, 자신의 견해를 갖추지 못한 사람들을 날카롭게 비판한 말이었다. 그러나 맹자가 말한 상황과는 정반대로 등수가 보여준 품덕은 중국인들이 민족적 자부심을 갖는 중요한 덕목 가운데 하나다. 이러한 덕성마저도 봉건 예교의 부정적 일면으로 매도해버린다면, 고대 중국의 역사는 온통 칠흑 같은 어둠뿐일 것이다.

20 | 합리적인 이해를 구하라

진정으로 지모를 갖춘 선비는 그 행적이 물과 같아 어떤 일에도 자신의 총명한 지모를 이용하여 합리적인 이해를 얻어내고 풀어낼 수 있다.

한번은 제나라 경공이 군대를 일으켜 송나라를 공격했다. 군대가 태산을 막 지났을 때, 경공의 꿈에 성인 남자 둘이 나타나 그를 향해 서슬이 시퍼렇게 눈을 부릅떴다. 놀라 꿈에서 깬 경공은 두려움을 이기지 못하고 황급히 방문을 열고 나가 점쟁이를 불렀다.

"간밤에 성인 남자 둘이 나를 향해 눈을 부릅뜨는 꿈을 꿨소. 그들이 하는 말은 알아들을 수 없었지만 나에 대해 몹시 분노하고 있다는 것은 확연하게 느낄 수 있었소. 지금도 그 두 사람의 모습과 목소리가 생생하게 기억날 정도요."

"군대가 태산을 지나면서 제사를 지내지 않았기 때문에 태산의 산신께서 노하신 것입니다. 폐하께서는 서둘러 축사祝史를 불러 태산에 제를 올리도록 하십시오. 그렇게만 하시면 아무 일 없이 평안해질 것입니다."

"알았소. 그대의 말대로 하겠소."

이튿날 안영이 경공을 배알하러 왔다. 그 자리에서 경공은 안영에게 점쟁이가 했던 말을 들려주었다.

"점쟁이의 말에 따르면 내가 무서운 꿈을 꾼 것이 군대가 태산을 지나면서 필요한 제를 올리지 않아 태산의 산신께서 노했기 때문이라 하오. 그래서 오늘 사람들을 보내 제를 올릴 축사를 부르기로 했소."

"점쟁이가 모르고 있는 것이 있습니다. 꿈에 나타난 두 사람은 산신이 아니라 송나라의 먼 조상인 탕과 이윤입니다!"

경공이 안영의 말을 믿지 못하고 여전히 그들이 태산의 산신이라고 우기자 안영이 다시 말했다.

"대왕께서 믿지 못하시니 그럼 제가 탕과 이윤의 모습을 말씀드리도록 하겠습니다. 탕은 하얀 피부에 키가 크고 긴 수염을 기르고 있습니다. 두상은 위가 좁고 아래가 넓으며 몸은 약간 구부정하고 목소리는 크고 낭랑하지요."

"맞소. 바로 그런 모습이었소."

"이윤은 피부가 검고 키가 작으며 머리는 봉두난발을 했습니다."

"내가 꿈에서 본 사람이 그런 모습이었소. 그럼 이제 어떻게 하는 게 좋겠소?"

"태갑과 무정, 조을 등은 모두 대단한 명성을 지닌 군왕들로서 후사가 끊겨서는 안 될 것입니다. 이제 그들의 후예라고는 송나라가 전부인데, 지금 폐하께서 송나라를 공격하려고 하시니 탕과 이윤이 노한 것입니다. 부디 폐하께서는 군대를 거두시고 송나라와 친교를 맺도록 하십시오."

그러나 경공은 안영의 말을 듣지 않고 송나라를 공격하라는 명을 내렸다. 이에 안영이 말했다.

"죄 없는 나라를 토벌하면 신령이 노할 것입니다. 잘못을 알고도 전쟁을 계속하면 그 결과는 결코 예측할 수 없을 것입니다. 그런데도 군사를 일으켜 송나라를 공격한다면 반드시 패하고 말 것입니다."

과연 제나라의 군대는 송을 공격했다가 대패하고 말았다. 안영의 간언이 성공을 거두진 못했지만 그의 지혜는 실로 뛰어난 것이었다. 그는 때때로 사람들의 미신을 믿는 심리를 이용하여 큰 복을 가져다주기도 했다.

경공이 재위하던 시기에 한동안 화성火星이 매일 밤하늘에 나타나서는 한 해가 가도록 사라지지 않았다. 경공은 두렵기도 하고 의아한 생각이 들어 안영을 불러 그 연유를 물었다.

"사람이 좋은 일을 하면 하늘이 그에게 상을 내리고, 악한 일을 하면 벌을 내린다고 들었소. 화성은 하늘의 징벌을 의미하는 것인데 지금 화성이 남쪽 하늘에 나타나 사라지지 않고 있으니, 이는 누군가에게 징벌이 내릴 것을 의미하는 게 아니겠소?"

"이는 필시 제나라가 벌을 받게 된다는 뜻입니다."

경공이 듣고 몹시 의아해하며 불쾌한 어투로 말했다.

"천하에 대국이 12국이나 있고 모두들 제후로 불리는데, 어찌하여 화성의 재난을 제나라가 받게 된다는 것이오?"

"화성의 방위가 바로 제나라 땅의 경계에 있는 데다 하늘이 별을 내리는 것은 보통 부강한 나라에만 있는 일이었습니다. 지금 제나라는 양책良策을 채택하지 않고 정령政令을 반포해도 제대로 집행할 수가 없으며, 어질고 현명한 신하들은 배척당하고 참언讒言을 꾸며내 소란을 일으키는 소인들이 득세하고 있지요. 백성들의 원망이 극에 달해 어떤 이는 개인의 복을 비는 것으로 달래고 있고, 또 어떤 이는 평범한 모습으로 마음속의 불만을 애써 감추고 있으며, 심지어 어떤 이는 의지를 잃고 목숨을 가벼이 여기고 있습니다. 때문에 하늘의 뭇 별들이 원래의 순서와 규칙을 지키지 않고 밝기의 변화도 일정치 않은 것입니다. 재난의 별이 사방으로 빛을 뿜어내고 있고, 큰 별이 거꾸로 회전하면서 불길한 요성妖星들이 하늘 한쪽에 나타나고 있으니, 이는 곧 어질고 현명한 인재들이 제대로 등용되지 못하고 있음을 상징하는 것입니다. 그러니 어찌 나라가 망하지 않을 수 있겠습니까!"

"그럼 재난의 별을 없앨 수 있겠소?"

"물론입니다. 재난의 별을 불러온 자만이 그것을 물러가게 할 수 있습니다."

"그럼 내가 어떻게 해야 하오?"

"폐하께서는 억울한 사람들의 누명을 벗겨주고 그들을 사면하여 고향으로 돌아가 농사를 짓도록 하십시오. 또한 관부의 재물을 백성들에게 나눠주어 가난한 백성들을 구휼하고, 미천한 자들을 가엾게 여기며 노인을 공경해야 할 것입니다. 대왕께서 이렇게 하신다면 모든 재앙이 사라질 터인데, 하물며 별 하나쯤이야 더 말할 것이 있겠습니까!"

"알겠소. 그렇게 하리다!"

경공이 안영의 말대로 행하자 과연 석 달이 지날 무렵 화성이 다른 곳으로 이동하기 시작했다.

진정한 지모를 갖춘 인재는 불의한 행위를 두려워하지 않는 법이다. 경공이 사냥을 나갔다가 산에 오르면서 호랑이를 보고, 연못을 지나면서 뱀을 보게 되었다. 몹시 기분이 상한 경공은 사냥에서 돌아와 안영을 불러놓고 그날 있었던 일이 과연 무슨 징조인지를 물었다.

"오늘 내가 사냥을 나섰는데 산을 오를 때는 호랑이가 나타나더니 연못을 지날 때는 또 뱀이 나타났소. 이는 아무래도 사람들이 말하는 상서롭지 못한 징조인 것 같소."

"나라에는 세 가지 상서롭지 못한 징조가 있는데, 폐하께서 말씀하신 두 가지 일은 그 가운데 들어 있지 않습니다. 현명하고 어진 인재를 알아보지 못하는 것이 나라의 첫 번째 상서롭지 못한 징조이고, 현명하고 어진 사람을 알면서도 중용하지 않는 것이 두 번째 상서롭지 못한 징조이며, 현명하고 어진 인물을 기용하고도 그에게 중임을 맡기지 않는 것이 세 번째 상서롭지 못한 징조지요. 사람들이 말하는 상서롭지 못한 일이란 이 세 가지뿐입니다. 폐하께서 산에 오르시다가 호랑이를 본 것은 산에 호랑이 굴이 있기 때문이고, 연못을 지나시다가 뱀을 만난 것은 그곳에 뱀 굴이 있기 때문일 뿐입니다. 호랑이 굴과 뱀 굴이 있는 곳에 가서 이들과 마주치신 것을 어찌 상서롭지 못한 징조라 할 수 있겠습니까?"

이처럼 진정한 지혜를 갖춘 선비는 미신과 무지한 속설을 자신의 독특한 해석으로 풀어낼 줄 안다. 그리고 이러한 해석은 사람들에게 저항할 수 없는 거대한 정의의 힘으로 느껴지곤 하는 것이다.

21 | 헛된 부지런을 피하라

　도가의 창시자인 노자는 지극한 선善은 물과 같다고 했다. 이는 가장 훌륭한 치국치민의 방법이 사물의 발전 법칙에 순응하여 기본적인 성질에 따라 자연스럽게 흘러가게 하되 억지로 접촉하게 하지 않는다는 뜻으로, 흐르는 물처럼 그것을 담는 그릇에 따라 형태가 이루어지는 것을 말한다. 그러나 물은 지극히 부드러운 물질이긴 하지만 모든 것을 메울 수 있는 힘을 지니고 있어 결국에는 모든 것을 포용하고 정복하게 된다. 이는 위정爲政의 도리에 있어서도 사람들이 본받지 않으면 안 될 중요한 이치이자 방법이라 할 수 있다.

　염범廉范은 자字가 숙도로 경조 두릉杜陵 사람이다. 그는 춘추전국시대 조趙나라의 명장인 염파의 후손이기도 하다. 그는 일찍이 운중雲中과 무위武威, 무도武都 등지에서 군수를 지내면서 풍부한 치민의 경험과 정치적 업적을 쌓았다.

동한東漢 장제章帝 건초建初 연간에 염범은 촉군蜀郡 태수에 임명되었다. 촉군의 백성들은 글을 이용하여 시비를 가리는 것을 숭상하고, 주관적 생각에 의지하여 인재의 장단점을 논하기를 좋아했다. 또한 다른 사람들의 구속을 받는 것도 싫어했고, 자신의 습관과 풍속이 타의에 의해 바뀌는 것도 원치 않았다. 염범은 여러 차례 이들을 교화시키려 했으나 이들은 끝내 허튼소리로 여기고 듣지 않았다.

성도는 당시 부유한 성으로 인구가 많아 민가가 조밀하게 모여 있었고, 성내의 백성들은 밤에 일을 하는 습관을 가지고 있었다. 염범이 취임하기 이전에 촉군을 다스렸던 역대 군수들은 모두 백성들에게 한밤중에 일하는 것을 금지했다. 한밤중에 일을 하려면 불을 붙여 주위를 밝혀야 하기 때문에 화재가 발생하기 쉬운 데다, 일단 화재가 발생하면 불길이 삽시간에 퍼져나가 커다란 피해를 입었기 때문이다. 그러나 백성들은 군수가 금지하는데도 아랑곳하지 않고 여전히 야간에 몰래 작업을 계속했고, 감히 드러내놓고 불을 밝힐 수 없다 보니 오히려 화재의 발생이 빈번해졌다. 염범은 촉군의 태수로 재임한 뒤로 더 이상 이런 금지령을 공포하지 않았고, 오히려 이전의 금지령마저도 철회하여 백성들에게 자유롭게 밤에도 일을 할 수 있게 해주었다. 대신 집집마다 충분한 양의 물을 준비하여 화재가 발생할 경우 제때에 진화함으로써 피해를 최소화하게 했다. 이는 그가 백성들에게 제시한 간단하지만 대단히 엄격한 요구 사항이었다.

이처럼 염범이 새로운 방법으로 백성들을 다스리기 시작한 뒤로 성도 일대에는 화재가 크게 감소했을 뿐만 아니라, 백성들의 생활도 훨씬 편리하고 윤택해졌다. 이러한 염범의 은덕을 칭송하기 위해 백성들은 노래를 만들어 부르기도 했다.

염숙도 님이여, 어찌 이리 늦게야 오셨습니까?
불을 금하지 않고 백성들이 편히 일할 수 있게 해주시니,
평생 저고리가 없던 우리에게 이제 바지가 다섯 벌이나 생겼습니다.

이 노래를 쉬운 말로 풀자면 이렇다.

"염 대인이 이제야 촉군의 관리로 오게 된 것이 아쉽긴 하지만 너무나 잘된 일이다. 한밤중에 불을 밝히는 것을 금하지 않고 야간에도 마음 편하게 일하게 해주신 덕분에 가난에서 벗어나 풍요로운 삶을 살게 되었으니 앞으로는 좋은 날만 있을 것이다."

염범이 촉군을 다스린 방법을 한마디로 말하자면 억지로 강요하지 않는 무위의 다스림이었다고 할 수 있다. 백성들로서는 반기고 우러러볼 만한 일이었다.

당 헌종 시기의 재상이었던 두황상杜黃裳도 무위의 다스림에 대해 탁월한 견해를 펼친 바 있다. 당 헌종이 황위를 계승한 지 얼마 되지 않아 대신들을 소집하여 치국의 방법에 관해 의견을 나누게 되었다. 헌종은 대신들과의 논의를 통해 정확한 치국의 방략을 결정하고자 했던 것이다.

두황상은 삭번의 문제에 대해 헌종에게 다양한 양책을 제시하여 번진의 반란을 평정하고 정권을 공고히 하는 데 크게 이바지했고, 때문에 헌종은 그를 남달리 신임했다. 헌종이 대신들과 나라를 다스리는

방법에 관해 상의하고자 한 것도 사실은 두황상의 지모와 탁견을 듣기 위한 것이었다. 헌종이 말했다.

"예로부터 어떤 제왕들은 모든 정무를 부지런히 보살펴 남다른 성과를 거두었고, 어떤 제왕들은 두 손을 가지런히 모은 채 청정무위로써 모든 것이 물 흐르듯이 순리대로 이루어지도록 내버려둠으로써 훌륭한 치세를 이루기도 했소. 역대 제왕들이 제각기 성공을 거둔 부분도 있고 실패한 부분도 없지 않으니, 과인이 어떻게 해야 적절하게 나라를 다스려 나갈 수 있겠소?"

이에 두황상이 대답했다.

"폐하께서는 위로는 천지와 국가가 부여한 사명을 계승하고, 아래로는 백성들과 주변 민족과 우방국들을 위로해야 하는 중임을 맡고 계시니 이를 위해 아침저녁으로 근심하시는 것이 마땅하며 절대로 한가함이나 편안함을 바라셔서는 안 됩니다.

그러나 군주와 신하는 각자 맡은 바 소임이 있으며 국가의 법도에는 일정한 질서가 있는 법입니다. 최대한 신중을 기하여 천하의 현명하고 능력 있는 인재들을 선발하여 그들에게 중임을 맡겨 법령을 제정하게 하되, 그들이 공을 세우면 상을 내리시고, 그들이 죄를 지으면 벌을 내리시어 상벌을 분명하게 함으로써 신뢰를 잃지 않아야 하고, 인재를 선발하고 임용하는 데 있어서 공정함이 드러나야 합니다. 그렇게만 된다면 조정을 위해 전심전력하지 않을 사람이 없을 것입니다. 이렇게 된다면 조정에서 추구하는 목표가 이루어지지 않을 이유가 어디 있겠습니까?

현명한 군주라면 인재를 구할 때는 다소 힘들고 고생스럽지만 일단 인재를 중용한 후에는 한 번의 고생으로 영속적인 편안함을 누릴 수 있는 법입니다. 이것이 바로 우임금과 순임금이 청정무위로써 공명정대한 정치를 펼 수 있었던 까닭이지요. 소송과 교역 같은 자잘하고 번잡한 일은 담당 관아에서 처리하도록 하셔야지, 군주가 직접 나서서 관여할 일이 아닙니다. 모든 일을 직접 처리하시려 들다간 제대로 할 수 있는 일이 하나도 없을 것입니다.

과거 진시황은 형기衡器를 이용하여 무게를 재야 할 정도로 엄청난 분량의 상소문을 읽었으니 부지런하지 않았다고 할 수 없을 것입니다. 위魏 명제明帝는 친히 상서대尙書臺를 찾아가 발행된 문서들을 검열했지요. 또한 수隋 문제文帝는 공무를 논할 때 시위병들이 서로 돌아가면서 음식을 먹어 허기를 채워야 했다고 합니다.

그러나 이들은 당시의 세상에 아무런 이익을 가져다주지 못했을 뿐만 아니라 후인들에게까지 비웃음을 사게 됐으니 애쓴 보람이 전혀 없었던 셈이지요. 그들의 두 눈과 귀, 몸과 마음이 결코 힘들지 않았다거나 부지런히 일하지 않았다고는 할 수 없을 것입니다. 단지 그들이 진력했던 일과 수고가 정리情理에 맞지 않았을 뿐이지요!

일반적으로 군주가 가장 두려워하는 것은 신하나 백성들과 신뢰를 갖고 진심으로 교제하지 못하는 것이고, 신하들이 가장 두려워하는 것은 스스로 충심을 다하지 못하는 것입니다. 군주가 신하를 의심한다면 신하는 그런 군주를 위해 충성을 다할 수 없고, 이렇게 위아래가 마음을 합치지 못한 상태에서 정치가 공명정대하기를 바라는 것은 지극히 어려운 일이지요."

헌종은 그의 말이 구구절절 마음에 와 닿았다. 과거 역사의 경험을 정리하여 현실에 반영한 정확한 탁견이었기 때문이다.

두황상은 확실히 뛰어난 식견을 가진 인물이었다. 그가 논술한 도리는 천고불변의 진리로서 오늘날의 관점에서 보아도 역사와 현실의 발전에 완전히 부합하는 것이라 할 수 있다.

22 | 지나치면 부족함만 못하다

　유종원은 당나라 때의 대문장가이자 탁월한 식견을 지닌 사상가였다. 그의 수많은 정치적 주장은 오늘날에도 훌륭한 정치 교본으로 사용되고 있다. 그는 백성들의 부담을 줄이고 휴양생식休養生殖을 통해 생활을 안정시킬 수 있는 정책을 주장하는 동시에, 지나치게 가혹하고 번잡한 법령에는 반대했다. 당시의 사회 상황으로 볼 때, 그의 이러한 주장은 대단히 중요한 의미를 갖는 것이었다.

　사실 역사적으로 서한西漢 초기에도 이미 백성들로 하여금 휴양생식할 수 있게 하는 정책이 실행된 바 있고, 그 결과 사회 전체의 발전을 촉진할 수 있었다. 유종원은 유명한 산문인 「종수곽탁타전種樹郭槖駝傳」에서 나무 심기를 빌어 이러한 이치를 밝힌 바 있다.

　곽탁타는 원래 어떤 이름으로 불렸는지 알 수 없지만 병으로 인해 등이 높이 솟고 몸이 구부러져 걷는 모습이 낙타를 닮았다는 이유로 동네 사람들은 그를 '탁타橐駝'라고 불렀다. 사람들이 지어준 호칭에 대해 곽탁타가 말했다.

"좋습니다. 저한테 딱 어울리는 이름이군요."

이리하여 그는 원래의 이름을 버리고 탁타라 자칭하게 되었다.

탁타의 고향은 풍악향으로 장안 서쪽에 위치해 있었다. 그는 나무 심는 것을 업으로 삼았는데, 장안성 안에서 관상용 나무를 원하는 돈 있고 권세 있는 사람들이나 과일을 재배하여 내다 파는 장사꾼들은 모두 앞 다투어 그를 자기 집으로 모시려 했다. 곽탁타가 심는 나무는 오래도록 잘 자랄 뿐만 아니라 줄기도 크고 잎도 무성했으며, 과실이 일찍 영글면서도 열매를 많이 맺었기 때문이다. 나무 심는 것을 업으로 삼는 다른 사람들도 몰래 그의 방법을 따라 했지만, 도저히 비법을 습득할 수가 없었다. 누군가 그에게 나무를 잘 키우는 비법에 관해 묻자 그가 대답했다.

"저에게 나무를 잘살게 하고 무성하게 만드는 재주가 있는 것은 결코 아닙니다. 저는 단지 나무가 본래의 성장 원리에 따라 본성을 충분히 발전시킬 수 있도록 내버려두는 것뿐이지요. 나무 심기의 원리란 뿌리가 잘 뻗을 수 있게 해주고, 배양토의 양을 고르게 유지해주며, 나무를 옮겨 심을 때는 구토舊土를 사용하고, 흙을 밟을 때는 세심하고 꼼꼼하게 해주는 것입니다. 이렇게 한 다음에는 더 이상 나무를 건드리거나 관여해서는 안 됩니다. 나무를 심을 때는 자기 아이를 아끼고 보살피듯 해야 하고, 심고 난 뒤에는 한쪽에 놔둔 채 더 이상 손을 대거나 간섭하지 말아야 합니다. 이렇게 해야만 나무의 성장 원리가 보호받을 수 있고 나무의 본성도 발전할 수 있는 것이지요. 그러니 나무의 성장을 방해하지 않을 뿐이지, 특별한 방법을 써서 과일이 많이 열리게 하거나 빨리 영글게 만드는 것이 아닙니다.

그러나 나무 심기를 업으로 삼는 다른 사람들은 그러지 않습니다. 나무뿌리를 옹그려 한데 뭉치게 하고, 옮겨 심을 때는 새로운 흙으로 바꿔주며, 배양토는 지나치게 많거나 부족하기 일쑤지요. 또한 나무에 과도한 애정을 쏟거나 지나치게 근심하는 경우가 많습니다. 이른 새벽이나 저녁 늦게 나갔다가도 돌아와 살펴보곤 하지요. 더 심한 경우에는 손톱으로 나무의 껍질을 떼어내 나무의 생사를 확인하고, 나무를 흔들어 뿌리와 솔방울을 살펴보기도 합니다. 그러나 그럴수록 나무의 본성은 점점 사라지게 되지요. 말로는 나무를 아낀다고 하지만 사실은 나무를 해치고 있고, 말로는 나무를 걱정한다고 하지만 사실은 나무의 원수가 되는 셈입니다. 따라서 제가 나무를 키우는 방법과는 애당초 비교가 되지 않으니 제가 또 무슨 설명을 할 수 있겠습니까?"

"선생의 나무 심기 방법을 관리들이 백성들을 다스리는 데도 적용할 수 있겠군요?"

"제가 아는 것이라곤 나무 심는 일뿐이라 백성들을 다스리는 것은 저와 상관없는 일입니다. 그러나 제 고향의 경우를 살펴보면 관리들이 빈번하게 법령을 발표하여 백성을 아끼고 보호하는 것처럼 보이지만, 결과적으로는 오히려 백성들을 힘들게 하고 재난을 가져다주기 일쑤입니다. 매일 아침저녁으로 차리가 찾아와 고함을 치고는 하지요. '상부에서 그대들에게 밭 갈기를 독촉하고 파종을 권고하여 수확을 장려하라는 명이 내려졌소. 서둘러 실을 뽑고 베 짜는 작업을 완성하도록 하시오. 가급적 일찍 아이의 젖을 먹이고 닭과 돼지를 치는 데 힘을 쏟도록 하시오.' 때로는 북을 두드려 백성들을 모으기도 하고, 때로는 나무 몽둥이를 두드려 백성들을 소집하기도 합니다. 그럴 때마다 힘없는 백성들은 밥을 짓다 말고 뛰어나가야 하고, 때로는 밥을 먹다가 수저를 내려놓고 달려가야 합니다. 제대로 일할 틈도 주지 않는데 어떻게 생산을 늘려 안정된 생활을 할 수 있겠습니까? 그러니 모두들 지치고 피곤할 수밖에 없지요."

"정말 훌륭합니다. 나무를 심고 키우는 방법을 물었다가 오히려 백성들을 다스리고 키우는 방법을 배우게 되었구려."

이 글은 일종의 우화적 성격의 전기문으로서, 당시 권력자들이나 윗사람들이 지나칠 정도로 빈번하게 법령을 바꾸고 혹정을 펼치던 사회의 정치적 폐단을 폭로하기 위해 쓴 것이다. 작자는 나무 심는 것을 치민에 비유하여, 나무의 타고난 성질에 순응해야 나무가 잘 자라는 것처럼 치민에 있어서도 백성들의 타고난 성질과 그 추구하는 바에 순응할 것을 역설하고 있다.

나무를 심을 때는 자식을 대하듯 한다는 말은 관리들이 백성을 아끼고 보호해야 하는 것은 물론이요, 백성들의 삶의 욕망과 의지를 최대한 존중해야 한다는 것을 의미한다. 또한 나무를 가꿀 때 방치하듯이 내버려둬야 한다는 것은 치민에 있어서 백성들의 부담을 최대한 줄여주고 삶의 의지와 희망을 회복할 수 있도록 도와주어야 한다는 것을 비유적으로 역설하고 있는 것이다. 나무를 심는 사람이 지나치게 근심하는 것은 위정자들이 빈번하게 법령을 반포하여 민생에 개입하는 것을 암시한다. 이러한 비유와 추론이 서로 맞물려 나무 심기의 원리를 통해 치민의 도리를 명확하게 제시하고 있는 것이다.

곽탁타의 나무 심는 방법은 다른 사람들의 나무 심기에 비해 원리와 태도, 방법과 결과 등 모든 면에서 극명한 대비를 이루고 있다. 이 일련의 대비는 나무를 심는 과정에서의 옳고 그름, 이해득실을 명확하게 보여준다. 이 글에서 작자는 다른 사람들이 나무를 심을 때 범하는 두 가지 잘못된 태도를 언급하면서 구체적으로 과도한 애정과 지나친 근심을 들었는데, 이는 통치자들이 지나치게 자주 법령을 남발하던 사회의 폐단과 이에 대한 개선책을 부각시키기 위한 것이었다. 작자가 이 글에서 곽탁타의 입을 빌어 제시한 '자작다정自作多情'이란 금기는 흔히 말하는 '지나치면 부족함만 못하다'는 이치와 같다.

23 | 운명에 대해 신중하게 사유하라

「양왕손전楊王孫傳」은 『한서漢書』의 유명한 편장 가운데 하나로서, 저자인 반고는 이 글을 감정에 따라 자연스럽게 썼다.

한漢 무제武帝 시기에는 많은 돈을 들여 성대하게 치르는 후장厚葬 (투터운 성의로 장례를 지냄–역자주)의 풍조가 크게 성행했다. 당시 무제가 앞장서서 후장을 제창하자 귀족과 대신, 문벌 호족들이 잇달아 그의 장례 방법을 본받아 앞 다투어 후장을 지냈다. 후장의 기풍을 몹시 싫어했던 양왕손은 스스로 나장裸葬[12]을 실행함으로써 잘못된 장례 풍속을 바로잡기로 마음먹었다.

---

12 관은 묻지 않고 시체만 매장하는 장례법을 말하나 여기서는 시체에 옷을 입히지 않고 매장하는 것을 의미한다.

양왕손은 효무제孝武帝 시기의 인물로 도가의 시조인 황제黃帝와 노자의 학설에 정통했다. 천금의 재산을 쌓아놓고 살면서 몸에 좋은 물건은 구하여 얻지 못하는 것이 없었던 그였지만, 천수를 다해 세상을 떠나게 되자 아들을 불러놓고 말했다.

"내가 죽거든 염을 하지 않은 상태로 장례를 치르도록 해라. 이런 방법을 통해 나의 본질로 되돌아가려는 것이니 너는 이 아비의 뜻을 절대 어겨선 안 될 것이다. 내가 죽고 나면 내 몸을 자루에 담아 7척 깊이의 구덩이 속에 묻도록 해라. 시신을 구덩이에 넣은 뒤에는 몸을 덮고 있는 자루를 발끝까지 모두 벗겨내어 몸이 땅과 닿을 수 있도록 해다오."

그의 아들은 대답을 미뤘다가 부친의 말에 따르지 않을 생각이었다. 그러나 그렇게 했다가는 부친의 유언을 어기는 일이 될 것이고 부친의 유언을 따르자니 차마 마음이 내키지 않아 몹시 곤혹스러웠다. 그리하여 아들은 부친의 친구인 기후를 찾아가 이 문제를 상의했다. 아들의 설명을 다 듣고 나서 기후가 양왕손에게 편지를 보내 말했다.

"왕손, 근자에 자네가 병으로 고통받고 있는데도 폐하를 따라 옹 땅에 가서 오제五帝에게 제사를 올리느라 아직 찾아가보지도 못했네. 부디 헛된 생각 하지 말고 때맞춰 약을 잘 챙겨 먹고 하루빨리 원기를 회복하고 몸을 잘 보존하도록 하게. 듣자 하니 아들에게 나장을 부탁했다고 하던데, 죽은 사람에게 의식이 없다면 그만이겠지만 의식이 있다면 이는 땅속에서 시신을 욕보이는 일이 될 걸세. 자네는 벌거벗은 몸으로 선조를 뵐 생각인가? 나는 그런 자네의 생각에 찬성할 수 없네. 하물며 『효경孝經』에서도 '죽은 자를 위해 관곽과 수의, 수피를 잘 준비해야 한다'고 했네. 이는 성인들께서 남기신 오랜 제도인데 개인의 죽음에 어찌 편협한 황노 사상을 고수할 필요가 있겠나?

왕손, 부디 잘 생각해주기 바라네."

양왕손은 즉시 기후에게 답신을 보냈다.

"고대의 한 성왕聖王은 가족이 헛되이 죽는 것을 참을 수 없어 장례 제도를 만들었다고 들었네. 그러나 오늘날의 사람들은 장례의 규정과 한도를 크게 넘어서고 있네. 내가 나장을 부탁하게 된 이유는 이를 통해 잘못된 세태의 풍속을 바로잡고자 하는 것일세. 죽은 사람에게는 아무런 이익도 없는데 속인들은 경쟁하듯 앞 다투어 성대한 장례를 치르느라 재물을 탕진하고 있네. 심한 경우에는 오늘 매장을 했다가 내일 다시 파헤치기도 하니, 이것이 황량한 들판에 시신을 방치하는 것과 뭐가 다르겠나? 게다가 죽음은 생명이 다했을 때의 자연스러운 변화이자 사물의 마지막 귀착점이 아닌가? 마땅히 돌아가야 할 곳으로 돌아가야 하고, 정당한 변화로 변화를 이루어야 하는 걸세. 이로써 세상 만물은 각자의 본질로 돌아가게 되는 것일세. 창망한 어둠 속에서 형체도 없고 흔적도 없으며 소리도 없고 울림도 없어야만 비로소 자연의 정리에 부합하게 되는 것일세. 외관을 장식하여 사람들에게 과시하고 많은 재물을 낭비하여 성대하게 장례를 치르는 것은 시신을 땅에서 멀어지게 하고 본질로 돌아갈 수 없도록 방해하는 방법이라네. 이는 천지만물로 하여금 마땅히 돌아가야 할 곳을 얻지 못하고 마땅히 얻어야 할 변화를 얻지 못하여 각자의 귀착점을 잃어버리게 만드는 일일세.

게다가 내가 듣기로 정신은 하늘이 가지고 있는 것이고 몸은 땅이 가지고 있는 것이라 했네. 정신이 형체를 떠나면 그 본질로 돌아가기 때문에 이를 일컬어 '귀鬼'라고 부르는 것일세. '귀'라는 단어는 곧 '귀歸'를 의미한다네. 영혼이 떠나버린 시신이 그곳에 기댈 곳 없이 홀로 머무는데 어찌 지각이 있을 수 있겠나? 천으로 시신을 감싸고 관에 넣음으로써 시신을 흙에서 멀어지게 하고 때로는 입 안에 옥석玉石을 넣어 변화를 막고자 하는데, 이는 결국 시신을 1,000년 뒤의 육포로 만드는 것에 다름 아닐세. 관이 썩어 문드러진 뒤에야 비로소 흙으로 돌아갈 수 있으니, 이런 식으로 죽은 사람을 또다시 오랜 세월 떠돌게 만들 필요가 있겠나?

요제堯帝 때부터 죽은 사람을 매장할 때는 나무줄기를 파내 관을 만들고 칡넝쿨을 밧줄 삼아 묶은 다음 아래로는 샘물이 나오지 않을 정도까지 파고 위로는 시신의 냄새가 밖으로 새어나오지 않을 정도만 흙을 덮어 묻었네. 그래서 고대의 성왕들은 생전에는 봉양하기가 어렵지 않았고, 죽은 뒤에는 장례가 간단하여 모시기 어렵지 않았던 것일세. 쓸모없는 데에 힘을 쓰지 않고 도리가 없는 곳에 돈을 쓰지 않았던 것일세. 오늘날처럼 막대한 재물을 낭비해가면서 성대한 장례를 치러 마땅히 돌아가야 할 것을 돌아가지 못하게 하고 마땅히 이르러야 할 곳으로부터 멀어지게 한다면, 죽은 사람은 아무것도 모르고 산 사람은 아무것도 얻지 못하니 양쪽 모두 어리석음을 범하게 되는 것일세. 나는 절대로 그리 하고 싶지 않네."

양왕손의 마음을 이해한 기후는 곧장 짧은 답신을 보냈다.

"알았네. 자네 아들을 타이르도록 하겠네."

이리하여 양왕손은 나신으로 땅에 묻힐 수 있었다.

저자인 반고는 이 사례를 칭송하며 다음과 같이 말한다.

"일찍이 공자는 '중용의 도를 얻지 못하면 극단적인 방법을 고려해야 한다'고 지적한 바 있는데, 양왕손의 생각은 엄청난 양의 부장품을 요구했던 진시황보다 훨씬 고명한 것이었다."

반고의 「양왕손전」은 나장에 관한 양왕손의 언행을 서술함으로써 무위자연의 사상을 설명하고 있다. 「양왕손전」에서 취할 수 있는 사상적인 측면은 두 가지로 요약할 수 있다. 첫째, 이 글은 당시 봉건 통치자들의 사치와 탐욕을 폭로하고 비판하고 있다. 양왕손이 나장을 통해 세태와 민풍의 폐단을 바로잡고 검소한 장례를 제창한 것은 대단히 긍정적인 가치를 지니는 일이었다. 둘째, 이 글에서는 무신론의 사상을 제창하고 있다. 일반적으로 진한秦漢 시기 사람들은 사람이 죽은 뒤에도 그 영혼이 여전히 존재한다고 믿었다. 사람이 죽은 뒤에도 지각이 있다고 보는 미신의 관점을 단호히 부정하고 무신론적 사상을 제창한 것은 당시로서는 대단히 진보적인 일이었다. 이것이 바로 이 글이 갖는 가장 큰 중요성이라 할 수 있다.

후주後周의 태조太祖 곽위는 박장薄葬(장례를 간단히 지냄 – 역자주)을 제창한 황제로 유명하다. 그러나 이는 결코 그에게 고명한 이론이나 백성들의 재물을 아끼고자 하는 갸륵한 마음이 있어서는 아니었다. 다만 '상란喪亂 이래로 분묘가 파헤쳐지지 않은 적이 없었던 이유가 모두 후장에서 연유한 것'이라는 역사적 교훈에 근거한 행동이었다. 당시 당 왕조의 황릉이 모두 파헤쳐져 도굴당하는 사건이 빈번하게 발생했다. 곽위가 박장을 제창하고 장례를 간소하게 치를 것을 주장했던 것은 자신의 분묘가 도굴되지나 않을까 하는 두려움 때문이었다.

곽위는 후장으로 인해 분묘가 도굴당하는 것이 어떤 것인지 절실하게 체득했다. 당시는 사회의 기풍이 날로 쇠락하고 인심이 예전 같지 않았으며 도덕이 상실된 매우 혼란한 상황이었다. 이런 가운데 분묘를 파헤쳐 도굴을 일삼기로 유명했던 인물이 바로 절도사 온도였다. 온도는 젊은 시절 도적의 무리에 가담했던 인물로, 나중에 봉상릉 우절도사 이무정의 부장으로 발탁되었다. 일찍이 양나라에 투항했으나 그 뒤로 투항과 모반을 반복했다. 양나라의 마지막 황제 시기에는 정승군의 절도사가 되기도 했다. 온도는 법을 어기면서 제멋대로 행동했고, 절도사로 재직하던 기간에는 경내에 있는 당 왕조의 황릉을 전부 파헤쳐 부장품을 도둑질했다. 소릉은 당 태종 이세민의 능묘로 대단히 견고하고 웅장하게 지어져 있었다. 온도는 군대를 파견하여 능묘를 파헤치게 한 다음 침궁寢宮(왕릉에서 관을 놓는 곳 - 역자주)으로 들어가 진귀한 보물과 각종 서적과 서화는 물론, 명가의 진품 회화, 특히 종요나 왕희지의 친필 등 진귀한 부장품을 하나도 남김없이 약탈함으로써 사회에 커다란 물의를 일으켰다. 이리하여 당 왕조의 능묘가 무참히 파괴되고 함께 매장되었던 다량의 금은과 옥기玉器, 진귀하고 기이한 보물들을 몽땅 약탈당하고 말았다. 나중에 당 장종莊宗이 양나라를 멸하자 온도는 당에 투항하려 했다. 그러나 장종의 대신인 곽숭도는 그의 투항을 받아들이는 것에 단호하게 반대하며 말했다.

"온도는 정말 후안무치한 인물입니다. 모든 사람이 용서받을 수 있다 해도 온도처럼 황제의 능묘를 도굴한 도적은 결코 용서해선 안 됩니다."

온도가 묘를 도굴한 사건은 후주의 태조 곽위에게 큰 충격을 주었다. 그는 일찍이 아들 세종世宗 시영에게 경계하여 말하곤 했다.

"내가 서쪽 지역을 정벌하러 나섰을 때 당의 18릉이 모두 도굴당한 것을 보았다. 이는 무덤 안에 금은과 옥기, 진귀한 보물을 지나치게 많이 부장했기 때문일 것이다. 내가 죽거든 종이로 수의를 만들고 도관陶棺(점토를 구워서 만든 관으로 옹관이라고도 함—역자주)에 넣어 매장하도록 하라. 또한 서둘러 흙 속에 안장하되 오랫동안 궁에 머물지 않도록 하라. 무덤 중앙은 벽돌로 세우면 될 테니 절대 석재를 사용하지 말고, 매장하기 전에는 반드시 관을 열어 여러 사람들에게 보임으로써 관 속에 진기한 보물이 부장되어 있을 것이라는 추측 때문에 또다시 묘를 파헤치는 일이 없도록 하라.

안장을 마친 뒤에는 능묘 인근에 살고 있는 30호 정도의 백성들에게 부역을 면해주는 대신 묘원을 잘 지키게 하라. 땅속의 궁실은 절대로 보수하지 말고 능묘를 지키는 궁녀도 따로 두지 마라. 능묘를 조성하는 데 필요한 노동력은 일꾼들을 따로 고용하되, 절대로 백성들을 징집하여 혹사시키지 않도록 하라. 또한 분묘 앞에 석양石羊이나 석호石虎, 석인石人, 석마石馬 등을 세울 필요 없이 비석 하나만 세우면 될 것이다. 비석에는 '주나라 천자는 평생 검소하고 절약하는 기풍을 중시하여 종이로 수의를 짓고 도관을 사용하되 절대 이를 어기지 말라고 당부하셨다'라고 간단히 새겨 넣도록 해라. 네가 이 아비의 뜻을 어긴다면 아비는 절대로 네게 복을 내리지 않을 것이다."

역사가들은 진한 이후부터 제왕의 후장 풍조가 생겨났다고 설명하고 있다. 제왕들은 죽기 전에 엄청난 인력과 물자, 재물을 낭비하면서 웅대한 능묘를 건축하고 죽은 뒤에는 다시 수많은 금은보화를 함께 부장하는 극도의 사치를 부리곤 했다. 이런 일을 행하는데는 위대하고 총명했던 성군들도 있었으니 실로 이해하기 어려운 일이다. 생전의 부귀가 사후의 영원한 삶을 보장한다고 생각하는 것은 어리석은 망상이 아닐 수 없다. 지나친 사치를 부려 후장을 행하는 것은 백성들을 고달프게 하고 막대한 재물을 낭비하며 죽음의 신비함을 천박한 부패로 변질시킬 뿐만 아니라, 나중에는 능묘가 도굴되어 죽어서도 편히 잠들지 못하는 우환을 남기는 일이다. 이런 까닭에 곽위를 식견 있는 군주로 간주할 수도 있는 것이다.

예의와 엄숙함으로 운명을 대하라

한편 공자는 후장을 제창했으나 그의 이러한 견해는 당시 사람들로부터 많은 오해와 비난의 대상이 되었다. 『안자춘추晏子春秋』의 편장에서 그 흔적을 살필 수 있다.

공자가 제나라에 이르러 경공을 알현하자 경공이 매우 반가워하며 이계 지역을 공자에게 하사하고자 한다는 뜻을 안영에게 전했다. 그러자 안영이 경공에게 말했다.

"안 될 일입니다. 공자 선생은 사람됨이 오만하여 늘 자신이 옳다고 여기는 분인데, 이런 사람에게 백성들을 가르치게 할 수는 없습니다. 그는 향락을 좋아하고 백성들을 가볍게 여기기 때문에 그에게 이계 지역을 맡겨 관리하게 해서는 안 됩니다. 또한 그는 수신을 중시하고 사람들에게 천명을 따를 것을 요구하면서 실질적으로 다스리는 것은 싫어하기 때문에 그에게 일정한 직책을 맡겨서도 안 됩니다. 그는 후장을 장려하기 때문에 틀림없이 백성들의 재물을 낭비하게 하고 나라를 빈곤으로 이끌어갈 것입니다. 사람들이 슬픈 감정을 절제하지 않고 눈물로 밤을 지새우며 오랫동안 허송세월하게 하는 것 또한 백성들을 아끼는 방법은 아니지요.

나라를 다스리는 어려움은 실제로 정사를 돌보면서 무엇을 어떻게 하느냐 하는 데에 있습니다. 그러나 유가의 학설에서는 단지 표면적인 형식에 있어서만 위아래를 구별하고 있기 때문에 특이한 복장에 신경을 쓰고, 일부러 엄숙하고 경건한 표정을 지어 보임으로써 일반 대중들과 다르다는 것을 나타내려고 하지요. 이런 행동으로는 근본적으로 민중을 계몽하고 백성들을 교화시킬 수 없을 것입니다.

위대한 성현들이 사라진 이후로 주 왕실의 권위가 쇠락하고, 각종 예의가 날로 자질구레해지자 민중들의 행동과 기풍도 갈수록 경박해지고 예법도 갈수록 난잡해지고 있으며 사회의 도덕적 기풍도 악화되고 있습니다. 나라 전체가 점차적으로 몰락해가고 있는 것이지요. 지금 공자 선생은 힘써 예악禮樂을 제창하고 세인들을 현혹하여 음악을 연주하고 춤을 추면서 문하생들을 불러 모으고 있습니다. 그러면서 특히 상하 귀천과 행동거지에 관한 각종 예의에 관심을 집중하여 이것으로 민중을 제약하고 속박하려 하고 있는 것입니다. 공자 선생의 학문이 넓고 깊긴 하지만 본받을 만한 귀감이 되는 것은 하나도 없고 마음 쓰는 것도 백성들에게 도움이 될 수 있는 바가 전혀 없습니다.

그의 사상과 교화는 두 배의 목숨을 산다고 해도 통달할 수 없을 만큼 번잡하고 자질구레합니다. 그처럼 번잡한 예의는 아무리 긴 세월을 쏟아도 다 배울 수 없고, 아무리 많은 재물을 쌓아도 이러한 예절에 필요한 비용을 충족시킬 수 없을 것입니다. 공자의 학설은 각종 사설邪說을 세심하게 꿰맞추어 군주를 미혹시키고 즐거운 노래와 음악을 크게 일으켜 어리석은 백성들을 농락하는 것에 불과합니다. 공자의 학설은 절대로 치국의 방책이 될 수 없으며, 그의 설교는 백성들을 가르치기에 적합하지 않습니다. 그러니 폐하께서는 그에게 치국의 도를 물으셔서는 안 됩니다. 지금 폐하께서 군이 공자 선생께 가르침을 구하고 그것에 의지하여 백성과 나라를 다스리고자 하신다면 그것은 불가능한 일이 될 수밖에 없을 것입니다."

경공은 안영의 말을 듣고 나서 매우 일리가 있다고 여기면서 공자의 학설은 치국에 적합한 도리가 아니라 단정하고 다시는 공자를 찾지 않았다. 그 후로 공자는 제나라를 떠나 다른 곳으로 갈 수밖에 없었다.

사실 공자로서는 안영의 주장이 억울할 수도 있다. 그의 진정한 뜻은 원래 그런 것이 아니었기 때문이다. 그러나 공자가 억울해할 수도 없는 것이, 당시에는 그의 학설을 이해하는 사람은 소수에 불과했고 안영과 같은 해석과 견해가 지배적이었다.

공자가 후장을 중시한 것은 결코 매장할 때 많은 부장품을 넣어야 한다는 의미가 아니라 예의와 엄숙함을 강조한 것이었다. 공자는 일찍이 "신중하고 삼가는 마음으로 원대한 것을 추구하면 마침내 백성들의 덕이 두터워진다"라고 말한 바 있다. 그가 이런 말을 한 의도는 모든 사람들이 자신의 궁극적인 운명에 대해 신중하게 사고해야만 진지하게 미래에 관해 사고할 수 있고, 인간의 가치와 의미에 대해 진지하게 사유할 수 있으며, 인간과 동물의 차이를 구별할 수 있고, 이렇게 해야만 인간이 인정으로 내면 깊은 곳에 도덕적 심성을 기를 수 있다는 의미에서였다. 공자의 이론은 일종의 근본적 성격을 띠고 있으며 인간의 가장 깊은 내면적 본질 깊숙한 곳에서부터 출발하고 있다고 해야 마땅할 것이다. 그러므로 공자가 제나라에는 받아들여지지 못했지만, 그것이 결코 그가 만세의 스승이 되는 데 영향을 미치지는 못했던 것이다.

한편, 안영의 얄팍한 학식으로 사회에 응용한다는 측면에서 의론을 출발시키고 있기는 하지만 그가 공자의 이론을 비판한 것도 어느 정도 합리적이고 일관된 견해를 피력한 것이라 평가할 수 있을 것이다. 아쉬운 것은 결국 그의 견해가 갖는 영향력이 대단히 제한적일 수밖에 없었다는 점이다.

5장

인자한 마음이
최고의 경지다

24 │ 인내의 도리가 경지에 이르다

    황노의 도술 가운데 자인慈忍의 도는 대단히 중요한 구성 요소다. 이른바 자慈는 자애를 뜻하는데, 이는 부모가 그 자녀들을 대할 때처럼 모든 것을 내어주는 것을 말한다. 이는 원칙을 중시하여 도덕을 근본으로 하는 유가의 관념보다 한 단계 위에 있는 정신적 자세라 할 수 있다. 따라서 자애는 개인적 수양에 있어서 '정신적으로 내적 수렴과 지혜의 정화 단계'에 이르러야 가능한 최고의 심리적 경지이자 '감히 천하와 더불어 앞을 다투지 않는' 처세의 지모라 할 수 있다.

    그러나 자애가 지모보다 훨씬 더 깊은 의미를 지닌다. 자애로써 사람들을 설복시킬 수 있는 것은 단순하고 외부적인 설복이 아니라 설복당하는 사람으로 하여금 충분한 애정을 느끼게 하기 때문이다. 자애는 이치로써 상대를 설복하는 것이 아니기 때문에 설복당하는 사람에게 소외감을 불러일으키지 않는다. 따라서 설복당하는 사람도 설복시키는 사람에게 충심에서 우러나와 자발적이고 영원한 보답을 제공하게 된다.

황노의 도술에서 말하는 세 가지 가장 기본적인 도술 가운데 '자'에 관해 이야기해보자.

장손순덕은 당 태종의 황후인 장손 황후의 친척으로서, 일찍이 수隋 왕조에서 우훈위라는 관직을 맡고 있다가 나중에 태원으로 도피하여 당 고조 이연에게 투항했다. 그는 당 고조 이연으로부터 큰 신임을 얻은 데 이어 태종에게도 총애와 신임을 독차지했다. 나중에 태종이 그에게 반도를 토벌한다는 명목으로 유홍기와 더불어 병사들을 모을 것을 지시하자 그는 한 달이 채 못 되는 짧은 시간에 무려 1만여 명의 군사를 모아 태원성 아래에 군영을 꾸렸다. 고조가 태원에서 기병할 때에는 장손순덕을 총병으로 중용하여 태종 이세민을 따라 곽읍과 임분, 강군 등지를 공격하게 했다. 그는 매번 용감하게 작전을 펼쳐 혁혁한 전공을 세웠다. 얼마 후에는 유문정과 함께 수나라 장수 굴돌통의 군대를 공격하여 그를 생포하고 이어서 섬현을 평정했다. 요컨대 그는 이당 정권이 수 왕조에 대항하는 모든 과정에서 충분한 신임을 받으면서 놀라운 공적을 세운 것이다.

고조는 즉위하자마자 장손순덕을 좌효위대장군에 임명하고 설국공으로 봉했다.

무덕武德 9년(626년), 장손순덕과 진숙실 등은 이세민이 발동한 현무문 정변에 참가하여 당 태종이 황제로 즉위하는 데 큰 공을 세웠다. 태종은 황위에 오른 뒤에 장손순덕에게 특별히 궁녀들을 하사하는 동시에 황궁에서 머물 수 있도록 허락했다. 그러나 그는 사람들로부터 뇌물을 받았고, 이로 인해 조정에 고발당하는 사태가 벌어졌다. 당 왕조의 법률에 따르면 그는 엄중한 처벌을 받아야 했다. 태종은 그를 처벌하자니 마음이 너무 아파 신변의 시위 대신들에게 말했다.

"장손순덕은 외척의 지위를 가지고 있고 개국 공신의 대열에 속하며 관직이 높고 봉록도 넉넉한데, 이처럼 부유하고 존경받을 만한 위치에 있으면서도 공부를 많이 하지 못한 것이 안타깝구려. 그가 책을 열심히 읽어 고금의 역사를 잘 깨달아 자신의 삶을 위한 교훈으로 삼았다면 지금과는 크게 달랐을 것이오. 그가 이처럼 관리로서의 절개를 지키지 않고 자신의 명성을 돌보지 않아 뇌물에 욕심을 부리고 그 추문이 세상에 다 드러났으니, 나로서도 정말 어찌해야 할지 모르겠소!"

태종은 뇌물을 받은 일로 고발당한 장손순덕을 처벌하지 않았을 뿐만 아니라 조정에서 여러 사람들이 지켜보는 가운데 비단 열 필을 하사하여 그가 마음속으로 깊이 부끄러움을 느끼고 잘못을 뉘우치게 했다. 이에 대리시大理寺(형벌에 관한 일을 맡아보던 관청—역자주) 소경小卿인 호연이 간언하여 말했다.

"장손순덕은 법을 어기고 뇌물을 받았으니 그의 죄는 용서받을 수 없는 것이 마땅한데 어째서 폐하께서는 그에게 비단까지 상으로 내리시는 겁니까?"

"사람에겐 양심이란 것이 있고 깨달음이 있으니 비단을 받는 것이 처벌을 받는 것보다 더 마음이 아플 것이오. 그가 비단을 받고서도 부끄러운 줄 모른다면 그는 한 마리 짐승에 지나지 않을 것이오. 그가 정말로 한 마리 짐승에 불과하다면 그를 죽인들 무슨 의미가 있겠소?"

얼마 후 장손순덕은 또다시 이효와 함께 범죄를 저질렀고, 이번에는 태종도 그를 보호할 수 없었다. 결국 그는 모든 직위와 관작에서 제명되고 말았다. 다시 1년이 지나 태종은 공신도功臣圖를 보다가 우연히 장손순덕의 화상畵像을 마주치게 되었다. 태종은 그가 너무 가엾다는 생각이 들어 당장 우문사급을 보내 장손순덕이 사는 모습을 살펴보고 오게 했다. 우문사급은 장손순덕의 생활상을 살피고 돌아와서 그의 정신 상태가 매우 좋지 않아 항상 술에 취해 있다고 보고하면서, 아울러 조정의 대신들 모두 그가 이미 뉘우치고 있음을 잘 알고 있다고 말했다. 이에 태종이 또다시 그를 불러 택주 자사의 관직을 내리는 동시에 그의 작위와 식읍을 회복시켜주었다. 이 일로 조정의 대신들 가운데 감격하지 않는 사람이 없었으며, 하나같이 자애로운 아버지가 자식을 처벌하기보다는 사랑으로 교육하는 것처럼 항상 개과천선의 기회를 주는 성군이라고 태종을 칭송했다. 이리하여 대신들은 태종에게 더욱 충성을 다하면서 충심으로 복종하게 되었다.

동오의 손권이 여몽을 대한 태도도 이와 유사한 사례라 할 수 있다. 어쩌면 손권의 태도는 태종보다도 더 진정한 감정에서 나온 것이었을지 모른다. 이러한 감정은 그 자체로서 사랑과 인내의 도리에 부합한다. 단지 이러한 감정이 일정한 시기에 완전히 통제할 수 없는 상태로 발전되지만 않는다면 아무 문제도 없을 것이다.

여몽은 손권의 수하에서 뛰어난 능력을 발휘했던 명장으로서 대단히 용맹할 뿐만 아니라 지모와 계략도 갖춘 인물이었다. 그는 손권에게 항상 충성을 다했고 동오 정권에서도 매우 큰 공을 세웠다. 이런 그를 손권이 지극히 총애하고 신임한 것은 당연한 일이었다.

여몽이 관우를 생포하고 형주를 평정한 이후 손권은 그를 남군 태수로 임명하고 잔릉후에 봉하는 동시에 엄청난 재산과 황금 500근을 하사했다. 여몽은 이를 받지 않겠다고 완곡하게 사양했지만 손권은 막무가내로 이를 받게 했다.

그러나 작위를 내리는 공문이 발포되기도 전에 여몽의 고질병이 재발하고 말았다. 손권은 이런 소식을 듣자마자 몹시 다급한 마음에 즉시 그를 황궁으로 데려다가 온갖 방법을 써서 그의 병을 치료하려고 시도했다. 손권은 직접 의원을 찾아가 병세를 묻고 약을 지었을 뿐만 아니라, 유명한 의원을 구하기 위해 여몽의 병을 고치는 사람에게는 황금 1,000냥을 상으로 내리겠다는 방을 내다 붙여 천하에 알리기도 했다. 다행히 한 의원이 나타나 침술을 사용하여 여몽의 병을 치료하게 되었다. 손권은 옆에서 치료 과정을 지켜보며 괴로움을 참는 여몽의 모습에 너무나 마음이 아파 눈물을 흘리기도 했다. 여몽의 병세에 대한 손권의 관심은 무엇에도 비교할 수 없을 정도였다. 손권은 자주 여몽의 병세를 살피려 했지만, 그가 자신을 영접하는 것조차 건강에 악영향을 미칠까 두려워 방 밖에서 조심스럽게 벽에 난 구멍을 통해 그의 기색을 살피곤 했다. 여몽이 어느 정도 식사를 할 수 있게 되면 그는 기쁜 나머지 좌우의 시종들과 함께 웃으며 즐거움을 나누었다. 그러다가 여몽이 식사를 제대로 못하는 것을 보게 되면 금세 기분이 우울해지면서 얼굴에 수심이 가득하여 한숨을 내쉬었다. 밤에는 여몽에 대한 걱정 때문에 잠도 이루지 못했다. 한때 여몽의 병세가 좋아지자 손권은 몹시 기뻐하면서 대대적인 사면령을 내리고 대신들에게 함께 축하해달라고 했다. 그러다가 나중에 여몽의 병세가 점점 악화되자 손권은 직접 방사方士(신선의 술법을 닦는 사람─역자주)를 찾아가 여몽을 위해 하늘에 기도를 드려줄 것을 부탁한 다음, 자신은 직접 여몽의 병상을 지키며 지극 정성으로 보살폈다. 그러나 여몽은 끝내 병이 완치되지 못해 세상을 떠나고 말았다. 이에 손권은 슬퍼하며 직접 소복을 입고 여몽을 위해 밤을 지새웠다. 그 후로도 여러 날 동안 안절부절 못하면서 식음을 전폐했다. 손권은 이에 그치지 않고 여몽을 위해 세심하게 사후 처리를 해주었고 훌륭한 분묘를 지어주었으며, 300호의 가구를 지정하여 그의 분묘를 관리하게 했다.

그가 사람을 부리는 기술로써 자애를 사용했는지는 분명치 않다. 다시 당 태종으로 돌아가보면 이 문제를 쉽게 이해할 수 있을 것이다. 단지 당 태종 이세민은 이를 너무 노골적으로 드러냈을 뿐이다.

이적은 평민 출신이었지만 나중에 이세민으로부터 큰 신임과 중용을 받았다. 무덕武德 8년(625년)과 정관貞觀 3년(629년), 그는 두 차례에 걸쳐 돌궐에 대한 출격을 감행하여 큰 전공을 세웠다. 당시 고종이 진왕晉王을 요령병주대도독으로 임명하자, 태종은 이적을 받아들여 광록대부로 임명하고 병주대도독부장사를 겸임하게 했다. 이적은 병주에서 무려 16년 동안이나 명령을 엄격히 지키면서 금지 사항을 범하지 않아 사람들로부터 직위에 가장 적합한 인물이라는 평을 얻었다. 이에 태종이 친신親臣들에게 말했다.

"수나라 양제는 현명한 신하와 훌륭한 장수들을 제대로 선발하여 변방을 다스리지 못했소. 그저 돌궐의 침략을 방지하기 위해 장성만 쌓을 줄 알았기 때문에 그 우둔함으로 인해 나라를 잃는 지경이 이르고 말았소. 반면에 과인은 이적에게 병주를 지키게 하여 돌궐이 그의 위세에 눌려 멀리 도망가게 했으니, 변경을 안정시키는 데 장성을 쌓는 것보다 이것이 훨씬 더 나은 방법이 아니겠소?"

정관 15년(641년), 태종은 다시 이적을 불러들여 병부상서에 임명했다. 이적이 아직 경성에 도착하지 않고 있을 때 설연타는 자신의 아들 대도설로 하여금 기병 8만 명을 거느리고 남침하여 이사마 부락을 공격하게 했다. 이에 태종은 이적을 삭주 행군총관으로 임명하여 3,000명의 기병을 이끌게 했다. 그는 설연타를 추격하여 청산에 이르러 적군을 대파하고, 명왕明王 한 명을 참수하고 수령을 비롯하여 5만 명의 병사를 포로로 잡았다. 당시 이적이 갑자기 중병에 걸리자, 의사가 수염을 태워 약을 만들어야만 이적의 병을 치료할 수 있다는 처방을 내렸다. 그러자 태종은 즉시 자신의 수염을 전부 잘라 이적의 병을 치료하기 위한 약을 만들었다. 태종의 은덕에 감동한 이적은 이마에서 피가 흐를 정도로 머리를 조아리면서 태종에게 진심에서 우러나오는 감사의 마음을 표했다. 그러자 태종이 말했다.

"그대가 항상 국가의 미래를 생각하여 전심전력을 다하고 있다는 것은 과인도 잘 알고 있는 사실이오. 그러나 지나친 고생을 사서 하지는 말구려. 과인은 항상 그대에게 고마운 마음을 갖고 있소."

정관 17년(643년), 고종이 황태자로 책립되자 태종은 이적을 태자 첨사 겸 좌위율로 임명하고 지위를 특별히 높여 중서성과 문하성의 3품 관원에 맞먹는 품위를 하사했다. 태종이 이적에게 말했다.

"과인의 아들이 새로 태자의 자리에 오른 데다 그대는 원래 태자 밑의 장사長史였으니 이제 태자궁의 모든 업무를 그대에게 일임할 생각이오. 그래서 그대를 이런 직위에 임명하는 것이오.

그대가 갖고 있던 관위와 자질에 비하면 다소 억울한 점도 없지 않겠지만 부디 언짢아하지 말기를 바라오."

태종은 또 연회를 베푸는 자리에서 이적에게 말했다.

"과인은 장차 태자를 조정의 중신들에게 맡길 생각인데, 아무리 생각해도 그대만한 인물이 없는 것 같소. 그대는 과거에 이밀을 저버리지 않았으니 지금 나의 부탁도 저버리지 않을 것이라 믿소!"

태종의 신임에 감격한 이적은 소리 없이 흐느끼며 손톱을 깨물어 충심으로 태자를 모실 것을 맹세했다. 한번은 이적이 술에 만취해 깨어나지 못하자 태종이 입고 있던 옷을 벗어 이적의 몸에 덮어준 적도 있었다.

정관貞觀 23년(649년), 중병으로 몸져누운 태종이 고종에게 말했다.

"이적은 너를 위해 충성을 다했는데, 너는 아직까지 이적에게 아무런 은혜도 베풀지 못한 것 같구나. 그러나 이적은 정말 믿을 만한 인물이다. 네가 그에게 커다란 은전을 내릴 수 있는 기회를 주기 위해 내가 그를 벌하여 멀리 변방으로 내쫓을 생각이다. 내가 죽거든 네가 그를 다시 경사로 불러들여 높은 관직을 내리도록 해라. 네가 그에게 은전을 베풀면 그는 크게 감복하여 네게 충성을 다하게 될 것이다."

태종은 정말로 이적을 경사에서 쫓아내 누주 도독으로 임명했다. 얼마 후 태종이 죽고 고종이 즉위했다. 고종은 즉위하자마자 아버지의 뜻에 따라 이적을 다시 불러들여 낙주 자사의 관직을 맡긴 다음, 오래지 않아 다시 중서성과 문하성의 일을 맡겨 국가의 중대한 기밀과 대사에 참여하게 했다. 그해에 이적은 상서좌복야로 임명되었고, 태종이 죽기 전과 똑같은 작위를 회복하게 되었다.

이적은 중국 역사상 대단히 전기적인 인물로 뛰어난 지혜와 모략을 갖추고 있었다. 이런 인물이 태종의 농간에 이용당하고 있다는 사실을 모를 리 없었다. 그러나 그는 태종의 책략을 알면서도 기꺼이 받아들였다. 이는 자애와 인내의 도리가 높은 경지에 이르렀음을 상징하는 일인 동시에 인간이 보편적으로 갖고 있는 인성의 약점이기도 했다.

25 | 말없이 기다리다 기회를 잡다

자애와 가장 밀접한 관계를 가지고 있는 것이 바로 인내, 즉 참을성이다. 여기에서 말하는 '인忍'이란 잔인함을 가리키는 것이 아니라 참음과 관용의 미덕을 말한다. 그러나 고대 중국의 정신문화에서 말하는 인은 일반적인 의미에서의 심리적인 인내와 관용이 아니라, 사람이 열세에 몰리거나 마음에 들지 않는 일이 발생했을 때 현실에 급급하지 않고 미래의 발전을 위해 사용하는 일종의 책략이다. 이 책략 역시 일반적인 의미의 책략이 아니라 세상의 모든 변화 원리를 통찰하고 이를 마음속에서 삭여낸 정서적 지략이라 할 수 있다. 인내에는 역경과 고난, 굴욕을 참아내는 강한 의지가 포함될 뿐만 아니라 '기쁨을 참고' '부유함 속에서도 절제를 잃지 않으며', '권세를 장악하고도 횡포를 부리지 않고', '편안함 속에서도 고통을 생각할 줄 알며', '즐거움과 여유

속에서도 괴로움을 기억하는' 도량이 요구된다. 한마디로 말해서 '인'
이란 모든 것을 참고 절제함으로써 길한 것을 취하고 흉한 것을 피하
는 처세의 지략이자, 해로운 것을 피하고 걸리는 것 없이 일을 처리하
는 생활의 지혜라고 할 수 있다.

　누구나 다 아는 사실이지만, 유비는 중국 삼국 시기에 세 명의 개국
군주 가운데 가장 다양한 경력과 뛰어난 자질을 지닌 인물이었다고 할
수 있다. 그는 비단 장수로부터 시작하여 마지막에 촉蜀나라의 황제가
되기까지 온갖 고난과 위기를 두루 겪으면서 무수한 일화를 남겼다.
그가 최후의 승리를 쟁취하여 황제가 될 수 있었던 비결의 가장 중요
한 요체는 바로 인내였다. 유비의 천하는 인내의 눈물에서 나온 결정
체로서 참는 능력이 얼마나 대단했는지 알 수 있다. 유비 스스로도
"조조는 몹시 성급했지만 나는 느긋했고, 조조는 매우 교활했지만 나
는 너그러웠으며, 조조가 형벌을 내릴 때 나는 용서했다"라고 술회한
바 있다. 사실 유비가 조조와 같은 책략을 실행하고 싶지 않았던 것이
아니라 조조와 같은 조건을 갖추지 못했던 것이라 할 수 있다.

　유비에게는 눈물로 인내해야 하는 경우가 무수히 많았지만, 그 가운
데 한 가지 사례만 살펴보기로 한다.

　동한東漢 흥평興平 원년(194년), 익주목益州牧 유언이 중병에 걸려
세상을 떠나자 조정에서는 조서를 내려 유장에게 익주를 다스리게 했
다. 유장은 성격이 유약하며 자신감과 주관이 부족한 인물이었다. 그
러다 보니 사천 인근 지역을 지키고 있던 장로는 유장에게 복종하려
하지 않았다. 그래서 유장은 장로의 모친과 남동생을 죽였다. 이때부
터 장로는 유장에게 깊은 원한을 품게 되었다. 유장은 여러 차례 장로

를 공격했으나 매번 실패로 끝났고, 유장의 군대 내부에서는 반란이 일어나 시국이 몹시 어지러워졌다. 당시 조조는 형주를 정벌하고 한중을 평정한 상태였다. 이에 유장은 조조의 군대를 이용하여 장로를 공격하려 했다.

어느 날 유장은 장로가 군대를 이끌고 사천을 빼앗으려 한다는 소식을 접하게 되었다. 이에 유장은 마음속으로 크게 걱정하며 신하들을 전부 모아놓고 대책 회의를 열게 되었다. 그 자리에서 한 신하가 나서서 자신을 천거하며 말했다.

"주공主公께서는 아무 걱정 마십시오. 저에게 조조를 만날 방법이 있으니, 제가 가서 조조를 만나 장로를 공격하도록 만들겠습니다. 그렇게 되면 장로는 사천 쪽을 바라보지도 못하게 될 것입니다."

이런 말을 한 사람은 장송이란 인물이었다. 유장은 그를 사절로 임명하여 금은보화와 비단 등 많은 공물을 갖춰 조조를 찾아가게 했다. 사실 장송은 다른 계획을 가지고 있었다. 그는 몰래 사천의 지도를 그려서 몸속에 숨기고는 수행원을 대동하여 허도로 향했다.

허도에 도착한 장송은 매일 승상부를 찾아가 조조를 만나게 해달라고 간청했다. 사흘이 지나서야 간신히 조조를 만날 수 있었다. 당상에 오른 장송이 조조를 향해 큰절로 예를 올리자 조조가 물었다.

"유장은 어찌하여 몇 년 동안 나에게 한 번도 조공을 보내지 않는 것인가?"

"길이 험한 데다 도적떼가 난무하여 도저히 공물을 들고 올 수가 없었습니다."

"내가 이미 중원을 평정했는데 어찌 도적이 있을 수 있단 말인가?"

"손권과 장로, 유비 등이 각각 10만여 명이 넘는 군사를 거느리고 있는데, 어찌 중원이 평정되었다고 하십니까?"

그러지 않아도 생김새가 원숭이 같은 데다 키가 5척밖에 되지 않는 단신인 장송이 마음에 들지 않았던 조조는 이런 말을 듣자 화가 머리 끝까지 치밀어 옷깃을 뿌리치며 곧장 방 안으로 들어가버렸다. 이에 조조 신변을 지키는 사람들이 장송을 질책하며 말했다.

"그대는 사신으로 왔으면서도 어찌 공손하게 말하지 않아 승상을 화나게 하는 것이오? 그나마 그대가 먼 길을 왔기 때문에 벌을 내리지 않으신 것이 다행스러운 일이오. 어서 빨리 돌아가도록 하시오!"

장송이 막 떠나려 하는 차에 후당에서 한 사람이 나오더니, 다음날 서교장으로 가서 군사를 열병하고 자신의 군용을 살펴보라는 조조의 말을 전했다. 다음날 장송이 서교장으로 가기 전에 조조는 병사 5만 명을 뽑아 교장 가운데에 배치했다. 과연 화려한 군장에 갑옷이 햇빛을 받아 빛났고 깃발이 펄럭이는 모습이 대단한 위용을 연출하고 있었다. 얼마 후 조조가 사면팔방에 늘어서 있는 병사들을 가리키며 장송에게 물었다.

"그대가 주둔하고 있는 서천西川에도 저런 군대가 있는가?"

"저희 사천의 군대는 이런 병사들과 무기를 가지고 있지는 않지만 대신 인의와 도덕을 매우 중시하지요."

장송의 대답에 조조는 금세 표정이 바뀌면서 말을 받았다.

"내가 보기에 천하의 무능한 사람들은 들풀과 같을 뿐이오. 우리 군대는 적을 공격하여 무찌르지 않은 적이 없고, 싸움에 나서면 이기지 못하는 적이 없소. 내게 순종하는 자는 흥하겠지만 내게 거역하는 자는 반드시 망할 것이오. 알겠소?"

"저는 오래전부터 승상의 군대가 이르는 곳에서는 적을 공격하면 반드시 무찌르고, 싸움에 나서면 반드시 승리했다는 것을 잘 알고 있었습니다. 과거 승상의 군대는 적벽에서 주랑을 대적해야 했고 화용도에서는 관우와 결전을 벌여야 했지요. 또한 동관에서는 수염을 베이고 겉옷을 던져버려야 했으며, 위수에서는 배를 빼앗아 화살을 피해야 했습니다. 이 모든 것들이 천하무적임을 증명하는 일이겠지요."

장송이 열거한 일은 조조의 일생에서 가장 치욕적이고 부득이한 실패의 사례들이었다. 장송의 말을 듣고서 몹시 창피했던 조조는 버럭 화를 내며 말했다.

"그대가 감히 나의 결점을 지적하려는 것인가?"

그러고는 수하의 사람들에게 장송을 몽둥이로 두들겨서 쫓아내라고 명령했다. 숙소로 돌아온 장송은 예정보다 빨리 그날 밤으로 짐을 꾸려 서천으로 돌아갈 채비를 했다. 서천으로 돌아가는 길 내내 장송은 속으로 생각했다.

'난 원래 서천의 주군州郡을 전부 조조에게 바칠 생각이었는데, 그가 나를 이렇게 박대할 줄 누가 알았겠는가! 조조에게 가기 전에 유장의 면전에서 한바탕 허풍을 떨었는데, 이제 일이 이루어지지 못했으니 돌아가도 남의 웃음거리가 될 수밖에 없겠구나. 듣자 하니 형주에 주둔하고 있는 유비가 사람들을 인의로 대한다고 하니, 차라리 그곳으로 가서 나를 어떻게 대하는지 두고 봐야겠다.'

그리하여 장송은 방향을 돌려 형주로 향했다.

장송은 바람과 먼지에 시달리며 쉬지 않고 길을 재촉하여 드디어 영주의 경계에 이르렀다. 이때 앞에서 한 무리의 장정들이 다가오더니, 그 가운데 우두머리로 보이는 장수 하나가 급히 말을 세우고는 장송에게 물었다.

"혹시 장 별가別駕(당시 장송의 직위–역자주)가 아니시오?"

"네, 그렇습니다만……."

사내가 급히 말에서 내리며 말했다.

"저 조운이 장 별가를 기다린 지 반나절이나 되었습니다."

"그렇다면 장군이 바로 조자룡이시란 말인가요?"

"네, 맞습니다. 나는 주공의 명령을 받들어 장 별가를 영접하러 나온 것입니다."

조운이 장송을 사전에 준비해놓았던 객점으로 데리고 가서 주연을 베풀어 대접한 다음, 그날 밤 잠자리를 마련해주었다. 장송은 마음속으로 몹시 흐뭇해하며 생각했다.

"모두들 유비가 인후하다고 하더니 정말 헛소문이 아니었군! 이번에 그를 찾아온 것은 과연 헛걸음이 아니었어!"

다음날 아침 조운은 장송을 데리고 말을 몰아 계속 전진했다. 4, 5리쯤 가자 앞에 한 무리의 인마가 나타났다. 알고 보니 유비가 제갈량 등을 데리고 장송을 영접하기 위해 나온 것이었다. 이처럼 후한 대우에 장송은 불안감마저 느끼기 시작했다. 멀리서 유비가 말에서 내려 기다리고 있는 모습을 보고는 장송도 황급히 말에서 내려 그에게 다가갔다. 유비가 말했다.

"장군의 존함을 오래전부터 들어왔지만, 한 번도 뵙지 못해 아쉬운 마음이었습니다. 그러다가 장군께서 우리가 있는 곳을 지나신다고 하기에 혹시 불쾌하게 여기지 않으신다면 이곳에서 잠시라도 쉬었다 가시게 하면서 그동안 존경해온 정을 나누고자 해서 이렇게 왔습니다. 만나 뵙게 되어 정말 영광입니다.”

유비의 인사에 장송은 몹시 기뻐하며 그를 따라 형주로 갔고, 유비는 잔치를 크게 베풀어 장송을 극진히 대접했다. 술자리에서 장송이 물었다.

“황숙黃叔께서는 형주를 점령하신 것 외에 몇 개 군을 더 장악하고 계시는지요?”

제갈량이 대답했다.

“원래는 형주 역시 동오의 땅이었습니다. 단지 그쪽에서 반환을 재촉하지 않고, 게다가 지금은 주공께서 동오의 사위가 되셨기에 마음 놓고 이곳에 몸을 기탁하고 계신 것이지요.”

장송이 다시 물었다.

“동오는 여섯 개 군에 여든한 개의 주州를 장악하고 있고 나라가 강대하고 백성들이 부유한데도 아직 만족을 모르는 모양이군요?”

유비가 말을 받았다.

“저는 힘이 약해 그런 사치는 바라지도 못합니다.”

“황숙께서는 한 왕실의 종친으로서 인의仁義하심이 사해에 널리 알려져 있습니다. 주군을 장악하는 것은 물론이요, 황제가 되어 나라를 다스리신다 해도 결코 과분하지 않을 것입니다.”

“과찬이십니다. 제가 어찌 그런 위업을 이룰 수 있겠습니까?”

술자리는 화기애애했고 사람들은 각자 자신의 주장을 펼치면서 많은 이야기를 주고받았다. 그러나 유비는 줄곧 서천의 상황을 거론하지 않았다. 이리하여 장송이 사흘을 머무는 동안 매일 한 차례씩 연회가 있었다. 하지만 서천의 사정에 관해 거론하는 사람은 아무도 없었다.

사흘이 지나 장송은 촉으로 돌아가기 위해 유비에게 작별 인사를 올렸다. 유비는 또다시 연회를 베풀어 그를 환송했다. 유비는 술잔을 들어 장송에게 경의를 표하며 말했다.

"저를 외부 사람으로 대하지 않으신 덕분에 사흘 동안 많은 얘기를 나눌 수 있었는데, 오늘 이렇게 작별을 하게 되니 언제쯤 다시 뵙고 가르침을 얻을 수 있을지 모르겠습니다."

그러고는 소리 없이 눈물을 훔치며 작별의 아쉬움을 달랬다. 이에 장송도 몹시 감동하여 유비에게 말했다.

"주공께서 이처럼 너그럽고 인후하게 대해주시니 뭐라고 감사해야 할지 모르겠습니다. 원래 저도 한 가지 생각을 준비하고 있었습니다. 제가 차지한 땅을 조조에게 헌납할 생각이었지요. 그러나 조조를 만나보니 방약무인하고 무례하기 그지없어 그런 생각을 접었지요.

주공께서 이처럼 덕으로써 저를 대해주시니 저로서도 응당 보답할 방법을 찾아야 할 것 같습니다. 제가 형주의 정세를 살펴보니 동쪽에는 손권이 버티고 있고 북쪽에는 조조가 있어 주공께서 그리 오래 안주하실 곳은 못 되는 듯합니다."

"저 역시 그런 이치는 잘 알고 있습니다. 단지 편하게 몸을 기탁할 만한 땅을 얻지 못해서 이러고 있는 것이지요."

"익주는 지세가 험한 지역이라 땅도 넓고 나라가 강대하며 백성들도 아주 부유합니다. 그곳의 지모지사들은 황숙같은 분을 앙모해온 지 오래이지요. 주공께서 형주의 군민을 전부 이끌고 곧장 서쪽으로 옮겨

가시기만 하면 대업을 이루는 것은 물론이요, 한 왕실을 회복하실 수 있을 것입니다."

물론 유비는 사양했다. '서주를 세 번 사양했던 것'과 같은 겸양이 그에게는 이미 오랜 습관이었다.

"제가 어떻게 감히 그럴 수 있겠습니까? 유장도 황제의 종실로서 촉 땅에 은혜를 베푼 지 이미 오랩니다. 그런데 어찌 남이 그를 동요시킬 수 있겠습니까?"

"저는 결코 주인을 팔아서 영화를 누리고자 하는 사람이 아닙니다. 오늘 이처럼 영명하신 분을 만나게 되어 어쩔 수 없이 제 속에 있는 말을 하게 된 것이지요.

유장이 익주 일대의 땅을 차지하고 있긴 하지만 그는 품성이 유약하고 인재를 등용할 줄 모르는 데다 장로가 북쪽에 버티고 있으면서 시시각각 침범할 기회를 노리고 있기 때문에 익주의 민심이 흩어져 개명한 군주가 나타나기를 기대하고 있는 상황입니다.

저의 이번 출행은 원래 조조를 위한 계책을 바치기 위한 것이었는데, 그 역적 놈을 직접 만나보고는 그가 대단히 오만방자하고 교활하기 그지없는 데다 선비들을 업신여긴다는 것을 알게 되었습니다. 그래서 특별히 주공을 찾아뵙게 된 것이지요. 주공께서는 먼저 서천을 취하여 기반으로 삼으신 다음 북벌하여 한중을 장악하고 중원을 수복하여 다시금 천조天朝를 일으키면 청사에 길이 아름다운 이름을 남기실 수 있을 것입니다.

이것이 얼마나 큰 공적이겠습니까! 주공께서 정말로 서천을 차지하실 의향이 있으시다면 이 장송이 주공을 위해 충성을 다할 것입니다."

주공의 생각은 어떠십니까?"

자신의 겸양이 아직 충분치 않다고 생각한 유비가 말을 받았다.

"저에 대한 후한 우정에 진심으로 감사드립니다. 그러나 유장과 저는 똑같이 한 왕조의 종실이라 만일 제가 그를 공격한다면 천하의 모든 사람들이 저를 향해 욕을 하며 침을 뱉을 것입니다."

"대장부가 세상에 태어난 이상 가장 먼저 공업을 세우는 대사를 마음에 두어야 할 것입니다. 주공께서 서천을 취하지 않으신다면 필시 다른 사람의 손에 빼앗길 것이고, 그때 가서는 후회해도 소용없게 될 것입니다."

"촉지로 가는 길은 매우 험준하다고 들었습니다. 수레가 통과하기도 어렵고 인마가 통행하기도 쉽지 않다고 하더군요. 사실은 서천을 뺏고 싶어도 좋은 방책이 없는 실정입니다."

이에 장송이 지도를 한 장 꺼내 유비에게 건네주면서 말했다.

"저는 주공께서 제게 베풀어주신 우정에 깊이 감사하여 이 지도를 바치기로 결심했습니다. 이 지도를 보시면 촉지로 가는 길을 훤히 아실 수 있을 것입니다."

유비와 제갈량이 지도를 펼쳐 대충 살펴보니 촉지로 가는 자세한 길과 노선이 표시되어 있고 도처에 험준한 산골짜기와 협곡이 그려져 있었다. 중요한 것은 각 관부의 위치와 창고의 양곡 비축량 등이 자세히 설명되어 있다는 점이었다. 이를 본 유비는 시기가 무르익었다고 판단하고 더 이상 겸양할 필요 없이 그 자리에서 연신 읍揖을 올려 인사를 표했다.

"푸른 산과 맑은 물은 영원히 늙지 않는 법이니, 언젠가 대업大業이 이루어지는 날엔 장군께 후하게 보답하겠소이다."

"뜻밖에 개명한 군주를 만났으니 제 몸과 마음을 다하여 도울 것입니다. 제가 자원한 일인데 어찌 보답을 기대할 수 있겠습니까?"

말을 마친 장송은 곧장 작별 인사를 던지고 길을 떠났다. 제갈량은 또다시 사람들을 보내 10리 밖까지 그를 호위했다. 유비는 장송이 제공한 상황과 계책에 따라 순조롭게 익주를 점령함으로써 안정적인 거점을 확보하게 되었다. 유비가 나라를 세우고 황제가 될 수 있었던 것은 장송이 제공한 기회를 잘 이용한 덕분이었다.

장송을 대하는 유비의 태도를 살펴보면 엄밀한 논리에 따라 이루어진 행동이었음을 알 수 있다. 먼저 치밀한 계획을 세우고 이에 따라 주도면밀하게 움직이면서 꾹 참고 속셈을 드러내지 않다가 결정적인 순간에 속마음을 드러내면서 큰일을 성사시킨 것이다. 장송 역시 일대의 재사才士로서 유비에게 쓰임을 받게 된 것이 필연적인 일이었다고 할 수 있다.

인내의 미덕을 발휘하다

사실 참음의 미덕은 성공하고자 하는 사람들이 갖춰야 할 가장 중요하고 필수적인 자질이다. 서한의 개국 황제인 유방과 그 신하들 사이에 있었던 일도 이 같은 이치를 입증해주기에 충분하다.

초한 전쟁이 가장 어려운 단계로 접어들고 있을 때 한신은 항우가 건립한 제나라를 멸망시켰다. 이때 각 제후들은 전국의 한쪽을 차지하고서 각자 패주를 꿈꾸고 있었다. 장령들은 유방을 배반하고 항우에게 투항하기도 하고, 항우를 배반하여 유방에게 몸을 기탁하기도 했다. 혹은 스스로 왕을 자칭하는 사람도 있어 격렬한 변화가 일어나고 있었다. 한신은 다른 사람들의 권고를 받아들여 사자를 보내 유방을 알현하고, 유방에게 자신을 제나라 땅의 가왕假王으로 봉해줄 것을 요청했다.

유방은 이런 요구를 전해 듣고는 몹시 격분하면서 한신을 뻔뻔하고 염치없는 인물이라 비난했다. 자신의 형세도 안정되지 못한 판에 병력을 이끌고 와서 도와주지는 못할망정, 오히려 이를 기회로 이용하여 자신을 위협하면서 왕이 되려 하는 꼴이 여간 괘씸한 게 아니었다. 유방은 그 자리에서 한신의 사자를 호되게 꾸짖으려 했으나, 그의 모사인 장량이 눈짓을 보내 그의 경솔한 행동을 저지했다. 장량이 몰래 유방에게 말했다.

"지금은 한신의 사자를 훈계하실 때가 아니고 한신을 공격할 때는 더더욱 아닙니다. 지금 한신이 대왕을 돕는다면 초왕을 멸망시킬 수 있겠지만, 한신이 초왕을 돕는다면 대왕께서 위험해지실 수 있습니다. 한신이 사자를 보내온 것은 필시 대왕의 태도를 떠보기 위한 것입니다. 대왕께서는 차라리 그를 제왕으로 봉하셔서 제 땅을 굳게 지키게 하시는 것이 좋을 것 같습니다. 다른 일들은 초를 멸한 다음에 다시 생각하시지요."

장량의 말을 듣고 나서 매우 일리 있는 생각이라고 판단한 유방은 고개를 돌려 한신의 사자에게 말했다.

"사내대장부라면 진짜 왕이 되어야지, 가왕은 무슨 가왕이오!"

이리하여 이듬해 2월, 유방은 장량에게 인신印信을 가지고 제 땅으로 가서 한신을 제왕에 봉하게 했다. 유방의 이러한 조치는 큰 효력을 발휘했다. 확실한 방향을 정하지 못하고 모반을 일으켜 자립할 생각도

했던 한신이 더 이상 모반의 뜻을 품지 않고 유방이 천하를 얻는 데 적극적으로 협조하게 되었다.

한편, 한신도 인내의 과정을 경험한 바 있다. 정치 투쟁과 군사 투쟁 혹은 권력과 이익을 뺏는 과정은 대단히 복잡하다. 때로는 한순간에 무수한 변화가 발생하기도 한다. 때문에 잠시 동안의 굴욕을 참고 자신의 의지를 다질 수 있어야 적당한 기회를 잡을 수 있고 성공하는 사람에게 필요한 심리적 자질을 갖출 수 있다.

이른바 "몸을 구부려 운신의 여지를 만들고, 뱀과 용이 칩거하는 것처럼 생존의 방식을 도모해야 한다"라는 말은 이런 상황을 의미하는 것이다. 사실 이는 비교적 저급한 단계이고, 좀더 높은 경지는 바로 의식적으로 은둔하는 단계이다. 이런 단계를 거쳐 상대방의 상황을 정확히 파악하고 각 분야의 숨어 있는 위험을 해제한 다음 인내 속에서 진전을 이루는 것이야말로 진정한 의미의 대인大忍이라 할 수 있는 것이다.

서한 시기에 회음후 한신이 남의 가랑이 사이를 기어서 통과한 이야기는 삼척동자도 다 아는 유명한 일화 가운데 하나이다. 한신은 회음 출신으로 어려서부터 농사도 짓지 않고, 장사도 하지 않으면서 가난하게 생계를 이어갔다.

먹을 음식과 입을 옷이 없어 하급 관직이라도 얻고 싶었지만 이렇다 할 재주가 없어 그나마도 여의치 않았다. 하는 수 없이 그는 하루 종일 여기저기 돌아다니면서 남의 집에 빌붙어 먹기를 밥 먹듯이 했다. 다행히 그는 정장과 사이가 좋아 걸핏하면 정장의 집에 찾아가 밥을 얻어먹곤 했다. 그러나 밥을 너무 많이 먹는 탓에 항상 정장의 아내로부터 미움을 샀다. 결국 어느 날 정장의 아내는 식사 시간을 앞당겨버렸다. 한신이 밥을 얻어먹으러 찾아왔을 때는 이미 설거지까지 끝낸 상태였다. 한신은 정장의 아내가 자신을 싫어한다는 것을 알아차리고 더 이상 정장의 집을 찾아가지 않았다.

그는 회음성 아래로 가서 물가에 앉아 고기를 잡곤 했지만 운이 좋지 않아 빈 배로 하루를 보내기 일쑤였다. 물가에서 비단실을 씻는 노부인 하나가 있었는데, 끼니도 제때 해결하지 못하고 있는 한신이 가여워 매일 점심밥을 조금씩 나눠주곤 했다. 배고픔을 잘 참지 못하는 한신은 그때마다 사양할 줄 몰랐고, 이런 식으로 수십 일 동안 밥을 얻어먹으며 지냈다. 하루는 한신이 몹시 감격한 어투로 실을 씻는 노부인에게 말했다.

"언젠가 제가 출세하면 후하게 보답해드리겠습니다."

뜻밖에도 노부인은 한신의 말에 격분하며 호되게 그를 나무랐다.

"사내대장부라면 스스로 자신의 살길을 도모해서는 안 되는 법이오. 그러다가는 오히려 곤궁함을 면치 못하게 될 것이오. 내가 보기에 젊은이는 키가 7척이나 되고 이목구비가 또렷한 것이 왕공의 자리에 오를 상이오.

젊은이가 밥도 제대로 먹지 못하는 것이 가여워 먹을 걸 조금 나눠준 것뿐인데, 내가 설마 보답을 바라고 그랬을 것 같소?"

노부인은 말을 마치고 다 씻은 실을 들고 자리를 떴다. 이처럼 한신은 다른 사람들로부터 은혜와 격려를 받았지만, 여전히 기회를 잡지 못하고 어려운 나날을 보내고 있었다. 사실 가난에는 방법이 없었다. 하는 수 없이 그는 집에서 가보로 전해져 내려오는 보검을 내다 팔려 했지만, 며칠이 지나도 임자가 나타나지 않아 팔지 못했다.

하루는 그가 보검을 허리에 차고 길가를 서성이고 있다가 한 백정과 마주치게 되었다. 백정은 그를 일부러 난감하게 만들 요량으로 비웃으며 말했다.

"보아하니 자네는 키만 컸지, 용기가 없고 나약한 사람인 것 같군. 자네에게 용기가 있다면 그 검을 뽑아 나를 찔러보게. 나를 찌를 용기가 없다면 내 가랑이 사이를 기어서 지나가야 하네."

말을 마친 백정은 두 다리를 벌리고 거리 한복판에 서서 한신의 앞 길을 가로막았다.

한신은 백정을 위아래로 한번 가늠해보고는 곧장 그의 가랑이 사이를 기어서 지나갔다. 주위에 있던 사람들은 모두 한신의 나약함에 멸시와 조소를 보냈다. 그리고 그가 남의 가랑이 사이를 기어서 지나가고도 이를 치욕으로 여기지 않는다고 생각했다.

사실 한신은 그를 찔러 죽일 생각이 없었다. 그는 가슴속에 큰 뜻을 품고 있었고, 소인배들과 시비를 일으키고 싶지 않았기 때문이다. 그가 검을 뽑아 백정을 찔러 죽였다면, 그는 도망다니는 신세가 되고 말았을 것이다. 요컨대 그는 전체적인 흐름을 살펴 잠시 치욕을 참아낸 것이다. 나중에 한신은 유방을 따라 남북으로 정벌 전쟁을 수행하면서 여러 차례 큰 공을 세워 회음후로 봉해졌다. 그는 실을 씻던 노부인에게 보답하고자 하는 마음은 가지고 있었지만, 백정에게 보복할 생각은 조금도 하지 않았다. 오히려 그는 그 백정을 자신의 수하에 하급 군관으로 기용했다.

중국 속담에 "사람이 처마 밑에 있게 되면 고개를 숙이지 않을 수 없다"라는 말이 있다. 누구나 주어진 권력과 기회가 남들만 못할 때는 어쩔 수 없이 고개를 숙여 양보해야 한다는 의미이다. 그러나 이런 상황에서 사람들마다 취하게 되는 태도는 각기 다르다. 진취적인 의지를 가지고 있는 사람은 자신을 단련시킬 수 있는 기회로 활용하여 휴양생식休養生殖의 시간을 벌면서 재기를 기약하게 된다. 그렇다고 소극적이고 나약한 태도로 생활을 일관하는 것은 결코 아니다. 한편 사소한 어려움과 좌절을 견뎌내지 못하는 사람들은 이런 상황을 삶의 마지막으로 여겨 두려움과 패배감에 잔뜩 움츠러들어 앞으로 나아가지 못한다. 눈앞의 장애를 극복하려는 의지도 없이 그저 하늘을 원망하고 사람들을 탓하며 천명에 따르는 것이다.

시간을 벌며 재기를 기약하다

수隋 양제煬帝는 잔인하고 포악한 인물로 유명하다. 전국에서 그의 폭정을 견디지 못한 농민들이 구름처럼 일기 시작하자, 수 왕조의 적지 않은 관원들도 농민 기의군에 합류했다. 그러자 조정의 대신들에 대한 양제의 의심은 갈수록 커졌다. 특히 변방 지역을 관장하고 있는 중신들은 더 큰 의심을 받을 수밖에 없었다. 일찍이 여러 차례 중앙과 지방에서 관직을 역임한 바 있는 당국공 이연(당 고조)은 가는 곳마다 현지의 영웅호걸들을 받아들이고 여러 방면으로 은덕을 베풀어 사람들로부터 성망聲望이 높았다. 덕분에 많은 사람들이 제 발로 그의 수하에 들어왔다. 그래서 모두들 그의 행적을 의심하게 되었고, 급기야 수 양제로부터 불신과 시기를 사게 되었다. 이때 마침 양제는 이연에게 조서를 내려 자신을 찾아와 알현할 것을 명했다. 이연은 병으로 인해 갈 수가 없었다. 이로 인해 양제는 마음이 몹시 상했고 그를 더욱더 의심하게 되었다.

당시 이연의 생질녀인 왕씨가 양제의 비妃였기 때문에 양제는 그녀에게 이연이 찾아오지 않은 이유를 물었다. 왕씨가 병 때문에 오지 못한 것이라고 대답하자 양제가 다시 물었다.

"죽을 정도로 심한 병이오?"

왕씨가 이런 소식을 이연에게 전하자 그는 더욱 근신하면서 조심스럽게 행동하기 시작했다. 그는 조만간 양제가 자신을 내치리라는 것을 잘 알고 있었다. 하지만 너무 일찍 기병했다가는 역량이 부족하여 실패할 수도 있다는 생각에 남몰래 힘을 키우기로 마음먹었다. 그래서 그는 의도적으로 뇌물을 바쳐서 자신의 명성을 손상시키고, 일부러 술에 취해 개와 말 흉내를 내며 제멋대로 방자한 언행을 하고 다녔다. 이런 소문을 들은 수 양제는 이연의 의도대로 경계심을 풀었다.

명나라 때의 유명한 대신이었던 장거정도 남몰래 여러 사람들과 인연을 맺고 힘을 비축한 결과 마침내 재상의 자리에 오를 수 있었다. 고공이 아직 수보 재상이 되지 않았을 때 장거정은 장차 그가 높은 지위에 오를 것이라 예견하고 그와 관계를 맺는 데 온 힘을 쏟았다. 그 결과 두 사람은 서로 진심으로 존경하게 되었고 항상 상대방의 능력을 칭찬했다. 고공이 재상이 된 후로도 장거정은 항상 그를 따라다녔다. 고공은 사람됨이 매우 오만하고 성격이 방자하여 적지 않은 사람들이 그의 행태를 견뎌내지 못하고 곁을 떠났다. 그러나 유독 장거정만은 비굴한 언사로 그를 잘 섬기면서 그의 곁을 떠나지 않았다.

내궁태감으로서 교활하고 간사하기 그지없는 인물이었던 풍보는 장거정과 원만한 관계를 유지하고 있었다. 원래대로 하자면 그가 사례태

감으로 승관해야 할 것을 고공이 다른 사람을 천거하는 바람에 밀려나고 말았다. 그래서 그는 고공에게 깊은 원한을 품게 되었다. 나중에 명 목종穆宗은 세상을 떠나면서 유언을 남겨 고공 등을 고명대신으로 지명했다. 그러나 풍보가 유언을 고쳐 고공과 장거정, 풍보 등 세 사람이 모두 고명대신이 되어 새 군주를 보좌하게 만들었다. 고공은 풍보 등과 오랫동안 일을 함께 할 수 없다는 생각에 여러 차례 상소를 올려 태감들의 횡포를 설명하고 그 폐단을 지적하는 동시에 주도면밀한 준비를 거쳐 풍보를 조정에서 쫓아내려 했다.

고공은 모든 준비 상황을 장거정에게 설명하면서 몰래 도와줄 것을 요청했다. 뜻밖에도 장거정은 이런 사실을 전부 풍보에게 털어놓았다. 풍보는 이런 사실을 알게 된 즉시 태후를 찾아가 눈물로 호소하면서 대권을 장악하려는 고공의 죄상을 일일이 설명했고, 태후는 당장 고공을 조정에서 쫓아내려 했다.

다음날 조정에 모든 대신들이 모인 가운데 태후와 황제의 조서가 반포되었다. 고공은 자신의 밀모가 성공했으리라고 굳게 믿고 있었다. 그러나 뜻밖에도 조서에서는 자신의 죄상을 일일이 열거하면서 모든 관직을 삭탈할 것을 명하고 있었다. 고공은 너무 놀랍기도 하고 몹시 화가 나기도 했다. 그가 심리적 충격으로 바닥에 쓰러져 일어나지 못하자, 장거정이 황급히 그를 부축하여 일으켜 세운 다음 수레를 불러 그를 집으로 보내주었다.

풍보는 여전히 고공의 죄상을 나열하며 그를 죽이려 했지만 장거정이 중간에서 교묘하게 중재한 덕분에 뜻을 이루지는 못했다. 고공이 세상을 떠난 뒤에 장거정 등은 조정에 그의 관직과 명예를 회복시켜줄 것을 요청했다. 나중에 신종神宗이 친정을 시작하면서 고공과 관련된 사건을 다시 심리하여, 그에게 태사의 직함을 내리는 동시에 문양이라는 명호를 하사했다. 이리하여 장거정은 궁 안팎에서 두 조대를 넘나들며 모든 일을 원만하고 여유 있게 처리함으로써 승관을 거듭할 수 있었다.

26 | 인내한 후 변통하라

마지막으로 '변變'에 관하여 알아보자.

변의 이치는 매우 간단하다. 사실 '자'와 '인'은 모두 수단에 지나지 않지만 변은 목적이라 할 수 있다. 변을 통해야만 비로소 앞에서 말한 자와 인의 대가를 두 배로 보상받을 수 있고, 공리적 목적을 달성할 수 있는 것이다. 자가 자애의 미덕이요, 인이 참음의 미덕이라 한다면 변은 변통變通의 기교라 할 수 있다.

중국의 춘추전국시대는 매우 재미있는 시기 가운데 하나였다. 이 시기에는 제후들이 서로 패권을 다투면서 천하가 극도로 혼란에 휩싸였고, 수많은 사람들이 무대에 올라 빛을 발하면서 자신의 본색을 드러내다가 사라졌다. 이처럼 물고기와 용, 흙과 모래가 뒤섞인 시기에는 모래 속에서 사금을 걸러낼 수도 있고, 물밑에 가라앉았다가 일시에 수면 위로 솟아오를 수도 있었다. 이 시기에 일어났던 수많은 사건들을 통해 변통의 이치를 이해할 수 있을 것이다.

당시 초나라는 매우 강대한 제후국 가운데 하나로, 북방을 거점으로 세력을 확장하여 중원의 패권을 차지하려 했다. 그리하여 초나라는 중원의 전략적 요충지인 정나라를 집중적으로 공격했고, 정나라는 자신을 보호하기 위해 서북쪽에 위치한 강대국인 진晉나라와 동맹을 맺어 진의 군사적 지원을 받으려 했다.

초나라 군대는 대규모 병력을 동원하여 정나라에 대한 기습 공격을 감행했고, 진나라는 너무 멀리 떨어져 있어 제때에 지원군이 도착하기 어려웠다. 이에 정나라 군주와 대신들은 진나라의 지원을 기다리며 영토를 고수하여 버틸 것인가, 아니면 초와 동맹을 맺을 것인가 하는 중대한 문제에 봉착하게 되었다. 사실 형세는 너무나 명백했다. 투항하지 않고 그대로 버틴다면 초나라에 의해 멸망하는 길밖에 없었다. 이에 정나라의 대부인 자사가 초와 결맹하여 화의和議할 것을 주장했지만 자공과 자교가 반대하고 나섰다.

"우리는 진나라라는 대국과 방금 피로써 결맹했고 아직 입에 피가 마르지 않았는데 어찌 마음대로 맹약을 바꿀 수 있단 말이오?"

자사와 자전이 말을 받았다.

"우리는 진나라와의 맹약에서 '강대한 국가의 뜻에 따른다' 라고만 말했을 뿐이오. 지금 초나라가 쳐들어오고 있는데도 진나라는 재빨리 달려와 우리를 구해주지 않고 있소. 그렇다면 우리에게는 초나라가 강대국인 셈이 아니겠소? 맹세의 말을 했다고 해서 이를 위배할 수 없는 것도 아니오. 게다가 위협을 받는 상황에서 맺은 맹약이라 원래 성신과 신의로 이루진 것이 아닌 만큼, 설사 이를 위배한다 하더라도 신령님으로부터 질책당하는 일은 없을 것이오. 신령께서는 신의와 성실로 맺어진 맹약에만 강림하시고 또한 모든 것을 통찰하시기 때문에, 이처럼 위협을 받는 상황에서 맺어진 맹약은 순결하게 여기시지도 않을 것이오. 따라서 이런 맹약을 위배한다고 해서 신령님들께 죄를 살 일이 없을 뿐만 아니라 오히려 칭찬을 받게 될 것이오."

이리하여 정나라는 다시 초나라와 맹약을 맺기로 했고, 초나라는 무기를 거두고 정나라의 도성으로 들어가게 되었다. 두 나라는 중분에서 맹약을 맺었다.

여기서 자사가 한 말은 절묘하기 그지없었다. 정나라와 초나라의 맹약은 원래 신의를 저버리는 행위였지만, 자사의 변론으로 인해 오히려 정의로운 행동이자 하늘과 인간이 서로 돕는 거사로 변하고 말았다. 이처럼 자사는 변통에 통달한 인물인 동시에 능력과 재주가 탁월한 세객說客이었다.

사실 인仁, 의義, 예禮, 지智, 신信을 강조했던 공자도 이러한 변통에 찬성했다. 한번은 그가 방금 다른 사람과 동맹을 맺었다가 문을 나서자마자 이를 어긴 적이 있었다. 그러자 그의 제자 가운데 하나가 물었다.

"선생님께선 방금 다른 사람과 약속을 하시고서 이를 어기셨습니다. 이는 그다지 바람직하지 않은 일 같군요!"

"강요당하는 상황에서 한 약속은 귀신도 믿지 않는 법인데, 사람들이야 오죽하겠느냐?"

사실 아무리 황제의 명을 따른다 해도 변통은 반드시 필요한 것이다. 때에 따라서는 겉으로 약속을 이행하는 척하면서 속으로는 이를 위반할 수도 있다. 먼저 인내한 다음 변통해야 하는 것이다. 그렇지 않을 경우 목숨을 부지하는 것조차 어려워지는 수도 있다.

유방은 영포의 반란을 진압하는 과정에서 몸에 화살을 맞은 데다 나이가 많고 병이 깊어져 장안으로 돌아오자마자 몸져눕고 말았다. 이때 북방의 연왕燕王 노관이 또다시 반란을 일으키자, 유방은 그 소식을 듣고는 번쾌에게 재상의 인수人昏를 차고 군대를 이끌고 나가 노관을 정벌하게 했다.

번쾌가 장안을 떠나자 평소에 그와 사이가 좋지 않았던 사람들이 이 기회를 놓치지 않고 번쾌에 대한 험담을 늘어놓기 시작했다. 이때 한창 의심이 많아졌던 유방은 번쾌를 비방하는 사람들의 말을 그대로 믿고 번쾌를 호되게 욕하면서 말했다.

"이 형편없는 놈이 내가 병든 것을 보고는 아예 죽기를 바라고 있었구나! 그놈이 이런 마음을 먹고 있을 줄이야!"

말을 마친 유방은 곧장 진평에게 명하여 주발로 하여금 역참의 수레로 번쾌를 뒤쫓아 번쾌의 직책을 그에게 대신하게 했다. 명을 받은 주발은 당장 달려가 번쾌의 목을 가져오려 했다. 두 사람은 명령을 받자마자 번개같이 번쾌에게 달려갔다. 가는 길에 두 사람이 서로 상의하여 말했다.

"번쾌는 황상 밑에서 오랫동안 부하로 있었고 전공이 혁혁한 데다 여러 사람들과의 관계도 아주 좋은 편이오. 또한 그는 여후의 누이인 여수의 남편이라 황상께서도 평소 그를 많이 의지해 오셨지요. 이번에 황상께서 병으로 인해 쉽게 화를 내고 사람들을 믿지 못하게 되어 이간질하는 말을 곧이곧대로 들으시지만, 우리가 그를 죽이고 나면 틀림없이 후회하실 것이오.

황상께서 후회하시게 되면 필시 우리에게도 불똥이 튈 것이고, 설사 황상께서 우리를 질책하지 않으신다 해도 여후가 우리를 가만두지 않을 것이오. 게다가 그 사이에 황상께서 돌아가시기라도 하는 날에는 우리의 입장이 더더욱 난처해질 것이오. 결국 그를 죽여선 안 되는 것이지요. 어차피 그를 죽일 수 없는 바에야 그를 수거囚車에 가두어 장안으로 압송한 다음 황상께서 직접 처리하시게 하는 것이 좋을 것 같소.”

두 사람은 상의 끝에 번쾌를 사로잡을 계책을 마련했다. 두 사람은 먼저 번쾌의 군대를 포위한 다음, 제단을 마련하고 황상의 부절符節을 이용하여 번쾌를 불러내서 조서를 읽어주고, 곧이어 그의 두 손을 포박했다. 그런 다음 수거에 태워 진평으로 하여금 장안으로 압송하게 했다.

진평은 장안으로 돌아가는 길에 유방이 세상을 떠났다는 소식을 듣게 되었다. 그는 여후가 이 일로 인해 몹시 격분하고 있으리라 걱정하면서 먼저 수레를 몰아 황급히 여후에게 찾아가 사태의 전말을 보고했다. 유방의 영전에 엎드려 진평은 울면서 번쾌를 붙잡아 압송하게 된 사실을 설명했다.

여후는 번쾌가 죽지 않았다는 사실을 알고는 크게 마음을 놓으면서 진평을 탓하지 않았다. 그러나 진평은 여전히 여수가 이간질할 것이 두려워 여후에게 숙위를 맡게 해달라고 부탁했다. 이에 여후는 그를 황제의 스승으로 임명했다.

이렇게 진평이 하루 종일 황제의 신변을 지키면서 시중을 들다 보니, 여수는 이간질로 진평을 해칠 기회를 좀처럼 찾기 어려웠다. 여후

는 번쾌가 풀려나자마자 곧장 그를 사면하고 관직과 봉읍을 회복시켜
주었다.

기회를 살펴 행동에 옮기다

삼국 시기에 간웅奸雄으로 잘 알려진 조조는 기지가 뛰어나고 사람
의 눈치를 살피는 데 능했으며 바람이 부는 대로 키를 움직이는 기회
주의적인 태도로 유명했다. 동탁이 황제를 압박하여 경사를 장악하고
있을 때 조조는 갖가지 계책을 발휘하여 자신의 생명을 보전할 수 있
었다. 이런 상황은 『삼국연의三國演義』에 잘 묘사되어 있다.

하루는 시반각에 여러 원로대신들이 모인 자리에서 사도 왕윤이 말했다.
"오늘이 이 늙은이의 생일이니, 여러분께서 저의 누추한 집에 왕림하셔서
술 한잔씩 하셨으면 더없는 영광이겠소이다."
여러 관원들이 일제히 그러겠다고 약속했다.
"꼭 가서 축수를 드리겠습니다."
저녁에 왕윤은 후당에 연회석을 마련해놓고 손님들을 기다렸다. 이윽고 대
신들이 전부 찾아왔다. 술잔이 한 순배 돌고 나자 왕윤은 갑자기 손으로 얼
굴을 가린 채 목 놓아 울기 시작했다. 관원들이 모두 놀라 이유를 물었다.
"사도께서는 생신날 무슨 까닭으로 이처럼 애통해하십니까?"
"사실 오늘은 이 늙은이의 생일이 아닙니다. 어떻게 해서든지 여러분들을
모셔다가 저의 속마음을 털어놓고 싶은데, 혹시라도 동탁이 의심하지나 않
을까 두려워 이처럼 생일을 빙자하여 모시게 된 것이오. 동탁이 황상을 속
이고 권세를 희롱하여 조정이 아침에 저녁을 기약하기가 어려운 지경에 이

르렀소.

지난날을 생각해 보건대, 고조高組께서 진秦나라와 초楚나라를 차례로 멸하시고 천하를 얻으셨는데 오늘에 이르러 동탁의 손에 망하게 될 줄이야 누가 알았겠소. 지금 이 늙은이가 우는 이유가 바로 이것이라오."

왕윤의 말을 듣고 모두들 눈물을 흘리는데 좌중에서 유독 한 사람만 울지 않았다. 다름 아닌 조조였다. 그는 오히려 손뼉을 치며 말했다.

"조정의 모든 공경公卿들께서 밤낮으로 울기만 하시니 한심하기 그지없소이다. 운다고 동탁이 죽기라도 한단 말입니까?"

그러고는 껄껄 소리 내어 웃는 것이었다. 왕윤이 화를 내며 말했다.

"그대 역시 한 왕조의 녹을 먹으며, 지금 나라가 위기에 처했는데 보답할 생각은 하지 않고 오히려 웃고만 있단 말이오?"

"제가 웃는 것은 다름이 아니라 여러 공경들께서 동탁 하나 죽일 계책이 없으신 것이 한심해서입니다. 이 조조가 재주는 없으나 당장 동탁의 머리를 베어다가 성문에 높이 걸어 천하에 사례할까 합니다."

그러자 왕윤이 눈을 반짝이며 물었다.

"그렇다면 맹덕孟德(조조의 자字 – 역자주)에게는 어떤 고견이 있는 것이오?"

"제가 최근에 몸을 굽혀 동탁을 섬기고 있는 것도 사실은 기회를 엿보아 그를 찔러 죽이기 위한 것이었습니다. 동탁이 지금 저를 깊이 신임하고 있으니 그에게 가까이 다가갈 기회가 많을 것입니다. 듣자 하니 사도께 칠보도가 있다 하던데, 그걸 제게 빌려주시면 곧장 가지고 상부에 들어가 동탁을 찔러 죽이겠습니다. 제 몸이야 열 번 죽은들 무슨 한이 있겠습니까?"

왕윤이 감탄하여 말했다.

"맹덕에게 과연 그럴 마음이 있다면 천하에 이만한 다행이 없을 것이오."

왕윤이 친히 술을 따라 조조에게 건네자 조조는 술을 뿌려 맹세했다. 왕윤은 얼른 칠보도를 꺼내다가 그에게 건네주었다. 조조는 검을 받아 몸에 지니고 술잔을 비우자마자 곧장 몸을 일으켜 여러 관원들에게 작별 인사를 하고 나갔다. 나머지 사람들은 한동안 더 앉아 있다가 각기 헤어져 집으로 돌아갔다.

다음 날, 조조가 보도를 허리에 차고 상부로 가서 시중에게 물었다.

"승상께서는 어디 계시냐?"

시중이 소각小閣에 있다고 알려주자, 조조는 곧장 동탁을 찾아 들어갔다. 소각 안으로 들어가 보니 동탁은 평상 위에 앉아 있고, 여포가 그 곁에 서 있었다. 동탁이 물었다.

"맹덕은 어찌 이리 늦었는가?"

조조가 대답했다.

"말이 여위어서 빨리 걷질 못합니다."

이에 동탁이 여포를 바라보며 일렀다.

"서량에서 가져온 좋은 말들이 있지 않느냐. 네가 가서 한 필만 골라 맹덕에게 주도록 해라."

여포는 명에 따를 것을 복창하고 곧장 밖으로 나갔다.

조조가 속으로 '이제 너는 죽은 목숨이다!' 하면서 재빨리 칼을 뽑아 찌르려 했으나, 동탁이 자신보다 힘이 센 것을 생각하고는 감히 경솔하게 행동하지는 못했다. 잠시 그러고 있는 사이에 몸이 비대해져 오래 앉아 있지를 못하는 동탁이 마침내 평상 위에 누워버렸다. 그것도 얼굴을 벽 쪽으로 돌리고 누운 것이었다. 조조는 또다시 속으로 '이제 네놈은 영락없이 죽은 목숨이다!' 라고 외치고 그 자리에서 보도를 뽑아 들었다.

그러나 그가 막 칼을 들어 찌르려는 순간, 뜻밖에도 동탁이 벽에 걸린 거울을 통해 조조가 자신의 등 뒤에서 칼을 빼드는 모습을 보고는 황급히 몸을 돌리며 외쳤다.

"맹덕, 지금 무슨 짓을 하려는 게냐?"

이때 여포도 말을 끌고 이미 소각 밖에 와 있었다. 몹시 당황한 조조는 황급히 검을 손에 든 채 무릎을 꿇고 앉아 말했다.

"제게 보도가 한 자루 있어 승상의 은혜에 보답하고자 이를 바치려 한 것입니다."

동탁이 손을 뻗어 받아보니 칼의 길이가 한 자 남짓하고 화려하게 칠보가 박혀 있는데다 칼날이 매우 날카로운 것이 과연 조조의 말대로 보도임에 틀림이 없었다.

동탁은 보도를 받아 여포에게 주면서 잘 간수하게 했다. 동탁이 조조에게 말을 보여주기 위해 그를 데리고 소각을 나서자 조조가 당장 한번 타보고 싶다고 말했다. 이에 동탁은 말에 안장을 얹게 했다. 조조는 말을 끌고 상부를 나서기 무섭게 말에 뛰어올라 황급히 채찍질을 하여 동남쪽으로 가버렸다. 여포가 동탁에게 말했다.

"아까 조조의 거동이 꼭 자객질을 하러 온 것 같았는데, 속셈이 드러나게 되자 얼떨결에 보도를 바친 게 아닐까요?"

동탁도 그의 생각에 동조하며 고개를 끄덕였다.

"나도 그런 생각이 드는구나."

둘이서 한창 이런 이야기를 주고받고 있을 때, 마침 동탁의 모사인 이유가 찾아왔다. 동탁이 자초지종을 이야기하자 이유가 말했다.

"지금 조조는 처자가 경사에 없고 혼자 사택에서 지내고 있습니다. 지금 당장 사람을 보내 그를 불러들이십시오. 그가 아무런 의심 없이 달려오면 정말로 칼을 바치러 왔던 것이겠지만, 핑계를 대고 오지 않는다면 승상을 해치려 했던 것이 분명하니 곧장 잡아다 문초하셔야 할 것입니다."

동탁은 이유의 말이 일리가 있다고 판단하고 곧장 옥졸 네 명을 보내 조조를 불러오게 했다. 한참이 지나서야 옥졸들이 돌아와 보고했다.

"조조가 자신의 사택으로 돌아가지 않고 말을 달려 동문으로 나갔는데, 문지기가 물으니까 '승상의 분부를 받고 급한 일로 달려가는 길이다'라고 말하고는 그대로 나는 듯이 말을 몰아 내빼더랍니다."

"이 도적놈이 겁에 질려 도망친 걸 보니 승상을 해치러 왔던 것이 틀림없습니다."

"내가 저를 그렇게 높이 중용해주었건만 오히려 나를 해치려 들다니!"

"이 일에는 틀림없이 공모한 자들이 있을 터이나 조조 놈을 잡아야만 그 전모를 알 수 있을 것입니다."

동탁은 조조의 용모파기容貌牽記[13]를 작성하여 도처에 내다 붙이고, 조조를 잡는 사람에게는 황금 1,000냥을 상으로 내리고 만호후에 봉하겠지만, 그를 감춰주고 신고하지 않는 자는 그와 똑같은 죄로 다스릴 것이라고 공포했다.

『삼국연의』의 내용은 더 이상 인용하지 않아도 충분할 것이다. 어쨌든 중국의 전통 봉건시대 관료사회에서 가장 확실한 생존과 승리의 법보法寶는 단연 자애와 인내 그리고 변통을 들 수 있을 것이다.

---

13 죄인을 잡기 위해 얼굴 생김새와 외모의 특징을 자세히 기록한 방문.

이 세 가지를 다른 말로 표현하자면 자애는 사람들의 마음을 사로잡는 능력이라 할 수 있고, 인내는 조용히 기다렸다가 확실한 기회를 장악하는 지혜라 할 수 있다. 또한 변통은 이런 기회를 바탕으로 주도적으로 행동에 옮기는 능력일 것이다. 중국 역사를 장식하고 있는 수많은 승리자들은 대부분 이 세 가지 법보를 갖추고 있었던 것이다.

27 │ 사람이 기준이다

원元 왕조 시기에 마음속 깊이 자비와 인내를 간직하여 이름을 날린 사람이 있었다. 다름 아닌 티에거다. 티에거는 서역 출신으로서, 그의 부친은 오고타이칸 시기에 그의 숙부와 함께 몽고에 몸을 의탁했다. 부친의 영향으로 티에거는 불교 신앙을 갖게 되었고, 덕분에 불학佛學에 정통했던 그는 어디를 가든지 자비의 마음으로 사람들에게 넉넉한 동정심을 베풀었다. 백성들을 사랑하고 세상을 구제하려는 원대한 뜻을 지녔던 그는 황제와 가까이할 기회가 있을 때마다 조심스럽게 간언을 올리곤 했다.

티에거는 어려서부터 매우 총명하고 사물의 이치를 잘 이해했다. 한 번은 숙부의 뜻에 따라 몽케칸을 알현하러 가게 되었다. 마침 닭고기를 먹고 있던 황제가 그에게 고기를 몇 점 권했지만 그는 고기를 하나도 먹지 않고 그대로 남겨두었다. 이를 이상하게 여긴 황제가 왜 고기를 먹지 않는지 묻자 그가 대답했다.

"남겨두었다가 어머님께 드리고자 합니다."

그의 대답에 크게 감동한 황제는 그를 매우 장래성 있는 젊은이라 여기며 닭 한 마리를 상으로 내렸다.

한번은 티에거가 황제를 따라 사냥을 나가게 되었다. 한 사냥꾼이 토끼를 향해 활을 당긴다는 것이 실수로 황제가 아끼는 낙타를 죽이고 말았다. 황제는 매우 가슴 아파하며 사냥꾼을 당장 죽이라고 명령했다. 시위들이 황제의 명에 따라 칼을 뽑아 불쌍한 사냥꾼을 죽이려 하자 티에거가 시위들을 막아서더니 황제가 타고 있는 말의 고삐를 힘껏 잡아끌며 말했다.

"사냥꾼이 폐하께서 아끼시는 낙타를 죽인 것은 실로 가슴 아픈 일입니다. 그러나 사람을 죽여 동물의 생명에 대한 값을 치르게 하는 것은 폭군이나 할 수 있는 일입니다. 이런 처벌이 너무 가혹하다고 생각하지 않으십니까? 폐하께서는 후대 사람들의 질책이 두렵지도 않으십니까?"

"과인이 잘못 생각했소. 과인이 그런 행동을 했더라면 틀림없이 사관들이 문서에 그 사실을 기록했을 것이오. 그대의 간언이 아니었더라면 과인은 후손들에게 무자비하고 어리석은 폭군으로 기록될 뻔했소."

황제는 말을 마치고 즉시 사냥꾼을 풀어주라는 명령을 내렸다.

원 세조 쿠빌라이칸 시기에 티에거는 궁중의 음식을 관장하는 상선감이란 관직에 임명되었다. 직함은 그리 크지 않았지만 황제를 가까이 할 기회가 많은 자리였다.

그는 충성과 진심을 다해 황제를 성실히 모신 덕분에 세조로부터 큰 총애를 받았다. 세조도 항상 그의 말에 귀를 기울였고 그 역시 황제에게 자주 간언을 올렸다. 정사에 충실하고 백성들을 사랑하며 특히 민중의 고통에 관심을 가져줄 것을 주문하곤 했다.

그는 고주高州 사람들에게 맹수를 헌납하도록 하던 규정을 폐지할 것을 권하여 황제가 자신의 즐거움을 위해 온 나라를 불안하게 만드는 일이 없게 했다. 환주桓州에 기근이 발생하여 굶주린 백성들이 어린 딸을 내다 파는 지경에 이르자, 관아에서 나서서 이재민들을 구휼하고 정부가 돈을 대신 지불하여 가난한 백성들의 어린 딸들을 찾아올 수 있게 해주었다. 이처럼 그의 상소 덕분에 많은 사람들이 고통에서 벗어날 수 있게 되었다.

한번은 어떤 사람이 궁중의 식량을 몰래 훔치다 발각되어 참수형에 처해지는 일이 발생했다. 이에 티에거는 즉시 황제에게 상소문을 올렸다.

"그자가 죄를 지은 것은 사실이지만, 집에 식량이 떨어진 까닭에 중병에 걸린 늙은 노모를 살리기 위해 식량을 훔친 것이었습니다. 죄는 참수형에 처해야 마땅하나 노모를 공양하기 위한 것이니 그 효행은 용서받기에 충분합니다!

폐하께서는 그의 도둑질을 중시하겠습니까, 아니면 모친을 살리려고 죄를 무릅쓴 효행을 중시하시겠습니까?"

티에거의 말에 황제는 더 이상 식량을 훔친 사람의 죄를 추궁하지 않았고 처벌도 내리지 않았다.

그는 여러 차례 절묘한 언변으로 황제가 대노하여 사람들을 죽이려

하는 것을 저지했고, 덕분에 적지 않은 사람들이 목숨을 보전할 수 있었다.

한번은 누군가 몰래 궁중의 밀전병을 훔쳐 먹는 사건이 발생했다. 당시에는 궁중의 음식을 훔치는 행위는 아무리 사소하다 해도 사형에 처해졌다. 황제는 크게 노하여 밀전병을 훔친 자를 찾아내 사형에 처하라는 명령을 내렸다. 이에 티에거가 나서서 모든 죄를 자신의 탓으로 돌렸다. 티에거는 자신의 책임을 주장하면서 황제에게 말했다.

"상선감으로서 궁중의 음식을 도난당하게 한 것은 전적으로 저의 죄입니다. 다른 사람들은 아무런 죄가 없습니다. 처벌을 내리시려거든 저를 벌하시고, 다른 사람들은 추궁하지 말아주십시오."

티에거의 말에 황제도 자신의 지나친 행동에 부끄러움을 느끼며 그 이상 이 사건을 거론하지 않았다.

황실의 가축을 방목하고 관리하는 목동 하나가 대담하게도 황실의 낙타에게서 육봉을 몰래 베어냈다. 황제는 당장 사건의 전말을 조사하여 육봉을 벤 자를 사형에 처하라는 명령을 내렸다. 이에 티에거가 또다시 황제에게 간언을 올렸다.

"살아 있는 낙타의 육봉을 벤 것은 분명 어질고 너그럽지 못한 행동입니다. 이는 실로 잔인한 행동이 아닐 수 없지요. 죄질을 놓고 따지자면 사형에 처하는 것이 마땅할 것입니다.

그러나 황제께서 똑같이 잔인한 방법으로 처벌하신다면 이 또한 어질고 너그러운 행동이라 할 수 없을 것입니다."

티에거의 간언에 황제는 또다시 크게 깨달음을 얻고는 목동을 처형하지 않았다.

위진 남북조 시기는 중국 역사에 있어서 문벌 사족土族들의 세력이 가장 극성스러웠던 시기였다. 사실 문벌 사족은 400~500년 동안 줄곧 중국의 정치를 지배해오다가 당나라 측천무후의 시대에 이르러서야 비로소 세력을 잃고 역사의 뒤안길로 조용히 물러서기 시작했다. 따라서 황제의 권력과 문벌 사족들 사이의 관계를 어떻게 처리할 것인가 하는 것은 역사 단계마다 중요한 정치적 문제로 부각되곤 했다.

나라를 다스리는 방법에는 일정한 규칙이나 원리가 있는 것이 아니라 수시로 변하는 구체적인 상황에 근거하여 적절한 정책을 마련해야 한다. 법령이나 규정이 실제 상황에 맞지 않는다면, 이는 발을 깎아서 신발에 맞추는 것처럼 대단히 불합리하고 어리석은 일이 되고 말 것이다. 위진 남북조 시기의 왕맹은 엄격한 형법과 법률로 난세를 다스리고 도덕과 예의로 세상을 다스려야 한다고 주장했다.

통치를 위한 통치는 원망을 부른다

왕맹은 자字가 경략으로 북해 출신이었다. 그는 출신이 빈천하고 보잘것없었지만 어려서부터 책 읽기를 좋아하고 학문에 힘써 매우 박학다식한데다 가슴에 큰 뜻을 품고 있었다. 또한 백성들을 위한 수많은 계책과 지략을 가지고 있었다. 이런 그는 늘 성군을 만나 세상을 바로잡고 시대를 구제할 수 있기를 기대했다.

전진의 부견이 그런 그를 눈여겨보다가 시평 현령에 임명했다. 당시 시평현 일대는 치안과 질서가 매우 혼란스러웠고 호족과 부호들이 자신들의 권세를 믿고 제멋대로 날뛰며 온갖 악행을 저지르고 있는 상황이었다. 또한 곳곳에 토비土匪들이 횡행하는 바람에 백성들이 정상적인 생활을 유지할 수 없는 지경이었지만, 역대 현령 가운데 누구도 이런 혼란을 다스리지 못했다. 왕맹은 현령으로 부임하자마자 법령을 어기고 사회 질서를 어지럽히는 자들은 법에 따라 엄격하게 처벌한다는 포고를 내렸다. 엄격한 형별의 회복과 철저한 시행으로 관제를 강화하고 선악을 엄정하게 가려 질서를 바로잡겠다는 것이었다.

얼마 지나지 않아 백성들로부터 크게 원성을 사던 악한 두 명이 죽임을 당했다. 조정에 배후 세력을 둔 악당 하나는 채찍으로 때려 죽이기도 했다. 이에 관련 부서에서는 왕맹을 탄핵하고 그를 붙잡아 정위가 설치한 감옥으로 압송했다. 부견은 이런 보고를 받고는 직접 그를 심문했다. 부견이 말했다.

"정치의 근본은 도덕과 교화를 우선으로 해야 하오. 그런데 그대는 부임한 지 며칠도 안 돼서 이렇게 많은 사람을 죽였으니 너무 잔인하다고 생각지 않소?"

"제가 듣건대 '편안한 나라는 예로써 다스리고, 혼란한 나라는 법으로써 다스린다'고 했습니다. 지금은 나라를 세운 지 얼마 되지 않아 백성들을 다스리는 데 어려운 점이 적지 않지만, 소신은 직무를 엄격히 수행하고 폐하께서 맡기신 중임을 철저히 실행하기 위해서라도 흉악하고 교활한 무리들을 확실히 제거하기로 결심했습니다. 소신이 겨우 간악한 무리 몇몇을 죽이기는 했으나 아직 무수한 악한들이 남아 있습니다.

폐하께서 소신에게 잔악무도한 악인들을 모두 처단하지 못하고 법을 어긴 자들을 모조리 숙청하지 못한 죄를 물으신다면 소신은 벌을 달게 받고 폐하의 뜻을 헛되게 한 점에 대해 무릎 꿇고 사죄할 것입니다. 그러나 소신의 행위를 잔학무도한 정치라고 탓하신다면 저는 이를 받아들일 수 없습니다."

부견은 왕맹의 말을 다 듣고 나서 크게 감탄하여 군신들에게 말했다.

"왕맹은 실로 춘추 시기의 관중이나 자산과 같은 인물이오! 정말로 대단하오!"

이리하여 부견은 그를 사면해주었을 뿐 아니라 더욱 중용하여 한 해 사이에 무려 다섯 차례나 승관시켰다.

물론 엄격한 법령으로써 난국을 다스리려 했던 왕맹의 사상에는 합리적인 요소가 충분하다 할 수 있지만, 이런 정책이 모든 상황에 적용되는 것은 결코 아니다. 같은 시기라 해도 환경이 달랐다면 그 방법도 달라졌을 것이다.

위魏나라 시기에는 도처에 권문세족들이 포진하여 각자 한 지역을 장악하고 막대한 세력을 유지하면서 수시로 사람들을 모아 소란을 일으키곤 했다. 이들은 명망도 있는데다 세력이 날로 강성해지고 있었기 때문에 통제하기가 여간 어려운 것이 아니었고, 심지어 조정을 위협하는 상황에까지 이르게 되었다. 이에 황제는 조서를 내려 권문세족들을 경성으로 이주시키라고 명령했다. 이는 그들을 천자의 발아래 둠으로써 통제를 강화하고 아직 발생하지 않은 우환을 미연에 방지하기 위해서였다. 이러한 조치는 이미 선례가 있었다.

한漢 왕조 시기에도 이미 여러 차례 지방 호족들을 경성으로 이주시킨 적이 있는데, 이것이 한 왕조의 중앙집권제를 공고히 하는 데 큰 역할을 했다. 그러나 위나라의 상황은 좀 달랐다. 한 왕조가 호족들을 경성으로 이주시킨 때는 천하를 통일한 직후로 정치력이 강하고 견고했으며, 중앙의 힘이 매우 강대했지만, 위나라의 상황은 그렇지 못했다.

　권문세족들 가운데 고향을 등지고 먼 타향으로 떠나길 원하는 사람은 아무도 없었다. 그러나 이 일을 맡은 지방관의 태도 또한 매우 강경했다. 그는 강제로 권문세족들을 이주시키려 했고, 그 결과 백성들의 원성이 넘쳐났다. 불량한 무리들이나 남의 일에 참견하기 좋아하는 사람들은 이 기회를 이용하여 도처에서 사람들을 선동하고 시비를 만들어 분란을 일으켰다. 서하西河나 건흥建興 등지의 도적들도 이 기회를 틈타 연이어 소란을 일으키고 사방에서 노략질과 겁탈을 자행했다. 게다가 당시는 전란이 끊이지 않던 시기라 백성들의 생활이 어려웠기 때문에 모험을 감행하는 자들도 많아져, 순식간에 전국에서 도적이 봉기하여 나라 전체가 혼란에 휩싸이면서 백성들의 원성이 들끓었다. 한편, 지방 관아의 탄압도 혼란을 부추기는데 한몫했다. 그로인해 조정에는 탄원서가 끊이지 않았다.

　태종은 사태가 갈수록 격렬해지는 것을 보고서 최현백을 비롯하여 북신후 안동, 수광후 숙손건, 원성후 원굴 등을 불러 대책을 논의했다. 태종이 말했다.

　"흉악무도한 무리들이 백성들을 선동하여 소란을 일으키고 있소. 이에 그들을 경성으로 불러들여 통제를 강화하려 했으나, 직무를 맡은 사람들이 그들을 제대로 관리하지 못해 많은 사람들이 도망치는 상황에 이르렀소. 결국 그들을 경성으로 이주시키지 못했고, 오히려 율령을 어기는 일이 빈번해지는 결과를 낳았소. 그러나 모든 사람을 법으로 다스릴 수도 없고 전부 죽일 수도 없는 노릇이며, 이는 결코 바람직한 방법도 아니오. 과인은 대사면을 실시하여 그들을 모두 사면함으로써 민심을 안정시키고자 하는데, 그대들의 생각은 어떻소?"

황제의 의견에 동의하지 않는 원굴이 먼저 대답했다.

"민중을 괴롭히는 간악한 무리들이 몰래 도망을 치고 율조律條를 침범했는데도 그들에게 벌을 내리지 않고 오히려 사면을 베푼다면 윗사람이 아랫사람의 요구를 전부 들어주는 셈이 됩니다. 이는 간악한 무리들의 기세를 더욱 부채질하는 일이 되지요. 차라리 먼저 흉악한 무리의 우두머리를 참수하고 난 다음에 그 잔당을 사면해주는 것이 좋을 것 같습니다."

최현백이 다른 의견을 내놓으며 말했다.

"군주는 천하를 다스림에 있어서 민심을 안정시키는 것을 근본으로 해야지, 사소한 시비곡직에 얽매여서는 안 됩니다. 법률을 집행할 때도 시세의 특징과 변화를 파악하여 구체적인 정황에 따라 결정해야 하며 실질적인 상황에 부합하도록 해야 합니다. 법을 세우는 것과 법을 집행하는 것은 거문고와 비파처럼 조화를 이루어야 합니다. 그렇지 못할 경우에는 현을 더욱 팽팽하게 당겨야 하지요.

지금의 상황으로 볼 때 사면이 정상적인 일은 아니지만, 정세가 급박한 만큼 일시적으로 이런 방법을 시행하는 것도 충분히 일리가 있다고 사료됩니다. 진한秦漢 이후로 이런 방법을 사용하여 큰 효과를 거두었으니, 일정한 규칙은 없는 것입니다. 원굴이 먼저 우두머리를 죽이고 나중에 사면을 단행할 것을 주장하고 있으나, 소신은 이것이 그리 타당한 방법이라고 생각지 않습니다. 그렇게 하는 것보다는 일률적으로 대사면을 실시하여 지극한 인의를 베풀고, 그런데도 여전히 뉘우치지 못하는 자가 있다면 그때 가서 죽이시는 것이 좋을 것 같습니다."

태종의 생각도 최현백과 크게 다르지 않았다. 결국 그의 의견이 받아들여졌고, 시행 결과 만족스러운 성과를 거두게 되었다.

공권력에도 일정한 한계가 있는 법이다. 인간의 기본적인 상식으로 받아들일 수 있는 범위 안에서 국가 권력의 통제가 이루어져야지, 통제를 위한 통제, 법령을 위한 법령이 존재한다면 반드시 백성들의 원망에 부딪치고 말 것이다. 인간이 곧 자연이요, 모든 가치의 기준이기 때문이다.

28 │ 행한 대로 돌아온다

맹자는 일찍이 '나온 대로 돌아가야 한다'라고 주장한 바 있다. 이는 사람들을 어떻게 대했느냐 하는 데 따라 자신에게 응분의 보답이 돌아온다는 의미이다. 또한 이 말은 맹자 자신이 느낀 바가 있어 자연스럽게 우러나온 것이기도 했다. 당시 노魯나라와 추鄒나라 사이에 대규모 충돌이 발생하여 양국이 교전하는 과정에서 추나라의 관리 서른세 명이 죽었는데, 병사나 백성들은 한 명도 죽지 않았다. 이런 상황을 이해할 수 없었던 추 목공穆公이 맹자에게 물었다.

"저들은 윗사람을 위해 목숨을 걸고 싸우지 않았소. 그러나 저들에게 죄를 물어 죽이자니 수가 너무 많아 모두에게 법규를 적용하여 문책할 수도 없고 죽이려 해도 다 죽일 수가 없소. 그렇다고 죄를 묻지 않자니 저들이 윗사람이 죽임을 당하는 것을 보고도 목숨을 걸고 구하지 않았으니 실로 그 죄가 작지 않소. 이 일을 어찌 하면 좋겠소?"

"매번 흉년이 들 때마다 폐하의 백성들은 어떠했습니까? 노인들은 굶어 죽어 도랑이나 구덩이에 묻히고, 젊은이들은 다른 나라로 도망쳐 뿔뿔이 흩어졌습니다. 이런 사람이 수천수만이었습니다. 그런데 폐하의 창고에는 곡식이 넘쳐났고 재물이 가득 쌓여 있었지요. 그런데도 폐하의 관리들은 폐하께 이런 사실을 알리지 않았으니, 이는 군주를 기만하고 백성들을 해치는 일이었습니다. 이런 관리들을 백성들이 목숨을 걸고 구해야 할 이유가 어디 있겠습니까?"

이는 증자曾子가 말한 '네가 행동한 대로 네게 돌아간다' 라는 것과 같은 의미로서, 사람들을 어떻게 대하느냐 하는 데 따라 똑같은 보응이 돌아온다는 뜻이다. 이 점에서 추나라는 노나라와 선명한 대조를 이룬다고 할 수 있다.

안평 사람 최정崔挺은 어려서부터 학문에 매진하여 수많은 전적을 두루 통달한 덕분에 사고력이 뛰어났고 학식도 매우 깊고 넓었다. 또한 그의 가문은 그 지역에서 예의를 매우 중시하는 집안 가운데 하나였다. 그의 집안은 삼세동당三世同堂(조부에서 손자까지 3대가 한 집에 사는 것-역자주)을 유지하면서 예의를 중시하고 조화로운 가복을 추구하면서 사소한 다툼조차 발생하지 않아 세인들의 부러움을 샀다. 나중에 잇따른 흉년으로 인해 삼세동당을 유지하기 어려워지자 최씨 집안은 하는 수 없이 각자 분가하여 따로 가정을 꾸려야 했다. 분가하는 과정에서도 최정과 동생 최진은 서로에게 모든 것을 양보하려 했다. 동생인 최진은 형의 뜻을 거스르지 않았고, 최정은 집안의 전답과 가옥은 물론, 부동산까지 전부 동생에게 주고 자신에게는 묘전墓田 약간만 남기려 했다. 집안이 어려운 상황에서도 두 형제는 의연하게 손에서 책을 놓지 않고 학문에 몰두했다.

당시에 양곡 가격이 폭등하자 같은 고장에 사는 사람들 가운데 비교적 부유한 사람 하나가 두 형제의 생계가 어려워진 것을 보고는 양식을 보냈다. 형제는 이를 거절할 수 없는 상황이라 고맙게 받는 수밖에 없었다.

그러나 형제는 곧 이 양식을 자신들보다 생계가 더 곤란한 이웃에게 나눠주고 자신들은 조금도 챙기지 않았다. 최씨 형제의 이런 행동에 마을 사람들은 깊이 감동하면서 형제의 인품과 선량한 행동에 찬사를 아끼지 않았다. 최정은 이처럼 군자의 겸손함과 인자한 풍모를 잃지 않음으로써 당시 사람들로부터 진심 어린 존경과 사랑을 받았다.

최정은 벼슬길에 들어선 이후로도 훌륭한 정치적 업적을 세워 명망이 높았으며 관직도 여러 차례 승급되었다. 특히 당시 상서로 있던 이충은 그를 매우 신임했다. 나중에 최정은 소무장군을 거쳐 광주 자사의 관직에 임명되었다.

관직이 날로 높아질 때에도 최정은 자신의 선량한 품성을 잃지 않았다. 그는 자사에 임명된 이후에도 은혜와 위엄을 동시에 베풀어 널리 백성들을 교화했고 뛰어난 치적을 세워 지역 전체의 풍속을 정돈했다. 덕분에 백성들은 안락한 생활을 누릴 수 있었고 사회의 질서가 안정되어 당시 전국에서 사회 질서가 가장 안정된 지역으로 꼽혔다.

산기상시 장이 또한 훌륭한 관리로 이름난 인물이었다. 그는 황제의 명을 받아 전국 각지를 순시하면서 백성들의 풍속을 살피고 교화하는 데 주력했다. 광주에 도착한 그는 최정이 청렴하고 공정하게 지역을 잘 다스리고 있는 것을 확인하고는 그를 높이 칭찬하여 말했다.

"저는 이번에 여러 지역을 순시하면서 관리들의 치적을 감찰하고 민간의 소문이나 소송 등 민심을 파악할 수 있는 자료를 수집하고 관리들의 과실을 수집하라는 명을 받았습니다. 그런데 광주에 와보니 지역 전체가 평안하고, 자사를 직접 만나 뵙고 보니 그 청렴하고 결백함에 오히려 제가 부끄러워 얼굴을 들 수 없을 것 같습니다."

효문제 태화太和 19년(495년), 고조의 어가가 곤주에 이르렀다. 고조는 특별히 최정을 불러 그에게 통치의 방략과 글의 저술 방법 등에 관해 물었다. 고조는 최정과 마음을 털어놓고 오랫동안 대화를 나누고 나서, 친히 글을 한 편 지어 하사했다. 그러고는 주위의 대신들에게 최정을 칭찬하며 말했다.

"신하들이 모두 최정과 같기만 하다면 과인이 걱정할 일이 없을 것 같소."

최정은 민심을 크게 얻는 동시에 자신의 위엄과 명망을 높였고, 늘 백성들의 칭송을 받다 보니 그의 어질고 바른 정치가 미화되면서 신화처럼 기이한 이야기로 전해지는 것 또한 피할 수 없었다. 그 가운데는 이런 이야기도 있었다. 광주의 치리를 담당하는 관아는 구액성에 자리 잡고 있었고, 그 서쪽으로 몇 리 떨어진 곳에 부산이 있었다. 부산은 봉우리가 높고 험준한 데다 북쪽으로 창해를 접하고 있고 남쪽에 태산으로 이어져 있어 관광지로 잘 알려져 있었다. 최정은 이 산 위에 집을 한 채 지어 풍광을 감상하고 싶어 했다. 그러나 그곳에 사는 노인 하나가 이를 말리며 말했다.

"이 산은 여름에서 가을로 넘어갈 때면 바람이 거세게 불고 폭우가 쏟아져 봉우리의 바위들이 무너져 내리곤 합니다. 전해지는 얘기에 의하면 잘못하여 규룡虯龍이 다니는 길에 집을 지었다가는 쏟아지는 바위에 부딪쳐 오래 살기 어렵다고 합니다."

"원래 인간과 신 사이는 그리 멀지 않소. 간혹 규룡이 나타난다 해도 어찌 그 길로만 다닐 수 있겠소?"

최정은 곧바로 멋진 집을 짓기 시작했다. 뜻밖에도 더 이상 바람이 불거나 비가 오지 않았으며 아무 근심 없이 편안하게 풍광을 감상하며 지낼 수 있었다. 나중에 최정이 다른 곳으로 부임하게 되어 광주를 떠나자, 얼마 지나지 않아 그 집은 폭풍에 무너져 내렸다. 이를 다시 복원했지만 또다시 무너져서 더 이상 다시 짓지 않았다. 사람들은 모두 최정이 그 집에 살아야 집이 무너지지 않는다고 생각하면서, 이는 모두 그의 선행과 어질고 바른 정치가 하늘을 감흥시킨 까닭이라고 떠들어댔다.

최정은 법제를 매우 중시했다. 당시의 형률은 지나치게 엄중했다. 심지어 어떤 지역에서는 진秦 왕조의 법령과 별 차이가 없을 정도로 가혹했고, 어떤 지역에서는 충분히 공정하거나 합리적이지 못했다. 당시에는 죄를 지어 변방으로 귀양을 가 부역을 해야 하는 사람들이 도망치는 경우가 매우 많다 보니, 조정에서는 특별히 엄격한 규정을 제정하여 도망치는 사람에 대해서는 가족 전체를 노역에 참가하게 했다. 최정은 이러한 규정이 백성과 나라에 모두 불리하다고 생각하고 즉시 상서를 올려 자신의 견해를 피력했다. 그는 고대의 『주서周書』에 부자 간에도 각자의 잘못은 각자 책임져야지, 서로 연루시켜서는 안 된다는 규정이 기록되어 있음을 생각해냈다.

'오늘날 선한 사람은 적고 악한 사람이 많은 이유는 어디에 있는가? 세상의 풍속이 날로 쇠락하고 치리가 올바르게 펼쳐지지 못하는 까닭에 있는 것은 아닌가? 한 사람의 잘못으로 온 가족에게 화가 미치는 규정은 악인을 처벌할수록 악인이 더 많아지게 하는 장치가 아닌가?'

이런저런 생각 끝에 최정은 사실 많은 사람들이 죄에 연루되긴 했지만 이들 모두가 본래부터 악인이었던 것은 아니라는 결론을 내리게 되었다. 이런 규정으로는 좋은 사람들도 자칫 죄인으로 만들 소지가 많다는 데 생각이 미쳤다. 최정은 이런 결론을 내리는 동시에 역사적 사실을 인용하여 그 증거로 삼으려 했다.

춘추전국시대 공자의 제자 중에 송나라 사람인 사마우는 그 형이 지은 죄에 연루되어 억울한 처벌을 받았고, 노나라의 대부 유하혜는 그 동생이 도둑질을 했다는 이유로 자신은 청렴결백하고 인자한 덕성을 갖추고 있었는데도 억울하게 치욕을 당해야 했다. 최정은 이런 사례들이 너무나 슬픈 일이요, 황제의 인자한 덕에 부합하지 않는 일이라고 생각했다. 그리하여 최정은 옛 사적을 빌어 당시의 실정을 증명하고 이해득실을 설명했다. 그의 언사가 매우 간곡하고 순수하며 문체가 우아한 데다 진심을 담아 간곡하게 간언한 덕분에 고조가 깊이 감동하여 흔쾌히 그의 요청을 받아들였다.

최정은 어느 곳에 있든지 백성을 위해 고민했고 국가의 정책과 민생에 있어서 항상 나라와 백성들에게 이익이 되도록 행동했다. 당시 고을에 철의 생산은 부족한데 비해 철기 소비량이 많다 보니 외지에서 철을 사들여 와야 했다. 대규모로 철을 사들여 운송하려면 비용이 너무 많이 들었기 때문에 보통 사람들은 감히 철기를 살 수가 없었고, 이것이 농업 생산에 커다란 영향을 미쳤을 뿐 아니라 백성들의 다양한 수요를 만족시키기 어려웠다. 또한 관아에서 철을 사용하는 데도 불편이 적지 않았다. 이에 최정은 또다시 상서를 올려 관아에 철관鐵官을 설치하고 제철산업을 발전시켜 백성들과 관아가 모두 의지할 수 있도록 해줄 것을 요청했다.

그의 이러한 덕정은 백성들을 감동시키기에 충분했다. 액현에 아흔 살 된 노인이 하나 살고 있었는데, 이 노인은 자신이 젊었을 때 임읍에서 아름다운 옥을 하나 주웠다고 했다. 노인은 이 옥이 사방 넉 자쯤 되는 크기에 광채가 빼어나 60년이 넘도록 간직해두고 있는데, 최정이 청렴하고 공정한 정치를 펼치는 것을 보고서 이를 최정에게 바치고자 한다고 말했다. 최정은 이를 겸허하게 사양하며 말했다.

"저의 품성과 인덕은 고인들에 비할 바가 못 됩니다. 그처럼 아름다운 옥을 어찌 개인을 위한 보물로 삼을 수 있겠습니까?"

그러고는 곧 배를 보내 노인과 함께 옥을 가져오게 했다. 과연 그 옥은 광택과 윤기가 뛰어났고 세상에 보기 드문 진귀한 보물이었다. 최정은 즉시 옥을 경사로 보내겠다는 상주문을 올렸다.

세종이 즉위한 이후로 최정은 여러 차례 상서를 올려 나이가 많음을 이유로 사직하여 고향으로 돌아가고 싶다는 뜻을 간곡히 밝혔고, 경명景明 원년에 결국 임지를 떠나게 되었다. 그가 떠난다는 소식을 듣고는 온 마을 사람들이 큰 충격에 휩싸였다. 노인들은 부축을 받고, 아이들은 부모의 손에 이끌려 사방에서 몰려나와 그를 배웅했다. 사람들은 최정을 아주 멀리까지 따라 나와 아쉬움에 눈물을 흘리며 제발 떠나지 말라고 애원하기도 했다. 많은 사람들이 귀중한 비단을 가져와 그에게 선물로 주려 했지만, 이들의 사랑과 정성에 깊이 감동한 최정은 한편으로는 그들을 달래고 한편으로는 설득하며 선물이나 답례품은 일체 받지 않았다.

최정은 59세의 나이로 세상을 떠났다. 그는 사후에 보국장군과 유주 자사에 봉해졌으며, '경景'이라는 시호를 얻었다. 최정의 휘하에서 일했던 대소 관원들은 그의 부고를 전해 듣고 모두 슬픔을 이기지 못했다. 결국 이들은 십시일반으로 돈을 모아 성 동쪽 광인사에 최정을 기념하기 위해 8척 높이의 동상을 주조하고 팔관재를 세워 그를 추모하면서 명복을 빌었다.

고대 봉건사회에서 관료들의 가장 큰 임무는 백성들의 삶을 편안하게 하는 것이었다. 그러나 오히려 백성들을 아끼고 사랑하는 것이 이상하게 느껴질 정도로 대부분의 관원들은 백성 위에 군림하며 마음대로 부리려 했다. 그러면서도 이들은 항상 거창하게 애민의 윤리와 정책을 떠벌이곤 했다. 그러나 사실 애민의 이치는 전혀 심오하거나 어렵지 않은 것이다. 백성들의 아픔을 자신의 아픔으로 여기며 진심으로 사랑하는 마음을 구체적인 행동으로 실천하면 되는 것이다. 그렇게 하는 것이 고대의 관료들에게는 그토록 어려웠다는 것이 불가사의할 따름이다.

6장 | 적의 마음까지 끌어안아라

29 | 용서하는 자가 마지막에 웃는다

　석륵石勒이 일개 무사에서 왕이 될 수 있었던 것은 그의 넓은 도량과 무관하지 않을 것이다. 그는 상당 무향의 갈족 출신으로, 젊은 시절에 장사를 하다가 노예가 되고 말았다. 그러나 나중에 다시 유연에게 몸을 의탁하여 대장에 임명된 그는 점차 세력을 확보하여 한 지역을 장악하게 되었다.

　319년에 스스로 조趙나라의 왕이 된 그는 같은 해에 전조前趙를 멸망시키고 이듬해에 후조後趙 정권을 세워 황제가 되었다. 세력이 가장 번성했던 시기에는 지금의 하북과 산서, 하남, 산동, 섬서, 강소, 안휘, 감숙, 요녕 등 전국에 걸쳐 엄청난 크기의 땅을 점령하기도 했다. 석륵이 후조의 기반을 세울 수 있었던 주요 배경은 그가 사람들의 마음을 다루는 데 능했던 것과 무관하지 않다.

후대 사람들은 그가 백성들이 오랫동안 원망한 것을 탓하지 않았던 것에 대해 칭송하곤 한다.

석륵은 조왕을 자칭한 지 얼마 지나지 않아 고향인 무향의 어른들을 자신의 군대가 주둔하고 있는 양襄나라로 초청했다. 고향 어른들이 도착하자 석륵은 성대한 연회를 열어 환영했고, 고향 사람들과 허심탄회하게 지난 일들을 이야기하며 즐거운 시간을 보냈다. 그러다가 그는 문득 그 자리에 꼭 있어야 할 사람이 빠진 것을 발견했다. 그의 이웃에 살던 이양이었다. 석륵이 물었다.

"어째서 이양을 부르지 않은 것인가?"

이 일을 맡은 부하가 대답했다.

"저희도 그분을 초청하긴 했지만 자신이 폐하께 죄를 지은 것이 있어 감히 폐하를 대면할 수 없다고 했습니다."

알고 보니 석륵이 출세하기 전에 구마지 때문에 자주 이양과 다투곤 했는데, 이제 석륵이 조나라 왕이 되자 이양은 혹시 보복을 당하지나 않을까 두려워 감히 오지 못한 것이었다. 석륵이 이런 사연을 전해 듣고는 껄껄 웃으며 고향 어른들에게 말했다.

"사실 이양은 도량이 대단한 장사입니다! 그가 어찌 오지 않을 수 있겠습니까? 과거에 제가 구마지를 얻기 위해 그와 다툰 적이 있기는 하지만 그건 둘 다 평민일 때의 일이지요. 지금은 널리 신의信義를 펼치고 천하의 사내대장부들과 교류해야 하는 세상인데, 어찌 제가 속 좁은 태도를 보일 수 있겠습니까?"

그러고는 즉시 무향으로 사람을 보내 서둘러 이양을 데려오게 했다. 초대에 응한 이양이 도착하자 석륵은 직접 나가 그를 반갑게 맞아들이고 흉금을 털어놓고 지난 이야기를 나누며 즐겁게 술을 마셨다. 이어서 그는 이양에게 집을 한 채 마련해주고 그를 참군도위에 임명했다.

석륵이 이양과의 원한을 마음에 두지 않았을 뿐만 아니라 오히려 그에게 큰 은전을 베풀었다는 이야기가 전해지자 무향의 백성들은 석륵을 더욱 존경하고 떠받들게 되었다. 뿐만 아니라 다른 지역의 백성들도 석륵의 넓은 도량에 탄복하며 그를 위해 일하기를 꺼리지 않았다. 이때부터 그는 더욱 많은 사람들의 추종과 지지를 얻게 되었다.

석륵의 넓은 도량은 고대 중국의 역사에서 매우 보기 드문 것이었다. 한번은 석륵이 번탄의 집안이 매우 청빈한 것을 보고는 그를 도우려는 생각에 그를 장무내사로 임명했다. 번탄이 임지로 떠나기 전에 작별 인사를 하기 위해 석륵을 찾아왔다. 석륵은 번탄의 옷차림과 관모가 매우 남루한 것을 보고는 크게 놀라며 말했다.

"번 참군, 그대의 처지가 이 정도인 줄은 몰랐구려."

성정이 매우 소박한 사람이었던 번탄은 깊이 생각하지 않고 입에서 나오는 대로 말을 받았다.

"갈족의 도적들이 제멋대로 날뛰며 권세를 부리는 바람에 가산이 전부 소진되어 그렇습니다!"

"이제 보니 갈족들이 아주 흉악한 놈들이었군! 좋소. 내가 그들을 대신해 그대의 손실을 배상해주겠소!"

번탄은 말을 마치자마자 자신이 큰 화를 자초했다는 것을 깨달았다. 갈족이 전부 도적이라고 욕을 했으니 갈족 출신인 석륵을 도적으로 매도한 것이나 다름없었던 것이다. 번탄은 자신의 실수에 놀라 온몸을 부들부들 떨면서 연신 고개를 숙여 사죄했다. 그러나 석륵은 그의 죄를 따지지 않았을 뿐만 아니라 손수 그를 부축해 일으켜 세우며 말했다.

"비록 사람들에게 호인胡人이니 갈적이니 하는 모욕적인 호칭을 사용하지 말 것을 규정해두긴 했지만, 이는 젊은 사람들이 이런 호칭으로 인해 다투는 것을 방지하기 위한 것이지, 그대 같은 노선생과는 무관한 일이니 너무 두려워할 것 없소."

석륵은 약속대로 번탄의 손실에 대해 300만 냥을 보상해주면서 마차와 짐을 꾸리는 데 사용하게 했다.

한안국韓安國은 자字가 장유이며 양성안梁成安 사람으로 한漢 왕조 시기의 유명한 장수였다. 한 경제景帝 3년(기원전 154년), 오吳와 초楚를 비롯한 7국이 반란을 일으키자 양왕은 한안국을 대장으로 세워 반란군을 진압하고, 더 이상 서쪽으로 진격하지 못하게 했다. 한안국은 반란군의 평정에서 큰 공을 세웠고 마침내 7국의 반란이 평정되자 한안국의 이름은 전국에 널리 알려지게 되었다.

당시 한 경제는 나이가 어리다 보니 주위 사람들의 말에 쉽게 미혹되어 궁궐 안에서 온갖 다툼이 빈번하게 발생했다. 오래지 않아 한안국도 중위 공손궤의 모함으로 옥에 갇히는 신세가 되었다. 옥에 갇힌 그는 온갖 수모와 치욕을 당해야 했고, 그 가운데서도 전갑이라는 옥리의 학대가 심했다. 그는 여러 가지 방법으로 한안국을 모욕했다. 옥리의 능욕에 시달리던 한안국이 울컥 하는 마음에 전갑에게 말했다.

"그렇게 지나치게 굴지 마시오. 꺼진 불에서도 복수의 불꽃이 피어날 수 있다는 말을 들어보지도 못했소?"

"그래서 나를 향해 복수의 불꽃이라도 피우겠다는 것이냐? 꺼진 불에서 복수의 불꽃이 인다면 내가 당장 오줌을 갈겨 꺼버릴 테니 걱정하지 마라!"

한안국은 아무 말 없이 웃고 말았다.

수십 일이 지나 한안국의 처지가 달라졌다. 황제가 그를 다시 중용하기로 한 것이다. 양내사의 관직이 비게 되자 조정에서는 한안국을 그 자리에 앉혔다. 양왕은 감히 명령을 어길 수 없어 급히 사람을 보내 한안국을 석방하고 양내사의 직위를 부여하게 했다.

한안국이 다시 관직에 임명되었다는 소식을 전해 들은 옥리 전갑은 자신이 그를 몹시 괴롭혔던 일을 생각해내고는 당황하여 어쩔 줄 몰랐다. 이리저리 머리를 굴려봐도 그의 보복을 피할 길이 없겠다고 판단한 그는 가족을 버리고 도망칠 준비를 했다.

한안국은 전갑이 도주하려 한다는 소문을 듣고는 급히 전령을 보내 명령을 전달하게 했다.

"전갑이 직무를 저버리고 사익을 위해 도주한다면 이는 대죄를 범하는 일이니 그의 전 가족을 죽일 것이다!"

이런 명령을 전해 들은 전갑은 두려움이 배가 되었다. 아무리 해도 도망칠 방법이 없게 된 그는 한안국을 찾아가 윗옷을 벗고 고개 숙여 사죄하는 수밖에 없었다. 자신을 찾아온 전갑을 향해 한안국은 호탕하게 웃으며 말했다.

"이럴 필요까지 있겠나? 꺼진 불에서 복수의 불꽃이 피어올랐는데 어찌 오줌을 갈겨 꺼버리지 않는 겐가?"

전갑은 연신 고개를 조아리며 자신을 책망할 수밖에 없었다. 안절부절못하는 전갑에게 잠시 후 한안국이 말했다.

"앞으로는 절대로 불필요하게 사람들을 능욕하지 않도록 하게. 이번에는 그냥 넘어가겠지만 또다시 이런 일이 반복될 때에는 절대로 용서하지 않을 것이네."

전갑은 한안국의 태도에 부끄러운 마음을 금할 수 없었다. 지난날 자신의 언행이 경솔하고 생각이 짧았음을 통감한 그는 연신 자신을 질책할 따름이었다. 한안국은 더 이상 그의 잘못을 따지지 않고 돌려보내 원래의 관직을 계속 유지하게 했다.

한안국은 한 왕조를 대표하는 명장으로서 그의 넓은 도량과 너그러운 인품은 사람들의 칭송을 받기에 부족함이 없었다. 그러나 그가 전갑에게 보여준 태도에는 소인이 뜻을 이룬 것 같은 졸렬한 면도 없지 않았다. 그가 전갑을 처벌하지 않은 것은 원한을 갚을 필요가 없었기 때문이고, 도량이 넓어서라기보다는 인심을 얻기 위한 하나의 방법으로 활용한 면도 없지 않았다.

그러나 한 왕조 시기의 유명한 장수였던 비장군 이광에 비하면 칭송받을 만했다. 당시 이광은 황제의 명으로 파직을 당해 몇 년 동안 집에서 한거해야 했다. 이광은 과거에 영월후를 지냈던 친구의 손자와 함께 모든 세상사를 제쳐두고 산야에 은거하면서 남전의 남산에서 사냥을 하며 지냈다. 그러다 한번은 사람들과 함께 들판에서 술을 마시고 놀다가 돌아오는 길에 패릉정에 들르게 되었다. 이때 정문을 지키는 위궁들이 술에 취해 큰 소리를 치면서 이광 일행을 저지하려 했다. 이에 이광의 부하가 말했다.

"이분은 광 장군이시다!"

정위가 말했다.

"지금의 장군님조차도 야행을 할 수 없는데 하물며 옛날의 장군님

이야 더 말할 것이 있겠소!"

정위는 말을 마치기 무섭게 이광을 구금하고 역정驛亭에 묵게 했다. 그로부터 얼마 후 흉노가 한나라 변경으로 쳐들어와 요서 태수를 살해하고 한안국의 군대를 물리치는 사건이 발생했다. 이 일로 한안국은 우북평으로 좌천되어 그곳에서 생을 마쳤다.

그래서 천자는 이광을 다시 불러들여 그를 우북평 태수로 임명했다. 이리하여 원래의 직위를 되찾은 이광은 곧장 패릉정의 정위를 찾아가 일전에 있었던 일에 대해 따져 묻고는 그를 죽였다.

그러나 정위를 살해한 이광의 행동에는 지나친 면이 없지 않다. 이광은 결국 큰 인물이 되지 못했을 뿐만 아니라 뜻을 이루지 못한 채 우울한 만년을 보내게 되었다. 이는 그의 성정이 부른 비극이라 할 수 있을 것이다.

하늘의 끝을 떠돌다

사실 사람들이 뜻을 이루지 못했을 때 겪게 되는 상황은 비슷하다. 이른바 '하늘 끝에 영락한 사람'이라는 말이 바로 이런 의미일 것이다. 애주崖洲로 폄적貶謫되어 간 관원들도 이와 유사한 상황을 겪어야 했다.

당나라 때의 재상 위집의는 애주로 폄적되어 현지의 사호祀戶가 되었다. 그가 애주로 부임하자 애주 자사는 그에게 군무를 관장하는 군사아추의 직책을 맡겼다. 애주 자사가 그에게 보낸 공문에는 이런 말이 적혀 있었다.

"그대는 줄곧 조정에서 관직을 지냈으니 공무에 익숙할 것이오. 그대가 나를 도와 군대의 사무를 잘 처리해주기 바라오. 이곳이 협소한 지역이라 해서 그대의 무예를 사용할 기회가 없을까 걱정할 필요는 없을 것이오."

이는 실로 황당하고 무례한 말로 소인배가 권세를 믿고 날뛰는 추태에 지나지 않았고, 결국 당시 많은 사람들의 웃음거리가 되고 말았다.

송 왕조 시기의 노다손이 재상의 직위에서 파면당하고 애주로 폄적되자 하급 군관 출신인 애주의 지주는 자신의 아들을 노다손의 딸과 혼인시켜 그와 사돈을 맺으려 했다. 노다손은 이 혼사를 허락하고 싶지 않았다.

자신이 폄적되어 오긴 했지만 두 가문의 수준이 걸맞지 않는데다 사람들로부터 지주에게 잘 보이기 위해 딸을 이용하려 한다는 비난을 살 수도 있기 때문이었다. 지주는 혼사를 거론하여 의도적으로 사람들 앞에서 그를 모욕하고 그가 혼사를 받아들이지 않을 경우 그에게 해를 가할 심산이었다. 결국 노다손은 하는 수 없이 자신의 딸을 지주의 아들에게 시집보내기로 약속했다.

남송 시기 고종高宗 소흥紹興 연간에 호전이 애주로 폄적되어 가자 애주의 군수 장생이 여러 가지 방법으로 그를 괴롭혔다. 호전이 그에게 찾아와 상황을 보고할 때마다 죄인 대하듯이 호전을 대청 아래에 오래 세워두곤 했다. 그래도 호전은 예법에 따라 그의 온갖 요구를 만족시켜야 했다. 한번은 생일을 맞은 장생이 호전에게 자신을 위해 50운에 달하는 축수시를 지으라고 지시하기도 했다. 그의 휘하에 있는 동안 호전은 아침에 저녁을 기약할 수 없을 만큼 불안하고 고달픈 생활을 해야 했다.

당시 여족黎族 추장이 호전의 재능과 학식이 뛰어나다는 이야기를 들고 아들의 스승으로 청하기로 마음먹었다. 하루는 그가 호전을 성에서 30리 떨어진 집으로 초대했다.

마당 입구에 들어선 호전은 자신의 군수인 장생이 서쪽 통로를 막아놓은 것을 발견하고서 놀라움을 금치 못했다. 이런 사실을 알게 된 추장이 장생의 악행이 지나쳐 그를 살려둬서는 안 되겠다고 말하면서 호전의 생각을 물었다. 호전이 말했다.

"솔직히 말씀드리지요. 추장께서는 어째서 저에게 아드님을 맡기시려 하십니까? 저는 추장님께서 아드님에게 상하의 구별과 질서를 깨닫게 하기 위해서 저를 청하셨을 거라고 생각하고 있습니다.

장생이 호인은 아니지만 엄연히 한 지역의 주인입니다. 그의 죄상을 고발하려면 마땅히 먼저 해남의 안무사에게 보고한 다음, 다시 광서 경략사에게 알려야 할 것입니다. 그런 다음에도 그들이 이 문제를 제대로 처리하지 못할 때에는 다시 추밀원에 알려야 하겠지요. 결국 지금 당장 우리 마음대로 그를 살해해서는 안 되는 것입니다."

추장은 그가 말한 이치를 이해하고는 장생에게 자신의 죄를 시인하는 문서를 작성하게 한 다음 그를 풀어주었다. 장생은 연신 고개 숙여 사죄했다.

이튿날 호전이 여족 추장의 집에서 돌아오자 장생은 직접 그의 집 문 앞까지 달려와 사죄하면서 자신의 생명을 구해준 은혜에 깊은 감사의 뜻을 표했다. 그 후로 그는 호전을 어른을 대하듯 공손하게 대했다.

나중에 호전은 다시 조정의 부름을 받고 경성으로 돌아가 시종관이 되었다. 효종孝宗 융흥隆興 초기, 그는 둘째 형에게 자신이 애주에 있을 당시 장생을 위해 지은 축수시를 보여주면서 당시 사정을 상세하게 말해주었다. 그러고는 두 사람 모두 깊은 감개感慨에 젖어 말했다.

"신세가 영락하여 하늘 끝을 떠돌게 되면 몸마저 불행한 처지에 놓여 매일 죽음을 마주하게 된다더니, 예로부터 지금까지 폄적된 사람의 처지는 모두 한결같구나!"

30 │ 은덕과 위엄을 구별하라

청대의 인물인 조번은 성도 무후사의 대련 제사에서 "세력을 제대로 살피지 않으면 관대함과 엄격함이 모두 소용이 없기 때문에 나중에 촉을 다스리기 위해서는 심사숙고가 필요하다"라고 말한 바 있다. 남방 소수 민족에 대한 제갈량의 정책을 칭송하는 말로, 구체적으로는 맹획을 일곱 번 잡았다가 일곱 번 풀어준 사건을 찬양한 것이다. 과거 모택동 주석은 무후사에 갔을 때 이 제사의 대련對聯(글귀를 빨간 종이나 판자에 써서 붙이는 것-역자주)을 한참 동안이나 바라보며 깊은 생각에 잠겼다. 나중에 중국공산당의 한 동지가 사천으로 파견되어 중책을 맡게 되자 모택동은 특별히 그를 불러 말했다.

"동지가 사천성에 가서 일을 하게 되었지만 나로서는 특별히 동지에게 해줄 말이 없소. 단지 무후사에 한 폭의 대련이 있으니 그걸 잘 읽어볼 것을 권하고 싶을 뿐이오."

모택동이 이 대련을 얼마나 맘에 들어했는지 알 수 있는 대목이다.

중국 고대의 법률 사상은 매우 재미있는 내용을 지니고 있다. 공자는 일찍이 "송사를 심의할 때는 사람은 있되 사건은 없어야 한다"라고 말한 바 있다.

이는 고소된 사건에 대해 처벌할 때는 자신도 다른 사람과 마찬가지로 법률에 근거하여 일을 처리하되, 마땅히 죽여야 할 사람은 죽이고 감옥에 처넣어야 할 사람은 감옥에 넣을 것이라는 의미이다. 그러나 공자가 남들과 다른 점은 근본적으로 소송 사건이 발생하지 않기를 바랐다는 것이다.

이는 그가 덕치를 실행하여 백성들을 교화시키고 왕도 국가를 수립하여 대동大同 사회를 이루려 했다는 것을 의미한다. 이렇게 볼 때 공자의 사상은 궁극적으로 이상 사회의 성격을 가지고 있다고 할 수 있다. 그러나 이는 오늘날의 법률 교육과 법제의 선전과는 근본적인 차이가 있다.

한편, 맹자는 "명령은 허술하게 내리면서 죽이는 것을 서두르는 일은 일종의 폭력이다"라고 지적한 바 있다. 이는 국가의 법령 제도가 불확실하고 이를 알리는 일이 허술하면서도 집행이 급하게 이루어져 혼란을 야기하고 법령의 집행자가 무고한 사람을 죽이는 일이 많았음을 의미하는 말이다. 이러한 정치는 잔인하고 포악한 정치라 할 수 있다. 이렇게 볼 때, 사실 맹자 역시 교화의 실행과 인정仁政의 실현을 주장했다고 할 수 있다.

고대 성현들의 이상에는 확실히 사람들의 마음을 움직이게 하는 면

이 있었다. 그 가운데 비교적 합리적인 요소들은 지금까지도 변함없이 적극적인 기능을 발휘하고 있다.

그러나 현실의 구체적인 상황은 너무나 복잡하기 때문에 이러한 이상을 적절하게 적용하는 것이 쉽지는 않다. 아무리 이상적이고 어진 정치라 해도 '법치'와 잘 어우러져 때와 장소에 맞게 실행되지 않으면 안 된다. 그렇지 못할 경우 그 의미를 살리지 못하는 것은 물론이요, 오히려 부패와 방종을 낳게 되고 심지어 정치적, 사회적으로 엄청난 문제를 초래하게 된다.

육사陸俟는 대 지역 출신으로서 멀고 외진 곳에서 태어나긴 했지만, 어려서부터 총명하고 지혜가 있었으며, 성장하면서 점차 해박한 학식을 갖추게 되었다. 그는 위魏 세조世祖 시기에 하북성 기주의 장관을 역임하면서 대단한 명성을 누렸다. 뿐만 아니라 조정에서도 여러 주에 대한 관원들의 업적을 심사한 결과 그를 천하제일이라고 평가한 바 있다.

나중에 평량 지역에서 체도금애와 강족羌族인 적자옥 등이 반란을 일으키자 육사는 곧장 조정으로부터 평서 장군으로 임명되어, 뛰어난 기동성을 자랑하는 유목민족인 오랑캐들을 분산시키고 적군의 대장을 제압하여 지역을 안정시키는데 지대한 공을 세웠다. 그는 땅이 그다지 넓지 않은 이 일대에서 자랐기 때문에 인근에 있는 민족들의 특성과 기질을 잘 이해할 수 있었고, 덕분에 그들과의 관계를 원만하고 능숙하게 잘 처리해갔다.

적군을 제압한 그는 적군의 군관들을 자신의 군대에 기용함으로써 적군의 군관들을 처형하거나 처벌하여 원한을 사는 악순환을 피하고, 이들을 위무하는 회유 정책을 실행했다. 그 결과 그의 군대에 채용된 군관들을 통해 반란을 꾀하던 자들에게 감동을 줌으로써 큰 효과를 거두게 되었다. 수많은 강족 병사들이 줄줄이 그의 군대에 귀순해왔고, 체도금애처럼 투항을 거부하고 끝까지 저항하던 인물들은 결국 전부 사로잡히고 말았다.

나중에 육사는 임무를 무사히 마치고 평동 장군 겸 회황진 대장으로 임명되었다. 회황진은 소수민족인 고차족 사람들이 집거하는 지역이었다. 이들은 육사의 통치에 만족하지 못해 여러 차례 황제에게 진언을 올렸다.

"육사는 우리를 너무 엄격하고 가혹하게 다스리면서 전혀 은혜를 베풀려 하지 않습니다. 원컨대 원래 이 고장을 다스리던 대장군 낭고를 다시 보내주시기 바랍니다."

세조는 고차족 사람들이 육사에 대해 커다란 반감을 가지고 있다고 판단하여 그의 의견과 자세한 상황을 들어보지도 않고 육사를 소환하라는 명령을 내렸다. 경사에 도착한 육사가 세조를 알현하여 말했다.

"소신의 생각으로는 폐하께서 낭고를 다시 회황진에 보내신다 해도 사태가 안정되리라고 장담하기 어려울 것입니다. 1년이 채 안 돼서 고차족은 반란을 일으킬 것입니다."

그러나 세조는 육사의 말이 지나치게 과장된 것으로 사실과 맞지 않는다고 생각했다. 또한 그가 겸손하지 못해 지역을 잘 다스리지 못하고서 그 책임을 다른 사람에게 돌리고 있는 것이라 판단하여 그를 파직시켜야겠다고 마음먹었다.

고차족이 머지않아 반란을 일으킬 것이라고 단언한 것은 보통 사람들로서는 매우 이해하기 어려운 일이었다. 이리하여 육사는 모든 관직을 삭탈당하고 고향으로 돌아가야 했다. 그에게는 어떠한 관직도 허용되지 않았다.

과연 이듬해에 육사가 예상했던 대로 고차족 병사들은 낭고를 살해하고 반란을 일으켜 커다란 혼란과 위해를 야기했다. 이런 소식을 전해 들은 세조는 놀라움을 금할 수 없었다. 세조는 도대체 무슨 까닭에 저들이 반란을 일으킨 것인지 구체적인 상황을 이해할 수가 없었다. 그러다가 문득 육사의 예측을 기억해내고는, 그러면 실제 상황을 잘 알고 있을 것이라 판단하고 재빨리 그를 궁으로 불러들여 자문을 구하고자 했다. 육사가 세조에게 말했다.

"고차족 사람들은 위아래 할 것 없이 모두 예의와 도덕이 부족하기 때문에 절대 그대로 내버려두어선 안 됩니다. 반드시 가혹한 형벌과 엄격한 법률로 다스려야 하지요. 그래서 신은 법령을 더욱 엄격하게 하고 처벌을 강화하여 위엄으로 저들을 다스렸던 것입니다.

그러나 그렇다고 해서 저들을 무자비하게 억압해서는 안 되고 당근과 채찍을 동시에 적절히 사용하여 법규를 제대로 지키게 해야 합니다. 그런 다음에 천천히 교화를 실행하여 저들 스스로가 본분을 깨닫고 안정을 유지하며 위아래의 질서를 분별하면서 각자의 분수에 맞게 처신할 수 있도록 해야 하지요. 소신이 이런 정책을 펴다 보니 참언讒言을 일삼는 사람들이 소신이 은혜를 베풀지 않고 혹정酷政을 펼치고 있다고 모함하게 되었던 것입니다.

그래서 다시 낭고를 보내 그의 명성에 맞게 한없는 인자함과 관대함을 베풀게 되었던 것이지요. 낭고는 회황진에 다시 복귀하여 자신의 명성에 오만해하지는 않았지만, 고차족 사람들에 대해 지나치게 너그럽고 온화한 정책을 펼치면서 모든 일을 선으로만 대했습니다. 그러다 보니 신하들의 비웃음을 사거나 부당하게 일을 처리하여 적지 않은 실수를 범하게 되었지요.

그는 예절이 부족한 사람들에게 과분할 정도로 너그럽게 대함으로써 그들에게 극도로 오만한 마음을 갖게 했기 때문에 저들이 폐하의 통치를 받아들이는 것이 쉽지 않았습니다. 이런 유형의 사람들은 세상의 이치를 몰라 점차 교만해지고 남을 업신여기는 기질을 갖게 되는데, 이렇게 되는 데는 채 1년도 걸리지 않습니다. 이럴 때 다시 엄한 책략으로 이들을 다스린다면 모든 사람들이 마음속에 원망과 불만을 품게 되고, 이런 원망이 점차 커져 소요가 일어나게 되는 것입니다.

대신 이들은 이미 명령을 받아들이지 않는 습관이 생겨 그만큼 단결도 쉽지 않기 때문에 확실하게 제압하고 구속하면 치리가 가능할 것입니다. 점차적으로 조성된 오늘날의 반란은 실제로 소신이 말씀드린 이 논리에서 벗어나지 않는 일입니다."

그의 설명을 듣고 난 세조는 매우 일리가 있다고 생각하여 그에게 모든 상황을 철저하고 분명하게 분석할 것을 명했다. 아울러 소요의 진압과 처리를 그에게 맡기면 틀림없이 잘 해낼 것이라 믿으면서 마음속으로 은근히 그를 칭찬했다.

세조는 그제야 비로소 육사가 회황진에 대해 체계적이고 정확한 계획을 가지고 있었음을 깨닫게 된 것이다. 세조는 자신이 주위 사람들의 참언讒言에 속아 육사를 낙향시킴으로써 그의 계획이 실행되지 못하게 했던 것을 후회하면서 그에게 말했다.

"그대는 몸집이 이처럼 작고 왜소하면서 어찌 계획은 그토록 크고 원대할 수 있소? 정말 사람은 외모로 판단해서는 안 되겠구려!"

세조는 그날 당장 육사를 복직시키는 조서를 내리고 그에게 자신의 신변에서 항상 보필해줄 것을 당부했다.

누구나 요순堯舜이 될 수 있다

명나라 때 유명한 장군이었던 왕양명王陽明은 대단히 뛰어난 학자로서 중국 문화사에 있어서 매우 중요한 인물이었다. 그는 철학적으로 심학心學의 체계를 세움으로써 유학의 새로운 지평을 열었고, 정치적으로도 뛰어난 능력을 발휘했다. 또한 탁월한 군사적 능력을 가진 장군으로서 이민족의 반란을 성공적으로 진압하는 등 여러 분야에서 남다른 능력을 보였다. 그는 유교와 도교의 학설을 두루 섭렵하여 핵심적인 부분을 적절히 융합함으로써 당대 사상사의 큰 축을 형성하기도 했다.

당시에 전주에서 잠맹이라는 자가 모반을 일으키자 조정에서는 대규모 군대를 파견하여 철저한 진압에 나섰고, 그 과정에서 잠맹은 목숨을 잃고 말았다. 그러나 조정에서 이 문제를 철저하게 처리하지 못한 결과 반란군들은 다시 세력을 회복하여 날뛰기 시작했다. 잠맹은 죽었지만 그 잔여 세력인 노소와 왕수 등의 무리들이 다시 세력을 결집하여 잠맹의 뒤를 이어 그가 내세웠던 기치를 높이 내걸고 정부군에 대항한 것이다.

그들이 전주 지역 전체를 장악하게 되자 민심이 흉흉해지면서 잠맹이 아직 죽지 않고 살아 있다는 유언비어가 나돌기도 했다. 이리하여 명대의 지방 정세는 더욱 복잡하고 위태롭게 변해갔다. 당시 전주 총독은 여러 차례 군대를 보내 그들을 진압하려 했으나 반도의 세력을 완전히 일망타진하지 못했고, 오히려 정세는 점점 악화되어갔다. 그러자 어사 석금이 기회를 잡아 조정에 상주문을 올렸다.

"전주 총독은 어리석은 계략을 쉽게 따르고 제대로 된 전술도 갖추지 못했습니다. 이 사태는 다른 사람에게 맡겨 해결하는 것이 바람직할 것 같습니다."

이에 세종世宗은 전주 총독을 파직하고 양명에게 그 자리를 대신 맡아 반도를 진압하게 했다. 세종은 당장 그를 총독으로 임명하여 광서로 파견하면서 반란군을 토벌하라는 특명을 내렸다.

가정嘉靖 7년(1528년) 여름, 왕양명은 광서에 도착했다. 반도叛徒들을 토벌하는 임무는 송두리째 그에게 넘겨졌다. 당시 반도들의 기세는 꺾일 줄 몰랐고 오히려 사은 등 다른 지역으로 점차 확대되기 시작했다. 반도의 기세를 당장 꺾지 못한다면 광서 지역 전체가 큰 혼란과 위험에 빠지게 될 것이 불 보듯 자명한 일이었다. 자칫하다간 그 지역 토착민들의 대규모 폭동이 일어날 수도 있는 상황이었다.

그러나 반란군을 토벌하기 위한 방법을 놓고 여러 사람들의 의론이 분분했다. 여러 해 동안 무력에 의지하여 이들을 진압해봤지만 이는 효과적인 방법이 아니라는 것이 증명되었기 때문이었다. 또 해마다 이런 식으로 정벌에 나서다 보니 백성들이 평안하고 안정된 삶을 누릴 수도 없었다.

그러던 어느 날 왕양명은 문득 제갈량의 '남만 정벌'을 생각해냈다. 당시 제갈량은 맹획을 굴복시켰을 뿐만 아니라 나중에는 맹획이 그를 충심으로 복종하고 따르게 만든 선례를 남긴 바 있었다. 왕양명은 제갈량의 이러한 계책을 그대로 따르기로 마음먹었다. 즉, 단순한 토벌이 아니라 그들을 포용하고 회유하는 방법을 쓰기로 한 것이다. 그는 편지를 써서 자신의 신하를 시켜 전주로 가서 노소와 왕수 두 사람을 달래게 했고, 그 결과 두 사람의 항복을 받아냈다.

왕양명이란 이름은 노소와 왕수도 귀에 못이 박히도록 들어온 터였다. 게다가 조정에서 그를 파견하여 군대를 거느리고 자신들을 정복하러 온다는 소문을 듣고서 불안에 떨고 있었다. 그들은 어떻게 하면 깊은 산속으로 숨어들어 왕양명의 공격을 피할 수 있을까 골몰하던 중에 왕양명이 보내온 편지를 받게 된 것이었다. 뜻밖의 편지를 받은 두 사람은 부하들과 머리를 맞대고 궁리하기 시작했다. 노소가 먼저 입을 열었다.

"서신에서 왕 장군은 우리를 엄하게 처벌하지 않을 것이라 밝히면서 투항할 것을 간곡히 부탁하고 있소. 우리가 지난 일에 대해 사죄하기만 한다면 우리의 반역을 너그러이 용서해준다고 했소. 그러나 지난 몇 년 동안 우리가 조정을 등지고 용서받지 못할 대죄를 범했는데, 왕 장군이 정말로 우리를 순순히 풀어줄 것인지 마음을 놓을 수가 없소. 그 속에 무슨 계략이 숨어 있는 것은 아닌지 모르겠소."

왕수도 어떤 결정을 내려야 할지 좀처럼 갈피를 잡지 못했다. 그러나 그는 가급적 왕양명이 편지에서 한 말을 믿으려 노력했다.

"왕양명은 신의가 있는 사람이라 들었소. 믿을 수 있는 사람인 것 같긴 하지만 우리 둘의 목숨이 달려 있는 일이니 이 편지만 가지고 무작정 그를 믿을 수는 없을 것 같소. 그러니 좀더 기다리면서 사태의 추이를 두고 봅시다."

때마침 이런 기회를 틈타 유언비어가 나돌기 시작했다. 왕양명이 이미 수만의 병마를 이끌고 전주의 반란군을 진압하러 온다는 내용이었다. 게다가 기필코 두 사람의 목을 베려 한다는 소문도 있었다. 이에 노소와 왕수는 두려움에 떨면서 조금씩 뒷걸음을 치기 시작했다.

같은 해 12월, 왕양명은 심주로 건너갔고 어사 석금도 명령을 받고 곧장 그곳으로 달려갔다. 그곳에서 두 사람은 노소와 왕수를 설득하여 투항을 받아내기 위한 방안을 논의하기 시작했다. 처음에는 석금이 왕양명의 계략에 찬성하지 않았다. 그러나 왕양명은 계속해서 그를 설득했고 심사숙고 끝에 석금 역시 이것이야말로 백성들을 편안하게 하는 최선의 방책임을 깨닫고 왕양명의 의견에 따르기로 결정했다.

왕양명은 도처에 배치되어 있던 병력을 모두 해산시키고 영순과 보정에 배치된 수천 명의 병력만 그대로 남겨두었다. 동시에 이들에게도 별도의 명령이 있기 전까지 갑옷을 벗고 편히 쉬라고 명했다. 아울러 왕양명은 곧장 전주로 사신을 보내 끊임없이 노소와 왕수에게 항복할 것을 종용했다.

왕양명은 두 차례나 사람을 보내 그들을 설득했고, 왕양명과 석금의 명의로 또다시 안전을 보장한다는 내용의 편지를 전달했다. 두 사람의 진심과 이를 전하기 위한 노력에 감동한 노소와 왕수는 더 이상 두 사람을 의심하지 않게 되었다. 또한 이들은 왕양명이 자신들을 정벌하기 위해 동원한 군대를 모두 해산시켰다는 소문을 듣고는 이것이 더 이상 무력을 행하지 않겠다는 결심을 증명하는 것이라 생각했다. 이에 그들은 마침내 투항 의사를 밝히는 답신을 보내게 되었다.

왕양명은 직접 남녕으로 건너가 노소와 왕수가 파견한 사신과 협상을 시작했다. 사신은 노소와 왕수의 뜻을 전달하면서 두 사람이 투항할 때 만일의 사태에 대비하여 2만 명의 병력을 대동하겠다는 조건을 내걸었다. 왕양명이 군사를 지휘하는 지모와 능력이 뛰어나기 때문에 군사들을 동원하지 않았다가는 또 다른 계략에 말려들 수도 있을 것이라는 우려 때문이었다.

왕양명은 그들의 뜻을 이해하면서 너그럽게 말했다.

"그렇게 해도 좋소. 그러나 돌아가 그대의 장군에게 전하시오. 절대로 하늘을 우러러 부끄러운 짓은 하지 않는다고 말이오. 나는 단지 그대들의 뜻을 이해하여 그렇게 하도록 허락하는 것뿐이오."

노소와 왕수가 투항하던 날, 그들은 과연 엄청난 수의 병력을 이끌고 나타났지만 원문 앞에서 걸음을 멈춘 채 한 발짝도 움직이지 않았다. 그 이유를 물으니 군문 좌우의 병사들을 자신들이 데려온 전주 병사들로 교체시키기 전에는 절대로 원문 안으로 들어설 수 없다는 것이었다. 왕양명은 즉각 병사들을 물러가게 한 다음 전주에서 데려온 병사들을 그 자리에 배치시켰다. 드디어 문이 열리고 왕양명은 몇 명의 문관들과 신하들만 거느리고 친히 두 사람을 맞이하러 내려왔다. 노소와 왕수는 왕양명에게 자신들을 속이려는 계략이 전혀 없음을 깨닫고 그의 진심에 크게 감동한 나머지 황급히 말에서 내려 땅바닥에 무릎을 꿇었다. 왕양명은 두 사람을 일으켜 세워 함께 군문 안으로 들어갔다. 노소와 왕수가 안으로 들어가자 그제야 가지런히 배치되어 있던 사병들이 눈에 들어왔다. 왕양명은 두 사람을 의사대청으로 데리고 갔다. 그는 먼저 그들을 안심시킨 다음 너그럽게 죄를 용서해주고 그들을 위로했다. 그러더니 얼마 지나지 않아 갑자기 엄숙한 얼굴을 하면서 그들에게 호통을 쳤다.

"그대들은 오랜 기간 동안 모반을 일으켰고 전주 지역을 점령하여 소란을 피우며 조정의 병마에 대항했다. 여러 차례 조정의 명을 어겼을 뿐만 아니라 본관이 몇 차례 설득을 했는데도 불구하고 이에 감히 응하지 않았으니 그 죄는 절대로 용서받을 수 없을 것이다!"

이에 노소와 왕수는 연달아 머리를 조아리며 계속해서 사죄했다. 왕양명이 말했다.

"그러나 그대들이 죄를 진심으로 뉘우치고 있고, 또 본관을 찾아와 죄를 인정하였으니 참수는 면하게 해주겠다. 그렇다고 조정의 법도를 흔들어서는 안 되니, 조정의 위엄을 바로잡기 위해 두 사람에게 각각 곤장 100대를 치도록 한다."

명령이 떨어지자 두 사람은 곧바로 끌려가 곤장을 맞기 시작했다. 사실 이 모든 것이 왕양명의 치밀한 계획에 따른 것이었다. 우선 전주에서 온 사병에게 태형을 집행하게 하되 매질을 가볍게 하도록 지시해놓았기 때문에 고통은 그리 크지 않았다. 그저 때리는 흉내만 낼 뿐이었다. 이에 두 죄인은 다시 한 번 크게 감동을 받았다.

태형을 집행한 후 왕양명은 또다시 사람을 보내 그들에게 약을 발라주고 각종 산해진미를 마련하여 극진히 대접하게 했다. 은덕과 위엄이 아주 분명하게 실행된 것이었다. 며칠 후 왕양명은 그들이 데려온 병력을 무사히 전주로 다시 돌려보냈고, 얼마 후에는 친히 전주 지역을 찾아가 한때 모반을 일으켰던 병사들을 넓은 아량으로 포용하고 위로했다. 이에 전주의 수많은 백성들은 그의 인덕에 크게 탄복했다.

한때 반란을 일으켰던 자들이지만 이제 완전히 귀순하여 새 사람이 된 것을 확인하고는, 잠맹의 아들을 판관으로, 노소와 왕수를 순검으로 임명할 것을 조정에 건의했다. 조정에서도 그의 요구를 받아들임으로써 전주 지역은 완전한 평화를 되찾게 되었다.

왕양명 철학사상의 핵심은 모든 사람이 이른바 양지良知를 갖추고 있어 누구나 요순이 될 수 있다는 것이었다. 만년에 들어서서는 그의 강학講學도 '양지'라는 두 글자에 집중되었다. 맹자와 마찬가지로 왕양명 역시 모든 인간이 수치심을 느끼는 수오지심을 가지고 태어나는데, 이것이 바로 인간이 발전할 수 있는 영원한 동력이라고 주장했다. 당시 왕양명의 '치량지致良知' 사상은 중국 사회에 커다란 영향력을 행사했다. 왕양명의 양지 철학은 일종의 아름다운 이상일 뿐만 아니라 그 실천 과정에 있어서도 이처럼 긍정적인 기능을 발휘할 수 있었다.

31 | 관용에도 전략이 필요하다

때로는 구체적인 책략이 더 중요할 때가 있다. 명明 가정嘉靖 연간에 몽고 타타르 부족의 수령 엔다가 여러 차례 변방을 침범하더니 곧장 병력을 거느리고 경사 가까이까지 쳐들어왔다. 그는 경사로 오는 길에 모든 지역에서 잔인한 약탈과 살상을 저질러서 명 조정에 커다란 우환이 되었다. 사실 명 왕조는 300년 가까이 항상 북방 소수민족들의 위협에 시달려왔고, 근본적인 위해가 발생하지는 않았지만 수시로 소요가 일어나 크게 골치를 앓아왔다. 때때로 병력을 보내 퇴치하기도 했지만, 이들이 빈번하게 국경을 넘어와 소란을 일으키는 것이 명 왕조에는 큰 우환이 아닐 수 없었다.

융경隆慶 4년(1570년), 몽고 타타르 부족의 수령 엔다의 손자인 바한나지가 자신의 노복들을 거느리고 자발적으로 명 왕조에 투항하여 조정을 깜짝 놀라게 하는 일이 발생했다. 도대체 이것이 어찌 된 일이었을까? 알고 보니 바한나지는 엔다의 셋째아들인 테베타지의 아들로서, 어려서 부친을 잃은 뒤로 엔다의 사랑을 받지 못하고 할머니의 손에 양육되었다. 성인으로 성장하자 다청비지를 아내로 맞았지만, 그녀의 용모가 너무 추해 바한나지는 그녀를 별로 좋아하지 않았다. 얼마 후 그는 삼랑자라 불리는 아주 아름다운 여인을 만나게 되어 그녀를 다시 아내로 맞이하려 했다. 그녀는 엔다의 친외손녀로서 바한나지와 신분이 비슷했다. 그러나 뜻밖에도 엔다 역시 그녀의 아름다운 용모에 반해 침을 흘리며 눈독을 들이고 있던 차였다. 엔다는 바한나지가 그녀를 아내로 맞아들이려 한다는 소식을 듣고는 선수를 쳐서 삼랑자를 차지해버렸다. 바한나지는 크게 상심하여 식음을 전폐하고 집안에 틀어박혀 우울한 나날을 보내고 있었다. 그러던 어느 날 그가 자신의 노복인 아리거에게 말했다.

"조부라는 사람이 내가 몹시 사랑하는 여인을 가로채버리니 너무나 마음이 아파 살고 싶은 생각이 없구나. 게다가 저 늙은이가 차지한 여인은 자신의 외손녀이니, 인륜과 천리를 따지지 않더라도 이는 개돼지와 다를 바 없는 일이 아니겠느냐! 내 어찌 저 늙은이와 얼굴을 맞대고 살아갈 수 있겠느냐? 차라리 밖으로 나가 깨끗한 곳을 찾고 싶구나!"

아리거가 어디로 갈 생각이냐고 묻자 그가 대답했다.

"명 왕조에 귀순하는 것이 어떨까 한다. 중국은 대대로 예의를 중시하는 나라이니 이처럼 인륜을 저버리는 일은 없지 않겠느냐? 명 조정에서는 나의 이런 마음을 충분히 이해해줄 것이다.

게다가 듣자 하니 총독 왕숭고王崇古가 투항하는 이민족들을 후하게 대우한다고 하는구나. 그에게 투항하는 것이 어떨까 한다."

아리거가 바한나지를 만류했지만 아무 소용이 없었다. 그는 곧바로 남몰래 투항 준비를 시작했고, 그해 겨울에 처자 등 10여 명을 이끌고 아리거의 안내를 받으며 야밤에 몰래 몽고를 탈출하여 곧장 대동으로 가서 명 수비군에 투항했다.

이 일은 당시로서는 대단히 놀라운 사건이었다. 이 일을 잘못 처리 했다가는 양국의 관계에 심각한 악영향을 미칠 수 있고, 심지어 전쟁 이 일어날 수도 있었기 때문이다. 대동 순무 방봉시는 이 일을 단독으 로 처리하지 못하고 총독인 왕숭고에게 보고했다. 오래전부터 투항하 는 이민족에 대해 위무 정책을 고수하고 있던 왕숭고는 오랑캐로 오랑 캐를 제압하는 것이 변방의 안정에 유리하다고 판단하고 조금도 주저 하지 않고 바한나지 일행을 받아들였다. 당시 왕숭고의 정책을 이해하 지 못했던 부장들은 이구동성으로 반대의 뜻을 표하면서, 작은 일 때 문에 큰일을 그르쳐서는 안 된다고 역설했다. 보잘것없는 고아를 받아 들였다가 엔다의 심기를 건드리는 날에는 그가 대군을 이끌고 변방을 쳐들어올 수도 있으니 서둘러 바한나지 일행을 돌려보내는 것이 바람 직하다는 것이었다. 이에 왕숭고가 말했다.

"바한나지 일행은 우리에게 귀중한 재산이 될 수 있을 것이오. 엔다 가 손자를 돌려보낼 것을 다급하게 요구한다면 교환 조건을 내세워 이 곳에서 모반을 일으켰다 도주한 조전 등과 교환하면 될 것이오. 만일 그가 다급하게 나오지 않는다면 이 기회를 이용하여 저들을 달래 한대 漢代에 아들을 인질로 삼았던 방법을 재현하여 바한나지로 하여금 그 의 구부족을 집결시켜 변방 근처에 집거하게 하면 될 것이오. 이렇게 하면 이민족의 침범을 크게 줄일 수 있을 것이오. 게다가 엔다는 머지 않아 세상을 떠나게 될 것이고, 그의 아들 황타이지가 엔다에게 속한 부족들을 제대로 다스리지 못한다면 부족 내부에 분열이 생길 것이오. 그렇게 되면 우리는 바한나지의 봉호를 더해주어 그를 변방에 정착시키면 될 것이오. 그가 황타이지와 원한을 맺어 군대를 동원하여 서로를 공격하게 된다면 우리는 어려움에 처한 사람을 지원한다는 명목으로 황타이지를 공격하여 유리한 효과를 얻어낼 수도 있을 것이오. 그러니 어찌 하늘이 내린 절호의 기회가 아니겠소?"

왕숭고의 설명에 모두들 고개를 끄덕이며 더 이상 반대하지 않았다. 이리하여 왕숭고는 방봉시와 함께 조정에 사실 그대로 보고하면서 왕숭고의 의견을 자세히 설명했다.

주장이 올라가자 조정에서는 여러 대신들 사이에 의론이 분분했다. 대신들은 제각기 주장을 고수하면서 누구도 양보하려 하지 않았다. 특히 어사 섭몽웅은 왕숭고의 견해에 강력하게 반대하면서, 이민족의 반란은 시도 때도 없이 반복되었고 저들의 심중을 예측하기가 어려운 만큼 절대로 왕숭고의 책략에 따라선 안 된다고 주장했다. 대학사 고공과 장거정 두 사람만이 찬동의 의사를 내비치며, 왕숭고의 견해가 멀리 내다볼 줄 아는 선견지명을 갖춘 탁견이라고 평가했다. 목종穆宗은 대신들의 의론을 다 듣고 나서 나름대로 이해득실을 따져본 후에 말했다.

"바한나지는 우리 명 조정의 인의를 기대하고 귀순한 것이니 격려와 지지를 받기에 충분하오. 그렇게 하지 않고서 어떻게 우리가 널리 대국의 기개를 드러낼 수 있겠소? 바한나지를 절도사로 임명하고 아리거를 정천호에 봉하여 대홍 관복 한 벌씩을 하사하도록 하시오."

이런 조령이 떨어지자마자 나라 전체가 놀라움에 휩싸였다. 바한나지는 감격에 눈물을 흘리면서, 기필코 자신의 부족을 설득하여 한인과 영원히 하나가 되게 함으로서 성은에 보답하겠다고 약속했다.

바한나지가 떠난 뒤로 엔다의 아내는 명 조정이 자신을 어떻게 대할지 몰라 마음을 졸였다. 혹시 명 조정이 자신의 손자를 살해할지도 모른다는 생각에 밤마다 눈물을 흘리며 엔다와 말다툼을 벌였다. 그러면서 손자를 되찾아올 것을 요구하자 엔다는 자신의 잘못을 후회하며 직접 10만 명의 대군을 이끌고 나와 명의 변방을 위협하면서 일전을 치를 준비를 서둘렀다. 왕숭고는 이미 이러한 사태에 대한 만반의 준비를 해둔 터라 조금도 놀라지 않았다. 그는 병마를 집결시켜 강력하게 진지를 구축하는 동시에 변방의 주민들에게 견벽청야堅壁淸野[14]를 실행하게 하고 포숭덕을 엔다의 군영으로 보내 담판을 벌이게 했다.

엔다가 기세등등한 태도를 보이며 포숭덕에게 말했다.

"내가 군대를 거느리고 싸움을 벌이기 시작한 이래로 그대들은 매번 참패하여 돌아갔는데, 이제 감히 내 손자를 억류하다니 스스로 무덤을 파고 있는 게로구나!"

"우리 천조에서는 의를 중시하여 예의를 모르는 그대들을 참고 봐주었다. 또한 우리 조정에서 그대의 손자에게 아무런 위해도 가하지 않고 후대하고 있는데도 그대는 황은에 보답할 생각은 하지 않고 오히려 군사를 일으켜 변방을 소란스럽게 하고 있구나. 설마 그대의 손자가 빨리 죽기를 바라기라도 하는 것인가? 그대가 지혜로운 자인지 어

---

14 성에 들어가 지키며 적에게 먹을 것을 주지 않기 위해 들판을 비움.

리석은 자인지 내가 두고 볼 것이다."

이 말에 엔다는 겁을 집어먹고 어투를 누그러뜨렸다.

"나는 단지 내 손자를 구하고자 온 것이지, 변방을 어지럽힐 생각은 없소. 이 점에 대해서는 오해가 없기를 바라오. 그러나 바한나지가 건재하다는 것을 확인하고 싶소."

포숭덕은 왕숭고가 사전에 미리 건네준 관복을 꺼내들고 말했다.

"이것이 명 조정에서 그대의 손자에게 하사하는 관복이오. 그는 이미 절도사의 관직을 얻었고, 함께 온 사람들도 모두 명 왕조의 관원이 되었소."

이에 엔다는 크게 기뻐하며 시종들을 물러가게 한 다음 연회를 베풀어 포숭덕을 대접했다.

술이 서너 순배 돌고 나자, 엔다는 조심스럽게 언제쯤 바한나지를 석방하게 되는지 물었다. 포숭덕이 말했다.

"그건 걱정 마시오. 조전 등을 우리에게 넘겨주기만 하면 그대의 손자는 그날로 편안하게 그대 곁으로 돌아갈 수 있을 것이오."

포숭덕의 대답에 엔다는 기쁨을 감추지 못하며 좌우의 친신親臣들을 물러가게 한 다음 다시 입을 열었다.

"나는 더 이상 그대의 조정에 대항하고 싶지 않소. 몽고와 대명제국 두 나라의 관계는 전적으로 조전 등이 망쳐놓은 것이니, 대명의 천자께서 나를 왕으로 봉하여 북방의 여러 부족들을 다스릴 수 있게만 해준다면 나도 반드시 고개 숙여 신하됨을 자처할 것이고 영원히 반기를 들지 않을 것이오. 이제 나도 천수를 다했으니 내가 죽고 난 후에 아들과 손자가 무사히 내 지위를 계승하여 대대로 조정의 은덕을 누릴 수 있기만을 바라오. 그러니 어찌 내가 또다시 반기를 들 수 있겠소?”

이에 포숭덕은 그의 생각을 조정에 전달하기로 약속하고 그 자리에서 화살을 꺾어 맹세했다.

“약속을 저버리고 맹약을 깨는 사람은 이 화살같이 될 것이오!”

다음 날 엔다는 사신을 보내 포숭덕과 함께 왕숭고를 알현하게 했다. 왕숭고는 사자를 후하게 대접하고 모든 약속을 확실하게 이행할 것임을 확답했다. 얼마 후 그는 신속하게 모든 사정을 조정에 알렸고 며칠이 안 되어 조정의 비준을 얻어냈다. 이리하여 엔다는 약속대로 조전 등 10여 명을 명군의 대영으로 압송했고, 왕숭고도 즉시 사자를 시켜 바한나지를 몽고로 귀환시켰다. 이때부터 두 나라 사이의 맹약은 더욱 빈번해졌고, 서로 공물을 주고받는 동시에 국경 지역에 말 시장을 개설하여 교역을 시작하는 데 동의했다. 이때부터 명 왕조의 서부 변방은 안정과 평화를 되찾았고 수십 년 동안 봉화가 타오르지 않았으며, 교역이 활발하게 이루어져 양국의 민생에 큰 도움이 되었다.

관대함과 엄격함에는 일정한 이치가 있다. 때와 장소에 맞게 적절하게 이루어지되 너무 인색해서도 안 되고 지나쳐서도 안 되는 것이다. 세대에 따라 그 정도가 달라지고, 시대에 따라 그 방법을 달리하는 것이 중국의 도가와 유가가 사회적 문제를 처리하는 데 있어서 공통으로 지향하는 중용의 방법인 것이다.

32 │ 사마천, 희망을 노래하다

중국 역사에서 딸이 부친을 구한 이야기는 매 조대마다 찾아볼 수 있다. 춘추전국시대에도 이런 사건은 얼마든지 있었다.

제나라 경공에게 몹시 아끼는 홰나무가 한 그루 있었다. 그는 특별히 관리를 파견하여 이 나무를 조심스럽게 지키게 하면서 나무 주위에 목제 울타리를 치게 했다. 그리고 그 위에 팻말을 붙여 이 홰나무를 건드리는 자는 감옥에 처넣을 것이고, 홰나무를 손상시키는 자는 참수형에 처할 것이라는 경고문을 새겨놓았다.

그러던 어느 날 이런 경고를 알지 못한 어떤 사람이 술에 취해 홰나무를 꺾고 말았다. 이런 사실을 알게 된 경공이 말했다.

"처음으로 나의 명령을 어긴 자를 참수형에 처하도록 하라."

그리하여 관리들이 명령을 어긴 사람을 잡아다가 처형하려 했다.

그런데 그에게는 지모가 뛰어난 딸이 하나 있었다. 그녀는 황급히 제나라의 상국相國인 안영의 집을 찾아가 안영의 집사에게 말했다.

　"저는 성 밖에 사는 사람인데, 상국의 바람을 만족시켜드릴 수는 없겠지만 소녀를 상국의 비첩으로 받아주시기 바랍니다."

　안영이 집사의 보고를 듣고는 빙긋이 웃으며 말했다.

　"설마 내가 여인을 탐하는 사람으로 보인단 말인가? 어째서 나이를 먹을 대로 먹은 내게 젊은 여인이 제 발로 찾아온단 말인가? 틀림없이 무슨 사연이 있을 것이다."

　이리하여 안영은 사람을 보내 이 여인을 들여보내게 했다. 여인이 재상부의 대문 안으로 들어서자 안영이 멀리서 그녀를 내려다보면서 말했다.

　"이상한 일이야! 아무래도 저 여인은 가슴속에 깊은 근심과 슬픔을 담고 있는 것 같군!"

　안영은 즉시 그녀를 면전으로 불러 물었다.

　"낭자는 무슨 일로 얼굴에 그토록 수심이 가득한 것이오?"

　"대왕께서 홰나무 앞에 팻말을 걸어놓고 홰나무를 건드리는 자는 감옥에 처넣고, 홰나무를 손상하는 자는 사형에 처하라는 명령을 내리셨습니다. 저의 부친은 대왕의 명령을 알지 못해 술에 취한 나머지 실수로 나무를 다치게 했고, 이에 관리들이 중죄로 다스리려 하고 있습니다. 제가 듣건대 현명한 군주는 국가를 관리하면서 신하들의 봉록을 줄이지 않고 국가의 형벌을 늘이지 않으며, 개인적인 원한으로 국가의 법령을 파괴하지 않는다고 했습니다. 또한 성명한 군주는 금수로 인해 백성들의 이익을 손상시키지 않고, 초목으로 인해 금수를 해치지 않으며 들풀로 인해 곡물을 손상시키지 않는다고 합니다. 이는 현명한 군주라면 존비尊卑와 귀천을 잘 알기 때문이지요. 지금 대왕께서는 홰나무 한 그루가 손상을 입었다는 이유로 저의 하나뿐인 혈육인 부친을 처형하여 저를 사고무친의 고아로 만드시려 하고 있습니다. 이러한 명령을 실행하는 것은 제나라에 새로운 법령을 하나 추가하는 것 외에 별다른 의미가 없을 것입니다.

제가 듣건대 용맹한 사람은 남의 힘에 의지하여 외롭고 약한 사람과 겨루려 하지 않고, 현명한 군주는 인지상정을 무시하고 마음대로 망령된 행동을 하지 않는다고 했습니다. 이는 칠흑 같은 밤에 자신은 깊이 잠에 취하면서 다른 사람들은 두 손을 단정하게 모은 채 밤새 서 있게 하는 것과 마찬가지지요. 대왕의 명령을 실행하는 것이 장차 나라에 이익이 되고 후세에 이로움을 줄 수만 있다면 부친의 죽음이 헛되진 않을 것입니다.

그러나 대왕의 명령은 전혀 그렇지 못합니다. 단지 홰나무 한 그루를 손상시켰다는 이유로 저의 부친을 벌하신다면 이러한 법령에 대해 정말로 우려를 금할 수 없습니다. 이런 조치는 국가의 제도를 파괴할 뿐만 아니라 어질고 의로운 군왕의 미덕을 해치게 될 것입니다. 또한 만일 인근의 다른 나라 사람들이 이런 사실을 알게 되면 우리 군왕께서는 수목을 사랑하되 인명을 가볍게 여긴다고 생각하게 될 터인데, 정말로 이래도 되겠습니까?"

그녀의 하소연을 듣고 충분히 일리 있는 말이라고 판단한 안영이 말을 받았다.

"그런 명령을 실행하는 것은 정말로 지나친 일이오. 내가 그대를 위해 대왕을 찾아가 직접 말씀드려보도록 하겠소."

말을 마친 안영은 즉시 사람을 시켜 여인을 집까지 바래다주게 했다. 다음 날 안영은 이 일을 경공에게 보고하면서 말했다.

"백성들의 재력을 소진하면서 자신의 욕망과 기호를 만족시키고, 개인적인 즐거움을 추구하면서 이를 감히 침범할 수 없는 위엄의 경지로 몰고 가며, 순리에 어긋나고 인지상정에 역행하면서 무고한 사람을 해치는 것은 역대의 현명한 군주들이 가장 기피했던 일들입니다.

그런데 지금 대왕께서는 백성들의 재물을 전부 소진하시면서 자신의 음식과 기물을 더할 수 없이 화려하고 사치스럽게 하고 계십니다. 대왕께서 홰나무 아래 팻말을 걸어놓고 그 주변을 군주의 위엄을 지닌 장소로 정하신 것은 분명히 순리에 어긋나고 인지상정에 역행하는 처사입니다. 대왕께서 아끼시는 홰나무를 건드린 자를 감옥에 가두고, 홰나무를 손상시킨 자를 사형에 처하신다면, 이는 상벌이 공정하지 못하고 명분과 실제가 서로 부합하지 않는 일이 될 것이며, 백성들을 잔인하게 해치는 만행이 될 것입니다. 대왕께서 이처럼 나쁜 행위를 계속하신다면 앞으로 나라가 제대로 다스려지지 못하고, 백성들이 대왕의 뜻에 따르지 않게 될까 두렵습니다."

안영의 말을 들은 경공은 크게 깨닫는 바가 있어 당장 명령을 내려 홰나무 밑에 걸린 팻말을 철거하고 그에 관련된 법령을 취소했다.

이보다 유명한 사례로 제영緹縈이 부친을 구한 이야기가 있다. 바람만 불어도 날아갈 것처럼 가냘픈 소녀가 자신의 부친이 사지를 잘리고 코를 베이는 육형을 당하지 않도록 하기 위해 한 문제에게 상소를 올린 일이 있었다. 당시로서는 대단히 놀라운 일이 아닐 수 없었다. 그러나 한 문제는 대단히 개명한 군주라 부친에 대한 제영의 진실한 사랑에 감동하여 마침내 육형을 사면해주었다. 제영은 이 같은 사건으로 인해 청사에 길이 아름다운 이름을 남길 수 있었으니, 이는 중국 역사를 통틀어 매우 보기 드문 일이었다.

육형을 폐하다

한나라 때 제나라 땅에 순우의라는 사람이 있었는데 집안이 모두 임치에 거주하면서 일찍이 태창령太倉令(성내의 양곡 창고를 관리하는 관리 –역자주)의 관직을 지낸 바 있었다. 의술이 매우 뛰어났던 그는 관직을 그만두고 같은 군에 있는 양경이란 곳으로 가서 의술을 배웠다. 3년이 지나 학업을 마치고 스승과 작별하여 고향으로 돌아온 그는 사람들을 위해 질병을 고쳐주는 일을 업으로 삼게 되었다.

의술이 대단히 고명했던 그는 수많은 사람들의 고질병을 치료해주었고 사방에서 병을 고치기 위해 그를 찾는 사람들이 끊이질 않았다. 그의 집 앞은 매일 문전성시를 이루면서 환자들을 일일이 응대하기가 힘들 지경이었다. 순우의의 의술이 아무리 고명하다 해도 하루에 100명이 넘는 환자들을 돌보다 보니, 세월이 지나면서 그 역시 극심한 피로에 시달리게 되었다. 그리하여 순우의는 고된 업무를 피하기 위해 일부러 집을 벗어나 멀리 유력遊歷(여러 고장을 두루 돌아다님–역자주)에 나서기도 했고, 때로는 아주 오랜 시간이 지나서야 집으로 돌아오기도 했다. 때문에 중병을 앓고 있는 일부 현지 사람들은 훌륭한 의술로 치료를 받지 못해 죽음에 이르는 경우도 있었다. 이로 인해 환자들의 가족은 원망의 화살을 순우의에게 돌렸다. 세월이 흐르면서 수많은 환자 가족들의 원성이 갈수록 높아져만 갔고, 이들은 기회를 잡아 순우의를 괴롭히려 했다. 그리고 이것이 결국 순우의에게 커다란 재난을 가져다주고 말았다.

한 문제 13년(기원전 167년), 어떤 사람이 관아에 순우의를 고발하면서 그가 의술을 빙자하여 사람들을 속였으며 생명을 경시하고 인명을 초개와 같이 여겼다고 말했다. 지방관은 고발장의 내용에 따라 그를 붙잡아다 감옥에 가둔 다음 육형에 처하라는 판결을 내렸다. 그러나 순우의가 한때 태창령을 지냈던 덕분에 지방관은 감히 형을 집행할 수 없어 차일피일 미루다가 이러한 사실을 조정에 알렸다. 조정에서는 그를 즉시 장안으로 압송하라는 명령을 내렸다.

순우의에게는 슬하에 아들이 없고 딸만 다섯이었다. 장안으로 떠나기에 앞서 그는 탄식하여 말했다.

"아들을 못 낳고 딸만 여럿 낳았더니 쓸모가 전혀 없구나!"

그의 막내딸 제영이 부친의 탄식을 전해 듣고는 문득 부친을 구하지 않으면 안 되겠다는 생각이 들었다. 그녀는 곧장 행장을 꾸려 여러 사람들의 만류에도 불구하고 부친을 따라 장안으로 왔지만 어떻게 손을 써야 할지 도무지 방법이 없었다.

장안에 도착한 순우의는 곧장 감옥에 갇혔다. 제영은 부친을 구할 수 있는 묘책을 찾기 위해 한참 동안 골똘히 생각에 잠겨봤지만, 아무리 해도 좋은 생각이 떠오르지 않아 결국 황제에게 자신이 부친을 대신하여 속죄하겠다는 내용의 상소를 올렸다. 비교적 개명한 군주였던 문제는 그녀의 상소문을 받아들고는 매우 처량하면서도 신기하다는 생각이 들어 좌우의 시종들에게 상소문을 읽어보라고 명령했다. 상소문에는 이렇게 쓰여 있었다.

"저의 친부는 관리로서 제 땅에서는 청렴하기 그지없는 사람으로 평판이 나 있었습니다만, 이번에 사람들에게 억울하게 고발되어 육형에 처해지게 되었습니다. 이에 소녀는 남몰래 비통한 마음을 달래다가 이렇게 황상 폐하께 하소연하게 된 것입니다. 죽은 사람은 다시 살아올 수 없고 육형을 당한 사람은 다시 육신이 복원될 수 없기 때문에, 아무리 개과천선할 마음이 있다 해도 그럴 만한 기회를 얻을 수 없습니다. 바라건대 소녀가 조정의 관비가 되어서라도 친부의 죄를 대신 갚고 싶습니다. 제발 저의 친부에게 개과천선의 기회를 허락해주시기 바랍니다."

문제는 그녀의 주장을 읽고 나서 문득 측은지심이 들면서 연약한 여자의 몸으로 이처럼 갸륵한 효성을 갖추고 있는데다 순우의에게 내려진 육형은 아무래도 지나치다는 생각을 하게 되었다. 문제는 한참을 깊이 생각한 끝에 마침내 붓을 들어 두 장의 조서를 작성했다. 하나에는 "순우의의 무죄가 입증되었기에 사면하여 딸과 함께 고향으로 돌아가게 한다"라고 쓰여 있었고 다른 하나에는 이렇게 쓰여 있었다.

"『시경』에서 말하길 '사람들을 어여삐 여길 줄 아는 군주는 백성들의 부모이다'라고 했는데, 아무리 과실이 있는 사람이라 해도 교화가 이루어지기 전에 형벌이 가해지면 개과천선의 의지가 있다 해도 이를 실행할 방법이 없으니 이를 안타깝게 여기는 바이다. 육형은 사람의 사지를 절단하는 형벌로 일단 몸이 상하면 다시 복원하기 어려우니, 이는 사람들에게 커다란 고통을 주는 행위이자 몹시 부도덕한 일이다. 그러니 이를 어찌 백성들의 부모가 된 자의 본뜻이라 할 수 있겠는가?

이에 짐은 육형을 폐지하여 다른 형벌로 대치할 것을 명한다."

이에 승상 장창과 어사대부 풍경은 어명을 받들어 경형黥刑[15]을 고된 노역으로 대체하고 할비割鼻[16]를 태형 300대로, 단지斷肢[17]를 태형 500대로 대체했다. 이때부터 한 왕조에서는 육형이 완전히 사라지게 되었다.

청대의 소설가 조설근은 유명한 작품 『홍루몽紅樓夢』에서 사마천의 『사기史記』를 본떠 "종이 가득 황당한 말뿐이나, 마음 아픈 눈물이 있네. 모두들 작자가 미쳤다고 하니, 누가 그 속에 담긴 깊은 맛을 알리오?"라고 썼다. 실제로 『홍루몽』은 중국인의 비극 의식을 담은 대표적인 작품으로 눈물 없이는 읽기 어려운 소설이다.

이에 반해 사마천의 『사기』는 구구절절 정의와 진실에서 벗어나지 않는 기록이었다. 그러면서도 그는 자신의 비분강개와 처량한 신세에 관한 애절한 감정을 이 책에 고스란히 용해시켰다. 그는 어쩔 수 없이 흉노에 투항한 한나라 장군 이릉을 변호하면서 이릉의 삼족을 멸하는 형벌은 부당하다고 주장했다가, 한 무제의 노여움을 사서 결국 부형腐刑[18]에 처해지고 말았다. 당시 한 왕조의 관례에 따르면 금전으로 속죄하여 형벌을 경감할 수도 있었지만, 사마천 일가는 대대로 청렴한 관리의 집안이다 보니 속죄에 필요한 어마어마한 돈이 비축되어 있을 리없었다. 세태 또한 냉담하여 누구도 어려움에 처한 그를 도와주지 않

---

15 얼굴에 죄명을 문신으로 새기는 형벌로서 묵형이라고도 한다.
16 코를 자르는 형벌.
17 사지를 자르는 형벌.
18 남성의 생식기를 자르는 형벌로서 일명 궁형이라고도 한다.

았다. 결국 그는 부형을 당함으로써 사형보다 더한 치욕을 감내해야 했다. 그는 부친의 유업을 이어받아 『사기』의 저술을 완성해야 했기 때문에 말할 수 없는 치욕을 견디면서도 목숨을 유지했던 것이다. 어쩌면 그가 이처럼 불우한 경력을 딛고 완성했기 때문에 『사기』가 후대 사람들에 의해 '사가史家의 절창이요, 운韻이 없는 이소離騷[19]'라는 평가를 받게 되었고, 그 역시 천고의 불후한 문화 명인으로 자리 잡게 된 것인지도 모른다.

여기에서 어렵지 않게 사마천의 선악과 희망을 발견할 수 있다. 그는 남의 술잔을 빌려 자신의 마음속에 가득 쌓인 무한한 비분강개를 토로했고 아름다운 기대를 드러냄으로써 사람들에게 커다란 감동을 주고 있는 것이다. 『사기』가 갖는 이러한 문학적 성취는 다른 사서들은 물론 고대 중국의 어떠한 전적도 그 깊이를 따라갈 수 없을 것이다.

---

19 중국 초나라의 초원이 지은 부賦. 조정에서 쫓겨난 후의 시름을 노래한 것으로 『초사』 가운데 으뜸으로 꼽힌다.

33 | 지혜로 일을 대하라

"제갈량은 평생을 근신했고 여단은 큰일에 멍청하지 않았다"라는 말은 제갈량과 여단의 공적에 대한 대단히 정확한 평가라고 할 수 있다. 작은 일에 지혜롭고 큰일에 멍청한 사람들이 있는데, 대개 이런 사람들은 그리 나쁘지 않은 세월을 보내는 것으로 만족해야지, 나라와 백성을 다스리려 했다가는 중요한 대사를 망칠 수밖에 없을 것이다. 그렇다면 큰일을 그르치지 않는 비책은 무엇인가? 다음 이야기를 자세히 살펴보면 그 해답을 얻을 수 있을 것이다.

송 건륭建隆 원년(960년) 초, 조광윤은 진교에서 난을 일으켜 스스로 송 왕조를 건립했다. 역사에서는 이를 북송이라 부른다. 그러나 당시의 정세는 대단히 복잡하여 전국이 아직 여러 갈래로 나뉘어 있었다. 조정이 안정되지 못하다 보니 국내에서도 수많은 세력들이 각자 영토의 한쪽을 차지하여 패권을 행사하면서 호시탐탐 북송을 공격하려 하고 있어 하나씩 정복할 필요가 있었다. 게다가 주위의 변방 지역, 즉 지금의 영하와 감숙, 섬서 일대에는 당항족이 집거하면서 호시탐탐 북송을 노리고 있었다. 그러므로 어떤 책략으로 북방의 소수민족들을 대할 것인가 하는 것은 북송 정권의 안전을 결정하는 대단히 중요한 문제였다.

북송이 남방의 여러 나라를 통일한 후에 당항족의 수령인 이계균은 병력을 파견하여 송나라 군대의 북한北漢 공격을 지원한 바 있었다. 이계균이 세상을 떠나자 그의 동생 이계봉이 당항족 수령의 자리를 이어받아 송 태평흥국太平興國 7년(982년), 직접 북송의 동경東京으로 찾아와 송 왕조에 귀의하겠다는 뜻을 밝혔다. 이에 태종 조광의는 이계봉을 창덕군 절도사로 봉하고, 그의 가족들을 동경인 개봉으로 이주할 수 있게 해주었다.

이계봉의 친족 동생인 이계천은 이주를 거부하고 사람들을 이끌고 하주 이북 지역으로 가서 송 왕조에 대해 반항을 계속했다. 당시에 이미 안정을 찾아가고 있던 북송 조정은 이계천을 단호하게 진압하기로 결정했다.

송군은 가는 곳마다 당항족의 가옥을 불태우고 재물을 약탈하면서 내지로의 이주를 강요했고, 당항족 사람들은 훨씬 더 격렬하게 반항했다. 당항족 사람들은 이계천의 주위로 모여들어 그를 수령으로 추대하고 북송의 공격에 적극적으로 대항하기 시작했다. 처음에는 이계천의 병력이 매우 적고 세력도 약해서 요에 지원과 도움을 요청하는 동시에 송의 대규모 공격에 대해 거짓으로 투항하는 전략을 취하면서 빈번히

송군에 투항하여 일시적으로 신임을 얻음으로써 숨을 돌려 시간을 벌었다. 송군으로서는 수시로 투항했다 반항하기를 반복하는 이계천의 태도에 대응하기가 여간 어려운 것이 아니었다. 태종 조광의는 난감하기 그지없었다.

송 태평흥국 8년(986년), 송군이 지택에서 이계천의 군대를 물리치자 이계천은 도주했고, 그의 모친과 처자는 전부 송군의 포로가 되었다. 이런 소식을 전해 들은 조광의는 매우 기뻐하면서 이계천이 서북 지역에서 계속 소요를 일으키면서 변방을 어지럽게 했다는 이유로 그의 모친을 죽여서 가슴속에 쌓였던 한을 풀고자 했다. 조광의는 당시 추밀부사로 있던 구준을 따로 불러 단독으로 대면하여 이 일을 어떻게 처리하는 것이 좋을지 상의하게 되었다. 구준은 태종과 한참을 논의했지만 적당한 방법을 결정하지 못하고 일단 집으로 돌아가다가 마침 여단呂端과 마주치게 되었다.

여단은 어려서부터 영민하고 학문을 좋아했으며 넉넉한 도량과 품덕을 지니고 있었다. 관직에 있으면서도 항상 신중한 태도를 잃지 않아 후대 사람들로부터 "여단은 큰일에 멍청하지 않았다"라는 평가를 얻기도 했다.

그는 재상인 조보에게 크게 인정받았을 뿐만 아니라 조광의도 그의 성격과 업무 태도를 매우 마음에 들어 했다. 당시 여단도 재상들 가운데 하나였다. 그는 구준이 조광의와 뭔가 큰일을 상의하고 있으면서 자신에게는 말을 하지 않고 있음을 알아채고는 구준을 한쪽으로 데리고 가서 말했다.

"황상께서 공에게 뭔가 큰일이 있는데, 여단에게는 절대로 말하지 말라고 하셨을 것이오. 그렇지 않소?"

구준은 짐짓 아무 일도 없는 척하며 대답했다.

"정말로 아무 일도 없습니다."

그러면서 그는 단지 황상과 변방에서 일어난 사소한 일을 상의한 것일 뿐, 특별한 일은 없었다고 설명했다. 여단이 말했다.

"변경에서 일어나는 일반적인 사건들을 내가 전부 알 필요는 없소. 그러나 국가와 군대에 관한 대사라면 재상인 이상 나도 반드시 알고 있어야 할 것이오. 대체 얼마나 사소한 일이기에 황상께서 공과 단독으로 대면하여 상의하려 하신 것인지 한번 말해보시구려."

그러자 구준은 하는 수 없이 송군이 이계천의 모친을 포로로 잡은 사실을 여단에게 말해주었다. 여단이 황급히 물었다.

"황상께서는 이 일을 어떻게 처리하려 하고 계시오?"

"황상께서는 보안군 북문 밖에서 이계천의 모친을 처형하려 하고 계십니다."

여단은 이러한 조치가 대단히 불합리하다고 판단하고는 재빨리 말했다.

"그렇게 하는 것은 바람직하지 못합니다. 공께선 우선 여기서 좀 기다리시오. 내가 얼른 가서 폐하를 배알하고 오겠소이다."

이리하여 여단은 조광의를 만나러 갔다. 조광의를 만나자마자 여단이 말했다.

"과거에 초나라와 한漢나라가 서로 전쟁을 벌일 때 항우가 유방의 부친을 사로잡아 그를 삶아 먹으려 했습니다. 유방을 위협하려는 것이 목적이었지요. 그러나 실제로는 항우가 매우 어리석은 짓을 한 셈이었습니다. 그렇게 했다가 오히려 적의 분노를 사게 되었으니까요. 유방과 항우는 원래 서로 형제의 의를 맺은 사이였습니다. 유방이 항우에게 말했지요. '나의 부친이 바로 자네의 부친이고, 자네의 부친이 바로 나의 부친 아닌가. 내 부친을 삶거든 내게도 한 그릇 나눠주기 바라네.' 결국 항우는 아무 짓도 할 수 없었지요. 큰일을 하는 사람들은 자신의 가족조차 돌보지 않는 법인데, 하물며 이계천 같은 반도의 수령은 어떻겠습니까? 폐하께서 오늘 이계천의 모친을 처형하신다고 해서 내일 그를 사로잡으실 수 있을 것 같습니까? 만일 그렇지 않다면 그의 모친을 죽이는 일은 쓸데없이 원한을 맺는 것에 지나지 않을 것이고, 반역하고자 하는 마음만 더하게 할 뿐입니다."

송 태종 조광의는 여단의 말을 듣고 나서 크게 깨달은 바가 있었다. 조광의가 물었다.

"그렇다면 이제 이 일을 어떻게 처리하는 것이 좋겠소?"

"이계천의 모친을 연주에 정착시키고 정성껏 봉양하는 것이 좋을 것 같습니다. 우리가 자신의 모친을 잘 대접하고 있다는 사실을 알게 되면 이계천도 머지않아 투항할 마음을 갖게 될 것입니다. 설사 그가 투항하지 않는다 해도 항상 모친을 마음에 두고 있게 될 것입니다. 따라서 자신의 모친의 생명이 전적으로 우리 손에 달려 있다는 사실은 그에게 커다란 위협으로 작용하게 될 것입니다."

조광의는 여단의 말이 매우 일리가 있다고 판단하고 황급히 말을 받았다.

"그대가 와서 만류하지 않았더라면 일을 크게 그르칠 뻔했구려."

이리하여 조광의는 여단의 계책대로 실행했다.

나중에 이계천의 모친은 연주에서 병으로 사망했고 이계천은 얼마 후 서량부를 탈취하는 전쟁에서 토번에게 패해 전사하고 말았다. 그 후 이계천의 아들 이덕명이 부친의 지위를 이어받아 당항족의 수령이 되었다. 이덕명은 송 왕조에 대해 줄곧 우호 정책을 취했다. 이러한 상황은 여단이 건의했던 책략에 정확히 들어맞는 것이었다.

34 | 부드러움으로 적을 대하라

전쟁이 강경한 피와 육체의 충돌이 아닐 때도 있다. 정치적 공세가 100만 대군보다 강력한 효과를 거둘 수 있는 것이다. 삼국시기 위魏나라의 장령 양호는 회유정책을 실행하는 데 탁월한 능력을 발휘했다. 그의 '정치 공세'는 오늘을 사는 현대인들에게도 귀감이 되기에 충분하다.

진晉 무제武帝 사마염은 황제로 즉위하자마자 오나라를 멸하려고 마음먹고 있었다. 그는 양호를 도독으로 임명하여 형주의 군사를 다스리면서 대규모 병력을 이끌고 강을 사이에 두고 동오와 대치하게 했다.

양고는 대대로 관료를 지낸 권문세가 출신으로, 동한 채옹의 외손이자 경제 사마사의 헌 황후와 같은 어머니를 모신 동생이었다. 그러나 이러한 출신 배경에도 불구하고 그는 청렴하고 공손한 인품의 소유자로, 항상 조용하면서도 뛰어난 지모와 계책으로 가득 찬 인물이었다.

그는 젊은 시절에 사람들의 천거로 관리가 된 적이 있긴 했다. 그러나 주관州官이 네 차례나 그를 불러 종사와 수재 등의 관리로 등용하려 했고, 오부五府에서도 그를 불러 관리로 임용하려 했으나 매번 완곡하게 사양하면서 관직에 나서지 않았다. 당시의 풍속이나 관례에 따르자면 관직을 사양할수록 명성이 높아졌다. 어떤 사람들은 공손하고 학문을 좋아하여 공자가 가장 아꼈던 제자인 안회에 그를 견주기도 했다. 당시로서는 최고의 평가였다. 나중에 조상이 전권을 휘두르게 되었을 때에도 양호는 왕심과 함께 조정의 부름을 받게 되었다. 이에 왕심은 자신도 관리가 될 수 있는 기회를 얻게 되었다는 생각에 몹시 기뻐하면서 양호에게 함께 관직에 오를 것을 권했다. 이에 양호가 담담한 어투로 말했다.

"자신의 몸을 굽혀 남을 섬긴다는 것이 어찌 그렇게 쉬운 일일 수 있겠나?"

나중에 조상이 죽게 되자 왕심도 파직되고 말았다. 그제야 왕심은 양호가 했던 말의 의미를 깊이 깨닫고는 양호를 찾아가 말했다.

"자네가 이전에 했던 말을 항상 마음에 새기고 있어야 했네!"

왕심의 푸념에 양호는 여전히 담담한 어투로 말을 받았다.

"이는 사전에 예견할 수 있는 일이 아니지 않은가!"

사마염이 황제로 즉위하자 양호는 그를 도와준 공로로 중군 장군에 임명되었고, 산기상시의 관직이 더해졌으며, 군공으로 봉해져 식읍 3,000호를 하사받게 되었다. 그러나 그는 이를 완곡하게 사절하여 결국 원적지에서 후작이 되었다. 그의 자질과 경력을 따지자면 그보다 나이가 많은 왕우나 가충, 배수 등 전 왕조의 대신들보다 앞섰지만, 항상 겸손하고 공손한 태도를 보이면서 남보다 높은 자리에 앉기를 원하지 않았다. 나중에 그는 형주 지역의 군대 전체를 통솔한 공로를 인정받아 거기장군으로 승관함으로써 삼공三公(중국에서 최고의 관직에 있으면서 천자를 보좌하던 세 벼슬−역자주)과 대등한 지위를 갖게 되었다. 그러나 그는 글을 올려 이러한 대우를 완강하게 사양하여 말했다.

"저는 관도에 오른 지 겨우 10여 년에 지나지 않는데도 너무 높고 중요한 지위를 갖게 되었습니다. 이로 인해 저는 밤낮으로 터무니없이 높은 지위 때문에 전전긍긍하면서 영화를 우환으로 여기고 있습니다. 더욱이 저는 외척의 신분으로서 하는 일마다 좋은 운을 만났습니다. 이에 과분한 총애를 경계해야 한다는 생각이 들어, 버려지는 것을 두려워하지 않고 이렇게 글을 올려 제 심정을 아뢰는 바입니다.

폐하께서는 여러 차례 조서를 내리셔서 제게 너무 많은 은혜를 베풀어주셨지만, 제가 어찌 이를 다 감당할 수 있을 것이며 어찌 마음이 편할 수 있겠습니까? 지금 저보다 높은 품덕과 절개를 갖추고 있는 광록대부 이희나 청렴하고 욕심이 없는 노지, 정직하고 소박한 이윤 같은 수많은 인재들이 높은 지위에 오르는 행운을 얻지 못하고 있는데도, 덕이 부족하고 무능하기 짝이 없는 저의 지위가 그들을 훨씬 능가하고 있습니다. 이것이 어찌 천하의 모든 사람들을 설복시킬 만한 처사라 할 수 있겠습니까? 간절히 바라건대 저에 대한 폐하의 성명을 거둬주십시오."

그러나 황제는 그의 간청을 받아들이지 않았고, 양호는 곧 남방으로 파견되었다. 남방에 도착한 그는 군사적 조치를 강화하는데 조급해하지 않았고 오히려 회유 정책을 펼쳤다. 학교를 설립하고 인근 지역의 백성들을 달래 아주 빠른 기간에 강한 일대에서 백성들의 지지를 받게 되었다. 그는 오나라 사람들에 대해 포고문을 보내 자신에게 투항하는 사람들 가운데 형주를 떠나고자 하는 사람이 있으면 절대로 막지 않을 것이고 어디로 가든지 전부 허락할 것이라고 천명했다. 또한 오나라 석성의 수비 지역은 양양으로부터 700리나 떨어져 있다 보니 빈번하게 양양을 침범해서 소란을 일으키곤 했다. 양호는 계책을 마련하여 석성의 수비 병력을 분산시킴으로써 석성과 양양이 서로 평화롭게 공존하면서 수비 병력을 절반으로 줄이고, 나머지 병력으로 800여 경頃(중국에서 쓰던 논밭 넓이의 단위. 1경은 100묘로, 그 넓이는 시대에 따라 달랐다-역자주)에 달하는 경작지를 개간하게 함으로써 막대한 수익을 올렸다.

양호가 막 그곳에 도착했을 때 군대에는 100일을 버틸 수 있는 식량이 갖춰져 있었지만 개간 사업을 벌인 결과 10년 동안 사용할 수 있는 군량을 비축할 수 있었다. 나중에 황제의 명령으로 강북도독을 없애고 남중낭장을 설치하게 되자, 이들에게 속해 있던 한동과 강하의 각 군대가 전부 양호의 지휘하에 들어오게 되었다.

나중에 양호는 한 걸음 더 나아가 험준한 요새 지역을 점거하고 다섯 좌의 성을 세워 다량의 비옥한 토지를 확보하고 오나라 사람들의 재산을 탈취했으며, 석성 서쪽 지역이 완전히 진나라 소유로 귀속되게 했다. 이때부터 오나라에서 진나라로 투항하는 사람들의 행렬이 그치지 않았다. 이런 상황에서도 그는 동오를 공격하는 데 급급하지 않고 오히려 은덕과 신의를 베푸는 정책을 제창하여 막 귀순한 오나라 사람들을 위로했다.

양호는 매번 동오를 상대로 교전을 벌일 때마다 날짜를 정해 전투를 벌였고, 절대로 불시에 기습하는 일이 없었다. 일부 장수들은 기습 작전을 벌일 것을 주장했지만, 그럴 때마다 양호는 주연을 베풀고 쉴 새 없이 그들의 술잔에 술을 채워 입을 막아버렸다. 오나라 병사 두 명이 포로로 잡히자 양호는 그들을 도로 돌려보냈다. 그러자 동오의 장수인 하상 등이 병사들을 이끌고 투항했고, 곧이어 이들의 부친도 부하와 가족들을 이끌고 투항했다. 오나라 장수인 진상과 반경이 병력을 이끌고 쳐들어오자 양호는 이들을 격퇴하여 사살하긴 했지만, 이들의 절개와 용기를 칭찬하며 후하게 장례를 치러주었다. 진상과 반경의 형제와 자녀들이 장례를 위해 찾아왔을 때도 양호는 정중히 예의를 갖춰 그들을 맞았다가 다시 돌려보내주었다. 오나라 장수인 등향이 하구로 쳐들어와 약탈을 일삼았을 때도 양호는 현상금을 내걸어 그를 사로잡은 다음 다시 풀어주었다. 이에 감격한 등향은 자신의 병력을 이끌고 양호에게 귀순했다.

또한 양호는 자신의 군대를 엄격하게 통제했다. 그의 군대가 오나라 경내를 통과하면서 그 지역의 곡식을 거둬들여 식량으로 사용하게 될 때면 반드시 그 수량에 맞게 값을 지불했다. 군대가 강면 일대에서 사냥을 하게 될 때는 진나라 경내에서만 사냥을 허용하고 오나라로 넘어가는 것을 허락하지 않았다. 짐승이 오나라 사람에 의해 부상을 입어 진나라 사람에게 잡혔을 경우 그는 이를 다시 오나라로 보내주었다. 이리하여 오나라 사람들도 모두 양호의 인덕에 찬탄을 금치 못했고, 그의 이름을 부르는 대신 양공이라는 존칭을 사용했다.

양호가 오나라 장수 육항과 서로 대치하고 있을 때는 양군의 사자가 빈번하게 왕래하곤 했다. 육항은 양호의 덕행과 넓은 도량을 칭송하면서 악의나 제갈량 같은 인물도 그와 비교할 수 없다고 말했다. 한번은 육항이 중병에 걸리자 양호는 그의 병세를 알아내 사람을 시켜 약재를 보내주었다. 육항은 이를 고맙게 받아 먹으면서 추호도 의심을 품지 않았다. 누군가 약에 독이 들어 있을지 모른다며 약을 못 먹게 하자 육항이 말했다.

"양호는 절대로 이런 식으로 사람을 해칠 인물이 아니다!"

물론 육항도 양호가 회유 정책을 펼치고 있음을 모르지는 않았다. 그래서 그는 항상 부하들에게 경계하여 말했다.

"양호의 군대는 전적으로 은덕을 베풀고 있는 반면 우리는 폭력만 사용하고 있으니 어쩌면 우리는 싸워보지도 못하고 패할지도 모른다. 따라서 우리는 각자의 강역을 확실히 보전하지 않으면 안 될 것이다. 앞으로 절대로 사소한 이익에 목숨을 걸지 말도록 하라."

오나라 황제 손호는 오나라와 진나라가 변경에서 우호적인 상태를 유지하고 있다는 소식을 듣고는 육항을 문책하기 시작했다. 이에 육항이 말했다.

"작은 마을이나 성도 신의가 없어서는 안 되는데, 대국은 어떠해야 하겠습니까! 만일 제가 이렇게 하지 않는다면 양호의 명성이 갈수록 높아질 것이고, 그에게 아무런 손상도 입히지 못하게 될 것입니다."

결국 양호와 육항의 지모는 막상막하였던 셈이다.

양호는 오나라 군민에 대해 회유 정책을 실시하는 동시에 병기를 제조하고 갑옷을 수리하며, 병사들을 훈련시키는 등 대대적인 군사적 준비도 소홀히 하지 않았다. 그는 사마염에게 상소를 올려 촉지를 평정한 지 13년이 지났고, 오나라의 손호가 포악무도하게 학정을 펼치고 있어 오나라 백성들이 고통에 신음하고 있으며, 진나라 군대의 역량이 과거에 비해 훨씬 강대해졌으니 적당한 기회를 잡아 동오를 평정함으로써 천하를 통일하는 것이 바람직하다고 말했다. 그래야 천하가 안정되고 백성들이 편안하게 휴양생식休養生殖할 수 있다는 것이었다. 동오에 대한 전략과 전술에 있어서도 양호는 대단히 알차고 다양한 의견을 제시했고, 무제는 찬탄을 금치 못하며 칭찬을 연발했다.

함녕咸寧 3년(277년), 무제는 양호를 남성후에 봉했으나 양호는 사양하면서 봉호를 받아들이지 않았다. 그는 관직이 승급될 때마다 항상 진심으로 사양했고, 그럴수록 그의 명성은 나날이 높아만 갔다. 안팎으로 전부 그를 우러러보면서 그의 이름은 먼 지역까지 널리 알려졌고, 심지어 그를 당장 재상의 자리에 앉혀야 한다고 주장하는 사람들도 있었다. 그러나 당시 무제는 동오를 점령하고 강남을 평정하는 큰 임무를 그에게 맡기려 했다. 그래서 그를 재상으로 임명하는 일은 잠시 보류하고 줄곧 시행하지 않았다.

양호는 두 왕조를 거치면서 커다란 권력을 소유하고 있었고, 중대한 사안이 있을 때마다 황제들이 그에게 의견을 구하곤 했다. 하지만 양호 자신은 이를 빌미로 권력을 탐하지는 않았다. 그는 기밀을 지키는 것을 대단히 중시하면서 자신의 공로를 겉으로 드러내지 않았다. 그는 자신이 기획했던 갖가지 책략과 의론의 내용이 담긴 원고를 상황이 끝나면 불태워버렸기 때문에 후대 사람들은 그의 지모와 책략에 관해 구체적인 평가를 내릴 수 없었다. 덕분에 사람들로부터 판단의 대상이 되는 일도 피할 수 있었다. 양호가 추천하여 승관한 사람들 가운데 일부는 그의 주도면밀한 태도에 감탄을 금치 못하여 다음과 같이 말하곤 했다.

"고인들께서는 늘 훈계하여 말씀하시길 '관직에 오르면 군왕과 무릎을 맞댄 채 마음의 흉금을 털어놓고 이야기를 나누다가 물러나면 아무것도 모르는 척하라'고 하셨지만, 나는 아무래도 그렇게 하지 못할 것 같다. 지혜롭고 능력 있는 인재들을 천거하거나 중용하지 못하니 지인들에게 부끄러운 마음을 금할 수 없다. 하물며 조정의 비준을 거쳐 임용된 관리들이 사사로이 왕래하며 사익을 도모하는 것을 보면 치욕감을 떨치기 어렵다!"

그러나 양호는 이런 지위에 있으면서 자신의 앞길과 미래에 대해 정확히 판단하고 예견할 수 있었다. 한번은 그의 사위가 말했다.

"장인어른께서는 정무를 경영하시면서 항상 믿을 수 있는 사람들을 키우셔야 합니다. 장인어른의 신변에 어떤 문제가 생겼을 때 반드시 장인어른을 옹호해줄 사람들이 있어야 하지요. 이는 장인어른께 대단히 중요한 일입니다."

그러나 양호는 들은 척도 하지 않고 집으로 돌아와 아들들에게 이렇게 말했다.

"이는 하나만 알고 둘은 모르는 말이다. 신하된 자로서 사사로운 은혜를 베풀어 인맥을 만들다 보면 반드시 공적인 의로움을 위반하게 될 것이다. 이처럼 어리석은 일이 어디 있겠느냐! 이보다 더 위험한 짓은 없을 것이다. 이 말을 잘 알아듣고 마음에 새기도록 해라!"

양호는 자신의 당형인 양수에게 편지를 써서 말했다.

"변방이 평정되면 저는 조복을 벗고 머리에 황건을 두르고서 다시 고향으로 내려가 제가 묻힐 무덤이나 마련해놓고 조용히 살 생각입니다. 저는 벼슬 없이 가난한 선비로서 족한데 너무 높은 지위에 있다 보니 지나친 자만과 편안함으로 사람들의 질책을 받지 않을까 두렵습니다. 한나라 선제宣帝 때 소광은 5년 동안 태위로 있다가 병을 핑계로 사직하고 고향으로 돌아갔습니다. 그는 진정으로 지혜로운 사람이었지요. 소광은 제가 본받고자 하는 인물입니다."

나중에 양호는 병이 들어 낙양으로 돌아가게 되었다. 그는 병중에도 무제에게 호뢰를 정벌하기 위한 계책을 설명했다. 그 뒤로도 무제는 중서령 장화를 보내 그의 계획과 책략에 귀를 기울였다.

양호는 병세가 갈수록 심해지자 자신을 대신할 인물로 두예를 천거했다. 얼마 후 그는 향년 58세를 일기로 세상을 떠났다. 양호가 세상을 떠나던 날은 날씨가 몹시 추웠는데도 무제는 상복을 입었고, 비통함에 눈물을 너무 흘려 수염을 적시고 고드름이 맺힐 정도였다. 형주의 집시集市에 모여 있던 사람들은 양호가 죽었다는 소식을 듣고는 그자리에 주저앉아 울었고, 모든 장사를 중지하고서 눈물로 그의 죽음을 애도했다. 오나라 변방을 지키는 장령들도 양호가 죽었다는 소식을 듣고서 하나같이 슬픔에 젖어 눈물을 흘렸다.

양호는 죽기 전까지 대단히 소박하고 청렴한 생활을 했다. 옷은 항상 소박하게 입었고, 봉록을 받으면 전부 친족들을 구휼하는 데 사용하거나 병사들에게 상으로 주어 집안에 재산이 남아 있지 않았다. 임종을 앞두고서 그는 남성후의 봉인을 관에 넣지 말 것을 당부했다. 그의 외조카인 제왕齊王 사마유가 글을 올려 양호의 아내가 후작의 의식에 따라 양호의 장례를 치르려 하지 않는다고 보고하자 진 무제는 조서를 내려 말했다.

"양호는 평생 동안 겸양하면서 자신의 뜻을 이루려 하지 않았다. 몸은 죽었으나 겸양의 미덕은 여전히 남아 사람들을 감동시키는구나! 이는 고대의 백이와 숙제가 현자로 칭송받고, 연릉의 계자가 이름과 절개를 지킬 수 있었던 것과 같다. 이에 과인은 그의 봉호와 작위를 회복시킴으로써 그의 고상한 미덕을 찬양하고자 한다."

양호가 세상을 떠난 지 2년 만에 오나라가 평정되자 모두들 황제를 위해 이를 경축했다. 무제가 술잔을 들고서 울면서 말했다.

"이것이 어찌 나의 공로이겠소? 이 모든 것은 양호의 공로요!"

사실 동오 사람들도 양호의 최종 목적이 동오를 멸하고 천하를 통일하는 것임을 모르지 않았다. 그러나 마침내 양호의 목적이 실현되었을 때 동오 사람들은 위에서 아래에 이르기까지 모두가 그에 대한 칭송을 아끼지 않았다. 이 또한 인성의 '약점' 가운데 하나일 것이다.

갓 태어난 아이의
마음을 회복하라

도가의 인간학에서 강조하는 가장 대표적인 존재와 행위의 방식은 이른바 다스리지 않아도 저절로 다스려지는 '무위지치無爲之治'다. 이는 도가에서 주장하는 삶의 존재 방식이자 생활의 패턴인 동시에 일종의 지모이자 책략이기도 하다.

꾸미지 않은, 그래서 거짓이 없는 무위의 책략은 자연을 숭상한다. 모든 인위적 장치나 행위는 자연으로서의 인간에게 전혀 이롭지 못하다는 것이 도가가 제창하는 무위 사상의 핵심이다.

이런 점에서 도가의 무위는 유가의 인문주의와도 상통한다. 맹자가 주장한 적자지심赤子之心이나 왕양명이 주장했던 양지良知 역시 자연 상태에서의 인간의 본질과 가치를 절대적으로 긍정하는 사상이기 때문이다.

실제로 중국의 역사는 유위有爲의 실패의 역사라 해도 과언이 아니다. 인간과 사회, 사물의 자연 상태를 중시하지 않고 인위적으로 제한하고, 개혁하고, 장식하는 과정에서 항상 욕망이 모든 것을 주재했다. 그 결과 비인간적인 폭행과 억압 그리고 고통과 분쟁 등이 끊이지 않았다.

도가의 인간학에서는 불필요한 인위적 유위를 거부한다. 그림을 그리면서 화면을 가득 채우지 않고 하얗게 여백을 남길 때, 여백은 그 자체로서 하나의 형상이자 상상의 공간이 된다. 이를 억지로 채우려 드는 유위는 인간의 상상과 창의의 공간을 제한하는 폭력에 다름 아닌 것이다.

이처럼 무위는 일종의 여백의 미학이라 할 수 있다. 불필요한 에너지와 행위를 가하지 않음으로써 인간과 사물의 본질에 대한 외부적 간섭을 최소화하고 그 내면적 가치를 극대화하는 것이 바로 무위 사상의 본질인 것이다.

이는 현대사회의 조직 운영에도 부합하는 대단히 중요한 인간학의 요체다. 지나친 것은 모자람만 못하다는 말처럼 우리는 항상 지나친 것에서 부족을 느끼곤 한다. 생각이 지나치면 판단이 흐려지고, 욕심이 지나치면 범죄가 된다. 식탐이 지나쳐 비대해진 몸을 다시 인위적인 유위로 조절하려 하고, 심지어 자연으로서의 신체의 가치를 부정하여 쉽게 몸에 칼을 대기도 한다. 이 모든 것들이 현대인들의 삶에 넘쳐나고 있는 과유불급의 현상들이다.

갓 태어난 아이의 마음을 회복하는 것이야말로 이 시대가 요구하는 창의적인 발상을 가능케 하는 비법일 뿐만 아니라, 개인과 사회의 행복을 위한 중요한 요소가 아닐까 한다.

　무위의 인간학이 절실하게 필요한 시대, 자연으로서의 인간이 갖는 본질적 가치를 생각해야 하는 시대이다. 이 책을 통해 공허한 관념의 유희가 아닌 생활과 행동의 원리로서의 무위의 실천이 체득될 수 있기를 바라 마지않는다.

2008년 1월

김태성

KI신서 1237

도가 인간학

1판 1쇄 인쇄 2008년 2월 25일
1판 1쇄 발행 2008년 3월 2일

지은이 렁청진 **옮긴이** 김태성 **펴낸이** 김영곤 **펴낸곳** (주)북이십일 21세기북스
기획 박교희 **편집** 한세정 **디자인** 김정인 **마케팅** 주명석 **영업** 최창규
출판등록 2000년 5월 6일 제10-1965호
주소 (우413-756) 경기도 파주시 교하읍 문발리 파주출판단지 518-3
대표전화 031-955-2100 **팩스** 031-955-2151 **이메일** book21@book21.co.kr
홈페이지 www.book21.co.kr **커뮤니티** cafe.naver.com/21cbook

값 13,800원
ISBN 978-89-509-1296-3 13320